大连海事大学校企共建特色教材
大连海事大学-海丰国际教材建设基金资助

航运碳中和概论

主编 邢辉 吴桂涛

大连海事大学出版社
DALIAN MARITIME UNIVERSITY PRESS

图书在版编目(CIP)数据

航运碳中和概论 / 邢辉, 吴桂涛主编. — 大连 : 大连海事大学出版社, 2024. 7. — ISBN 978-7-5632-4579-6

Ⅰ. U6;X511

中国国家版本馆 CIP 数据核字第 2024XL7834 号

大连海事大学出版社出版

地址:大连市黄浦路523号　邮编:116026　电话:0411-84729665(营销部)　84729480(总编室)

http://press.dlmu.edu.cn　E-mail:dmupress@ dlmu.edu.cn

大连永盛印业有限公司印装　　大连海事大学出版社发行

2024 年 8 月第 1 版　　2024 年 8 月第 1 次印刷

幅面尺寸:184 mm×260 mm　　印张:9

字数:227 千　　印数:1~500 册

出版人:刘明凯

责任编辑:沈荣欣　　责任校对:孙笑鸣

封面设计:张爱妮　　版式设计:张爱妮

ISBN 978-7-5632-4579-6　　定价:24.00 元

大连海事大学校企共建特色教材

编　委　会

总前言

航运业是经济社会发展的重要基础产业,在维护国家海洋权益和经济安全、推动对外贸易发展、促进产业转型升级等方面具有重要作用,对我国建设交通强国、海洋强国具有重要意义。大连海事大学作为交通运输部所属的全国重点大学、国家“双一流”建设高校,多年来为我国乃至国际航运业培养了大批高素质航运人才,对航运业的发展起到了重要作用。

进入新时代以来,党中央、国务院及教育主管部门对高等教育的人才培养体系提出了更高要求,对教材工作尤为重视。根据要求,学校大力开展了新工科、新文科等建设及产教融合、科教融合等改革。在教材建设方面,学校修订了教材管理相关制度,建立了校企共建本科教材机制,大力推进校企共建教材工作。其中,航运特色专业的核心课程教材是校企共建的重点,涉及交通运输、海洋工程、物流管理、经济金融、法律等领域。

2021 年以来,大连海事大学与海丰国际控股有限公司签订了校企共建教材协议,共同成立了“大连海事大学校企共建特色教材编委会”(简称“编委会”),负责指导、协调校企共建教材相关工作,着力建成一批政治方向正确、满足教学需要、质量水平优秀、航运特色突出、符合国家经济社会发展需求和行业需求的高水平专业核心课程教材。编委会成员主要由大连海事大学校领导和相关领域专家、海丰国际控股有限公司领导和相关行业专家组成。

校企共建特色教材的编写人员经学校二级单位推荐、学校严格审查后确定,均具有丰富的教育教学和教材编写经验,确保了教材的科学性、适用性。公司推荐具有丰富实践经验的行业专家参与共建教材的策划、编写,确保了教材的实践性、前沿性。学校的院、校两级教材工作委员会、党委常委会通过个人审读与会议评审相结合、校内专家与校外专家相结合等不同形式对教材内容进行学术审查和政治审查,确保了教材的学术水平和政治方向。

在校企共建特色教材的编写与出版过程中,海丰国际控股有限公司还向学校提供了经费资助,在此表示感谢。大连海事大学出版社对教材校审、排版等提供了专业的指导与服务,在此表示感谢。同时,感谢各方领导、专家和同仁的大力支持和热情帮助。

校企共建特色教材的编写是一项繁重而复杂的工作,鉴于时间、人力等方面的因素,教材内容难免有不妥之处,希望专家不吝指正。同时,希望更多的航运企事业单位、专家学者能参与到此项工作中来,为我国培养高素质航运人才建言献策。

大连海事大学校企共建特色教材编委会

2022 年 12 月 6 日

前言

气候变化已成为全人类共同关切的问题。航运作为一种最经济、最高效的大宗货物运输方式，承担了80%以上的国际贸易运输任务，为世界经济发展和人类文明进步做出了卓著贡献。然而，航运作为化石燃料消耗的主要行业之一，当前世界年均燃料消耗约为3亿吨油当量，年均二氧化碳排放约为10亿吨，将近占当年全球人为源二氧化碳排放的3%。近年来，国际海事行业积极推动航运业脱碳，设定了到21世纪中叶实现航运碳中和的战略目标，并基于国际或地区性的监管框架将使用零/近零排放能源和燃料，采取船舶能效提升措施、碳捕集技术以及基于市场的措施等作为实现路径。基于此，本教材面向海事产业链相关专业学生和从业人员，系统全面阐述航运业潜在的脱碳路径，以期达到实现航运碳中和通识教育的目的。

本教材以能源动力、航运物流、经济管理、海事治理等多学科视角，从监管框架、技术、操作、市场等多个维度，系统全面介绍了航运碳中和基本概念和潜在的实现路径。本教材的主要内容包括七章：第一章为绪论，主要内容包括气候变化与温室气体排放，全球气候治理与国际行动，以及碳中和路径；第二章为航运碳排放及其监管，主要内容包括船舶温室气体排放，全球和区域性监管框架以及航运碳中和措施概览；第三章为船舶能效提升措施，主要包括技术性措施和非技术的营运性措施两大类；第四章为船舶替代能源、动力系统与燃料，系统阐述了风能、太阳能、核能、燃料电池动力系统、电池电力系统、混合动力系统的技术特征和应用潜力，以及各种潜在船用替代燃料的性能特点和替代燃料发动机的技术现状；第五章为碳捕集，主要介绍了碳捕集、利用与封存的概念和类型，以及船上碳捕集与储存的技术现状；第六章为基于市场的措施，主要内容包括碳管理、碳市场、航运碳排放交易等；第七章为航运碳中和法治，主要内容包括碳中和法治概论以及航运碳中和法治实践。

本教材的特色与创新之处表现在：

(1)注重教材的思想性和拓展性。积极稳妥推进碳达峰、碳中和，事关中华民族永续发展和人类文明持久繁荣。本教材注重培养学生的命运共同体意识、环保意识、系统思维、多学科决策思维以及风险管理和成本效益意识，满足了未来海事行业领导者的培养需求。

(2)注重教材的针对性和前沿性。实现碳达峰、碳中和，是一场广泛而深刻的经济社会系统性变革。本教材全面拓展了相关专业的知识体系，以多学科视角从技术、操作、市场、法规等多个维度，系统全面阐释了航运碳中和基本概念和潜在的实现路径，满足了复合型海事专业人才的培养需求。

(3)注重教材的学术性和实践性。教材编写团队由来自高校、行业组织和企业等多家单位，以及轮机工程、环境科学与工程、法学等多个学科的专家学者组成，"学校+企业""教师+工程师”的模式进一步确保了教材的质量。

本教材由邢辉、吴桂涛主编，甘少炜主审。参加编写与审校工作的有大连海事大学吴桂涛、王迎新、邢辉、刘勤安、李想，中国船级社甘少炜、江东、常圣岱，中波轮船股份公司郑庆国，中远海运船员管理有限公司张克义。第一章由吴桂涛编写；第二章由邢辉、常圣岱编写；第三章由王迎新、张克义编写；第四章由刘勤安、江东编写；第五章由邢辉编写；第六章由邢辉、郑庆国编写；第七章由李想、王迎新编写。全书由邢辉、吴桂涛统稿。

本教材的编写得到了工业和信息化部高技术船舶科研项目（CBZ03N23-01）、大连海事大学首批战略性新兴领域“十四五”本科“未来产业（智能低碳航运）领域教材建设团队及教材”（JZX2023006）的立项支持，教材的出版得到了大连海事大学轮机工程学院、教务处、大连海事大学出版社等单位和部门的大力支持。在此，向相关单位和个人表示衷心的感谢。

由于本书内容涉及面广，编者学识水平有限，编写时间仓促，错误和疏漏在所难免，恳请读者批评指正。联系邮箱 dmumde@163.com。

编者

2024 年 6 月

目录

第一章 绪论

第一节 气候变化与温室气体排放

一、气候变化与全球变暖

1.气候变化

气候变化(Climate Change)是指气候平均状态统计学意义上的巨大改变或者持续较长一段时间(典型的为30年或更长)的气候变动。气候随时间的任何变化,其原因可以是自然气候变率(natural climate variability),也可以是人类活动的结果。此外,气候变化不但包括平均值的变化,也包括变率的变化。但在《联合国气候变化框架公约》(United Nations Framework Convention on Climate Change, UNFCCC)中,气候变化的定义是“经过相当一段时间的观察,在自然气候变率之外由人类活动直接或间接地改变全球大气组成所导致的气候改变”。UNFCCC将因人类活动而改变大气组成的“气候变化”与归因于自然原因的“气候变率”(Climatic Variability)进行了区分。

气候变化对自然环境和人类社会造成的影响主要表现在全球变暖、海平面上升、海洋酸化、生物多样性丧失、冰川和冰盖融化、极端天气事件、农业和粮食安全等方面,其中全球变暖是当前人类面临的最迫切问题。气候变化导致的不利影响包括物理环境或生物群体的变化,这些变化对自然的和人工的生态系统的组成、韧性或生产效率,社会经济系统的运行,或者人类健康和福祉能产生重大有害影响。地球是人类的家园,维持环境友好且宜居的气候与生态环境是人类生存和社会经济发展的必要条件,也是维持整个社会可持续发展的重要前提。因此,气候变化是全人类的共同挑战。应对气候变化,关乎人类前途命运和永续发展。

2.全球变暖

全球变暖指地球表面附近的平均气温上升的现象。自第一次工业革命(开始于18世纪60年代)以来,特别是20世纪50年代以来,人类活动对气候变化的速度和程度的影响越来越大,引起了世界各国政治界和科学界的广泛关注。自20世纪中期以来,气候科学家收集了各种天气现象(如温度、降水和风暴)以及对气候的相关影响(如洋流和大气化学成分)的详细观测结果。这些数据表明，自地质时代开始以来，地球气候几乎在每一个可以想象的时间尺度上都发生了变化。联合国政府间气候变化专门委员会（Intergovernmental Panel on Climate Change，IPCC）2021 年发布的第六次评估报告（Sixth Assessment Report，AR6）指出，1850—2019 年，全球近地面气温一直处于上升趋势，全球平均近地面温度升高的最佳估计值为 1.07 ℃。据美国国家海洋和大气管理局（National Oceanic and Atmospheric Administration，NOAA）数据，1880—2021 年全球平均近地面温度变化如图 1-1 所示。IPCC 在 2018 年发布的一份特别报告指出，自前工业化时代以来，人类及其活动对全球平均气温上升 0.8~1.2 ℃负有责任，20 世纪下半叶的大部分变暖现象可归因于人类活动。

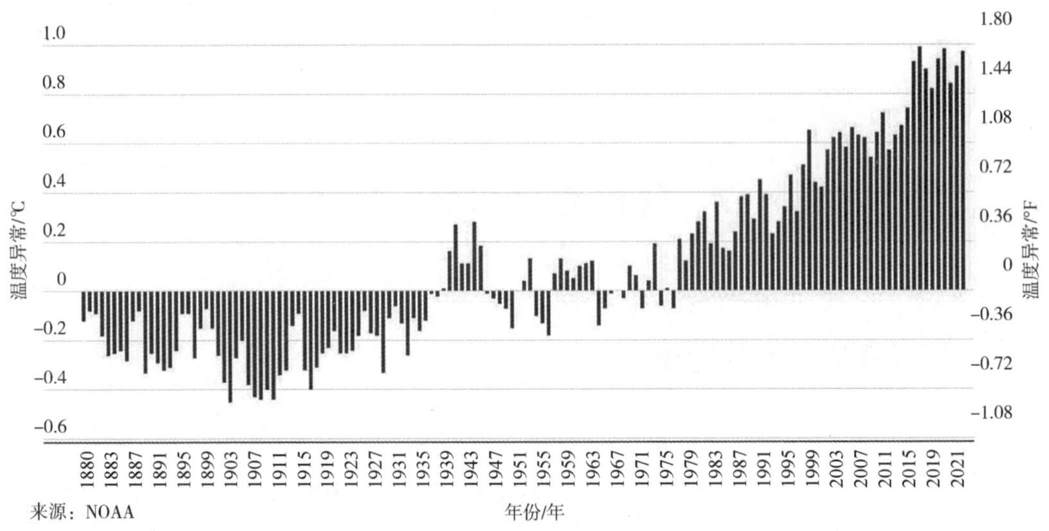

图 1-1　1880—2021 年全球平均近地面温度变化

IPCC AR6 在对五种温室气体排放情景建模的基础上做出了一系列全球气候预测，这些情景考虑了未来的排放、减排措施和模型预测中的不确定性。最低排放情景假设从 2015 年开始大幅削减温室气体排放，预计到 2100 年，全球平均近地面温度将比 1850—1900 年的平均温度上升 1.0~1.8 ℃；中间排放情景假设温室气体排放量将在 2050 年稳定下来，然后逐渐下降，预计到 2100 年全球平均近地面温度将增加 2.1~3.5 ℃；最高排放情景是基于温室气体排放将在整个 21 世纪继续增加的假设，预计到 2100 年，全球平均近地面温度将上升 3.3~5.7 ℃。IPCC AR6 还指出，1901—2018 年，全球平均海平面上升了约 20 cm，20 世纪下半叶的海平面上升速度比上半叶更快。据 IPCC AR6 预测，2100 年全球平均海平面比 1995—2014 年的平均水平，在最低排放情景下将上升 28~55 cm，在中等排放情景下将上升 44~76 cm，在最高排放情景下将上升 63~101 cm。

未来温升由历史累积和未来排放的温室气体共同决定，实现净零排放（Net-zero Emissions）将有助于控制温升。要将人为引起的全球变暖限制在特定水平，需要限制累积温室气体排放，并至少达到温室气体的净零排放。诸多气候科学家一致认为，如果全球平均气温在如此短的时间内上升超过 2 ℃，将造成重大的社会、经济和生态破坏。这种破坏将包括许多动植物物种的灭绝加剧、农业模式的转变以及海平面上升。到 2015 年，大多数国家政府都开始制订温室气体减排计划，作为《巴黎协定》的一部分，该条约旨在帮助各国将全球变暖控制在比工业化前水平高 1.5 ℃的水平，以避免预测的最坏影响。

二、温室气体排放

1.温室效应

现代全球变暖被认为是温室效应加剧的结果。温室效应(Greenhouse Effect)是指透射阳光的密闭空间因与外界缺乏热对流而形成的保温效应。地球大气的温室效应如图 1-2 所示,太阳短波辐射(包括可见光、红外线和紫外线)可以透过大气射入地面,而地面增暖后放出的长波辐射(红外辐射)却被大气中的温室气体所吸收,大气通过对辐射的选择吸收而防止地表热能耗散,从而产生大气变暖的效应。

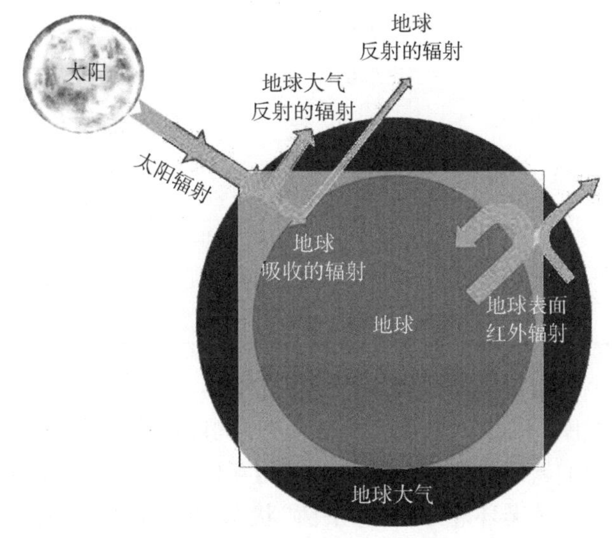

图 1-2 地球大气的温室效应

地球大气的温室效应源自温室气体(Greenhouse Gases, GHG)。温室气体是指任何具有吸收地球表面发射的红外辐射(净热能)并将其重新辐射回地球表面的特性,从而导致温室效应的自然的和人为的气体成分。其功用和温室玻璃有着异曲同工之妙,都是只允许太阳光进,而阻止其反射,进而实现保温、升温作用,因此被称为温室气体。大气中的每种气体成分并不都能强烈吸收地面长波辐射,在法律意义上被确认为影响气候变化的温室气体,包括二氧化碳(Carbon Dioxide, CO_2)、甲烷(Methane, CH_4)、氧化亚氮(Nitrous Oxide, N_2O)、氢氟碳化物(Hydrofluorocarbons, HFCs)、全氟碳化物(Perfluorocarbons, PFCs)、六氟化硫(Sulfur Hexafluoride, SF_6),以及三氟化氮(Nitrogen Trifluoride, NF_3)等。尽管温室气体只占地球大气的一小部分,但它对地球气候系统的能源预算有着深远的影响。

每种温室气体对地球气候的影响取决于其化学性质及其在大气中的相对浓度。一些气体具有高的吸收红外辐射的能力或大量存在,而另一些具有低得多的吸收红外辐射能力气体或仅以微量存在。IPCC 定义的辐射强迫(radiative forcing)是衡量给定温室气体或其他气候因素(如太阳辐照度或反照率)对抵达地球表面的辐射能的影响。衡量温室气体作用强弱的评价方法有很多,其中全球变暖潜能值或称全球增温潜势(Global Warming Potential, GWP)是最具参考价值的。GWP 表示温室气体在不同时间内在大气中保持综合影响及其吸收外逸热红外辐射的相对作用。二氧化碳对全球变暖的影响最大,被用作参照气体。此外,GWP 还能够评价温室气体在未来一定时间的破坏能力，通常以 20 年、100 年、500 年为时间跨度来衡量。按照惯例，以二氧化碳的 GWP 为 1，其余气体与二氧化碳的比值作为该气体 GWP 值。各种温室气体的 GWP 值如表 1-1 所示。其他温室气体的 GWP 值一般远大于二氧化碳，但由于它们在空气中含量少，我们仍然认为二氧化碳是温室效应的罪魁祸首。

表 1-1　温室气体的 GWP 值

气体名称	时间跨度		
	20 年	100 年	500 年
二氧化碳	1	1	1
甲烷	72	25	7.6
一氧化氮	275	296	156
氧化亚氮	289	298	153
二氯二氟甲烷	11 000	10 900	5 200
二氟一氯甲烷	5 160	1 810	549
六氟化硫	16 300	22 800	32 600
三氟甲烷	9 400	12 000	10 000
四氟乙烷	3300	1 300	400

2.碳循环失衡

地球系统是由大气圈、水圈、岩石圈、冰冻圈和生物圈组成的有机整体。地球系统碳循环是指地球系统各圈层中的碳通过海—陆气候系统相互作用以及通过生物、物理和化学过程不断交换的过程。地球系统碳循环应处于“自平衡”状态，却因为受到人类活动的影响而发生改变。自工业革命以来人类活动排放的温室气体中，化石燃料排放约为 3 650 亿 t 碳，土地利用净排放约 300 亿 t 碳。土地利用碳排放是指当人类对地球表面的自然生态系统进行改变以满足自身需求时，在不同的土地利用方式下，土地覆盖情况和土壤利用方式会发生变化，从而对碳排放产生影响。例如，将森林砍伐后变成农田，会导致土壤的碳储量减少，进而增加碳排放；而将草地变成林地，则可以吸收大量的二氧化碳，减少碳排放。上述人类活动碳排放中，1 550 亿 t碳被陆地和海洋所吸收，余下约 2 400 亿 t 碳留存在大气中。相对于大气中原有的 5 890 亿 t碳而言，人类活动导致地球大气二氧化碳浓度增长了 40%～50%。碳循环的变化将深刻改变地球系统各圈层的循环关系，一旦平衡关系被打破，将会发生质的改变，引发气候环境连锁反应，使气候系统产生重大变化。

碳循环失衡导致的气候变化将全面影响地球系统五大圈层，且正以前所未有的幅度和速度引发系统性的全球变化。其中，大气圈的降水模式改变和极端天气事件、冰冻圈的冰川融化和海平面上升、水圈的海洋热含量增加和酸化、生物圈的生物多样性减少等都是气候环境变化最明显的表征。

3.全球温室气体排放

在地球历史上，温室气体的浓度变化很大，这些变化在很大的时间范围内推动了气候的巨大变化。一般来说，温室气体浓度在温暖时期特别高，在寒冷时期特别低。许多过程会影响温室气体浓度。一些活动，如地壳构造活动，以数百万年的时间尺度运行；而另一些活动，例如植被、土壤、湿地以及海洋源和汇,以数百至数千年的时间范围运行。自工业革命以来,人类活动,特别是化石燃料燃烧,是各种温室气体在大气中浓度稳步上升的原因。其中,CO_2、CH_4、N_2O是导致气候变化的最重要因素。20 世纪中叶以来,随着全球经济的快速发展和人口的快速增长,全球温室气体年排放量也加速增长,由 1990 年的 390 亿 t 二氧化碳当量(CO_{2e})增长到 2018 年的 587 亿 t CO_{2e}。分地区来看,亚太发展中地区、发达国家、非洲和中东地区、拉丁美洲和加勒比地区、东欧和中西亚地区分别占到 42%、26%、14%、10%和 6%;分行业来看,能源生产、工业、建筑、交通运输行业占比分别为 34%、23%、14%和 6%。

二氧化碳是数量最多的温室气体,约占地球大气总体积的 0.03%~0.04%,也是到目前为止被认为是造成气候变化的最重要因素。长期数据集揭示了地球大气中二氧化碳浓度的增加情况,在工业革命之前的将近 1 万年里,地球大气中二氧化碳浓度基本恒定地维持在 280ppm(parts per million, 百万分之一)左右,到 2014 年,这一数据已经变为 400ppm;而到 2022 年,观测的结果为 420ppm,比工业化前水平高出 50%,且二氧化碳浓度增加愈发加快。人类活动向地球大气中排放的二氧化碳还在逐年增加,1990—2019 年世界二氧化碳排放量如图 1-3 所示。地球大气二氧化碳增加的主要驱动力是化石燃料的燃烧,其年排放量从 1960 年的 109 亿 t 增加到 2022 年的 366 亿 t 左右。迄今为止,化石燃料燃烧产生的二氧化碳中约四分之一已被海洋所吸收并导致其酸化,这可能威胁到世界各地的渔业和水产养殖。

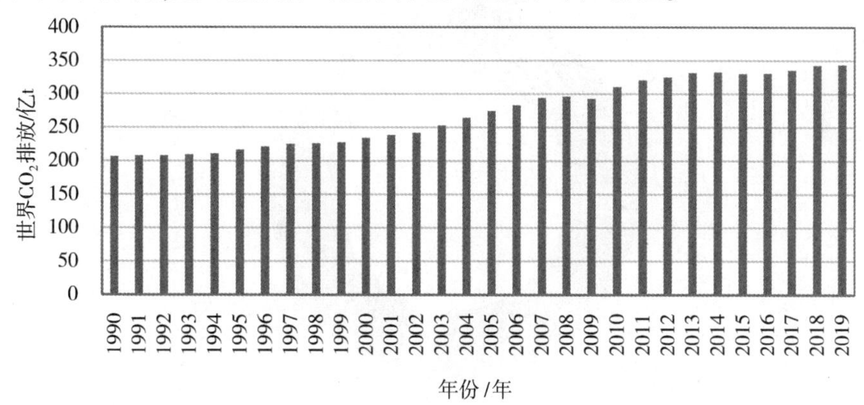

图 1-3 1990—2019 年世界二氧化碳排放量

大气中的甲烷含量远低于二氧化碳,但在捕获大气中的热量方面比二氧化碳强得多。2022 年,地球大气中的甲烷平均含量已达到 1912ppb(parts per billion, 十亿分之一),是工业化前水平的 2.5 倍多。甲烷含量增加的原因尚不完全清楚,据美国 NOAA 和 NASA 科学家在 2022 年的一项研究,2006—2016 年,高达 85%的甲烷含量增长是由于牲畜、农业、人类和农业废物、湿地和其他水源产生的微生物排放导致的,其余的增长归因于燃烧化石燃料排放。

2022 年,地球第三大人为源温室气体——N_2O 的含量达到 336ppb,比工业化前的 270ppb 水平上升了 24%。近几十年来,大气中 N_2O 的增加主要来自农业扩张和集约化而大量使用的氮肥和粪肥。

4.全球能源活动

能源活动是导致人为源温室气体排放的主要动因之一,但能源是世界各国国民经济发展的命脉,能源生产和消费情况反映了一个国家社会发展水平和人民生活水平。能源效率提升、能源需求减少、能源结构转型才是减少温室气体排放和应对气候变化的根本路径。

(1)世界能源供给与需求

能源包括直接取得或通过加工、转换而取得有用能的各种资源。能源品种多样,通常按其基本形态有初级能源(primary energy)和次级能源(secondary energy)之分。初级能源也称为一次能源,是指自然界中以原有形式存在的、未经加工转换的能量资源,又称天然能源,主要包括煤炭、石油、天然气、风能、太阳能、水力能、地热能、生物质能、核能等;次级能源又称为二次能源,是指由一次能源加工转换而成的能源产品,如电力、热力、成品油、氢气、合成燃料等。初级能源中,煤炭、石油、天然气等归类为化石能源;风能、太阳能、水力能、生物质能等归类为可再生能源;可再生能源和地热能、核能等统称为清洁能源。化石能源是人类活动二氧化碳排放最主要的形式。

据国际能源署(International Energy Agency, IEA)数据,2020 年世界初级能源供应总量约为 580 EJ(1 EJ = 1×10^{18} J = 277.8 TWh),各种初级能源供应占比如图 1-4 所示,其中煤炭、石油、天然气等化石能源占比高达 80%。

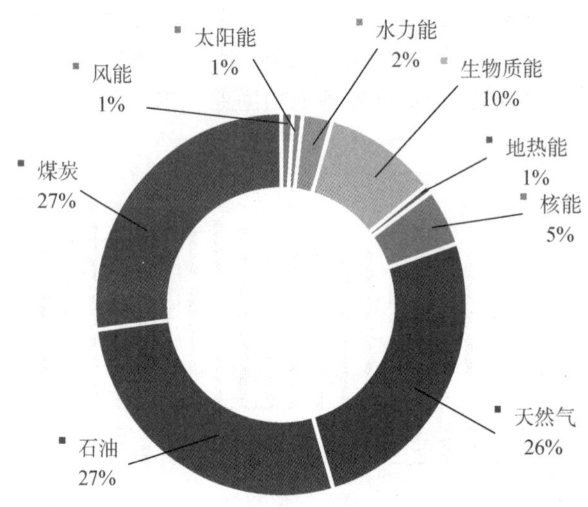

图 1-4　2020 年世界初级能源供应占比

就能源需求而言,电力、热力、钢铁、交通运输、石油化工、建筑与采矿等均是主要的能源消耗部门,2020 年世界能源供给和消费流向如图 1-5 所示。全球范围内,2020 年交通运输部门的能源消耗占比约为 26%。其中,石油、天然气、生物质燃料、电力占比分别为 89%、6%、4%和 1%;道路运输能源消耗占比约 75%,水路、航空部门的能源消耗占比均为 11%左右。道路部门的电气化预期将成为主要的转型路径,但对于水路、航空等难以减排部门(Hard-to-abate Sector)而言,替代燃料开发和推广迫在眉睫而又任重道远。

(2)世界能源转型

能源消费与人口增长和经济增长高度相关,预计到 2050 年,世界人口将超过 90 亿,同时考虑实现碳中和的目标约束,大力发展风能、太阳能、生物质能等可再生能源,减少对化石能源的依赖迫在眉睫。据挪威船级社(Det Norske Veritas, DNV)预测,相比于 2020 年,2050 年的世界能源构成中化石能源占比将从超过 80%下降到 50%以下,如图 1-6 所示。

(3)中国能源供给、需求与转型

现阶段,中国在世界人口中的占比约为 18%,贡献了全球约 23%的国内生产总值(GDP),

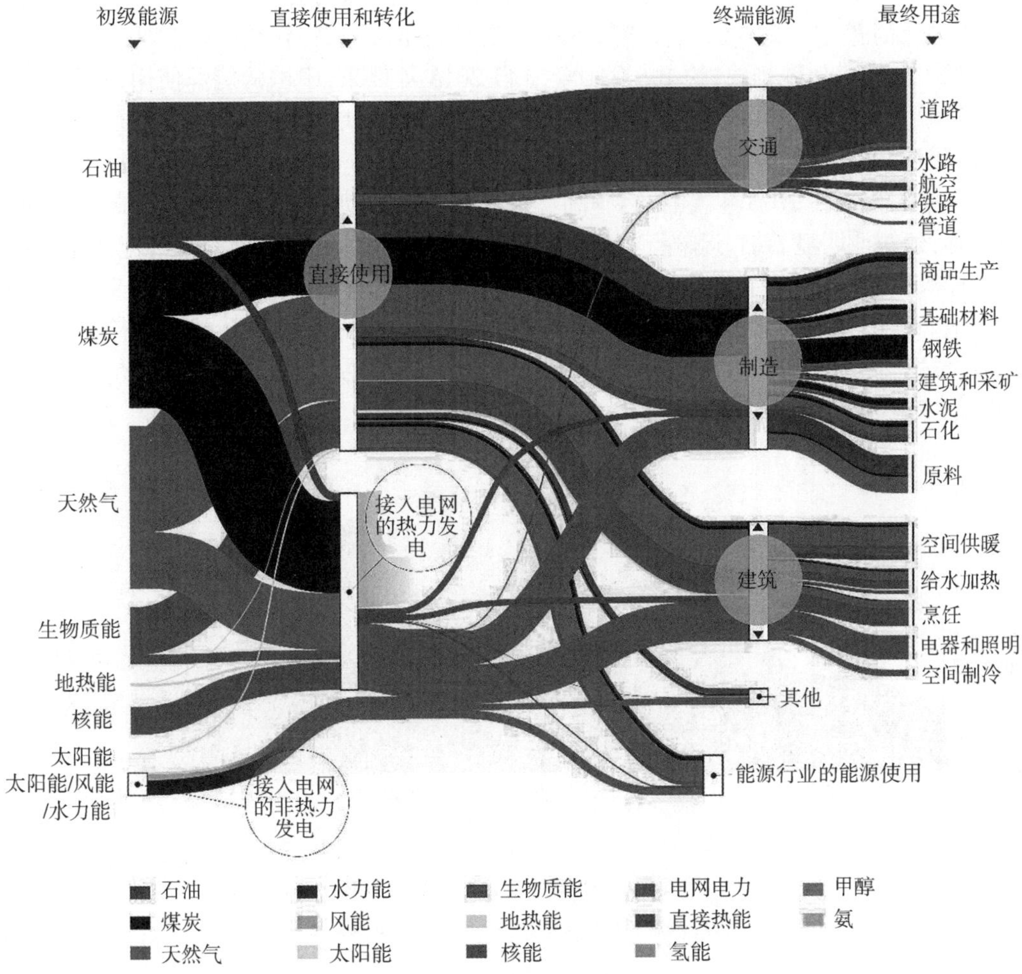

图 1-5 2020 年世界能源流

(图片来源:DNV Energy Transition Outlook 2022)

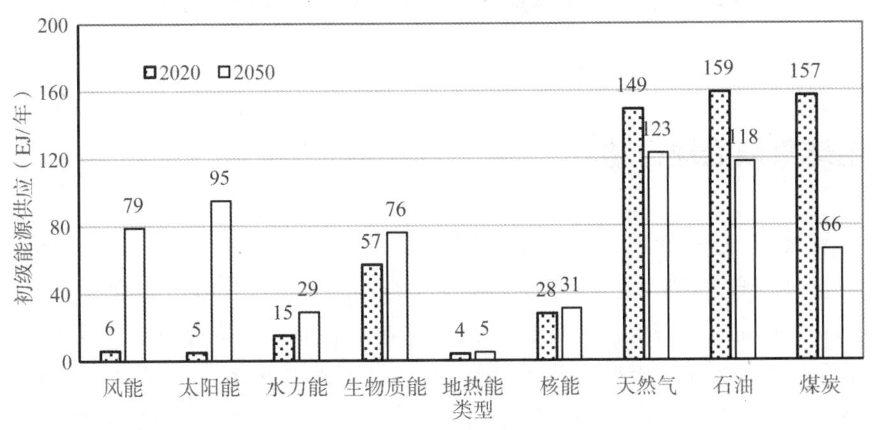

图 1-6 世界能源转型

(数据来源:DNV Energy Transition Outlook 2022)

同时也消费了全球约26%的初级能源。同时,由于中国能源消费结构中,煤炭占比将近60%(占世界煤炭消费量的50%以上),各行各业能效水平相对不高,导致中国贡献了全球约28%的能源相关的二氧化碳排放,约105亿t/年。自2013年以来,中国的能源使用也开始向多元化发展转型,目前天然气、水电、核能、太阳能光伏和风能的增长强劲,预计2030年碳达峰之前,煤炭和石油的使用相对稳定,此后再逐步减少,直至2060年实现净零排放。

随着中国人口在2023年左右达到峰值,尤其是此后劳动力人口显著减少,制造业向周边国家转移,建筑业明显萎缩,运输行业的电动化,以及全球范围内自动化、智能化水平的提升,中国的能源供给和需求在2030年左右达到峰值后将进入下行趋势,如图1-7所示。同时随着中国碳达峰碳中和政策与行动的实施,预期到2050年中国的二氧化碳排放将下降到低于30亿t,在全球排放中的占比将下降到16%左右;到2060年左右实现碳中和时,年均二氧化碳排放预期低于10亿t。

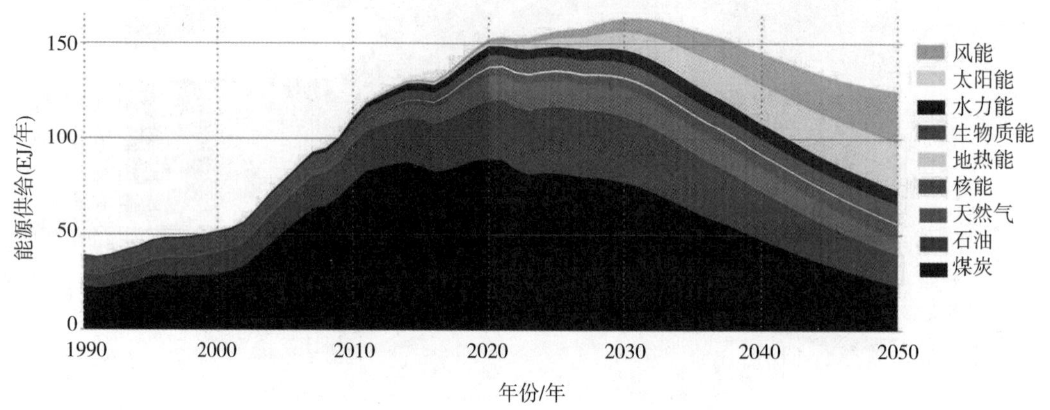

图1-7 中国的初级能源供给趋势

(图片来源:DNV Energy Transition Outlook 2022)

第二节 全球气候治理与国际行动

一、全球气候治理行动

1. 政府间气候变化专门委员会的工作

1988年,世界气象组织(World Meteorological Organization, WMO)和联合国环境规划署(United Nations Environment Programme, UNEP)成立了政府间气候变化专门委员会(IPCC)。IPCC的成立旨在为政策制定者提供关于气候变化、其影响和未来潜在风险的定期科学评估,并提出适应和减缓方案。IPCC本身不做任何科学研究,而是综述每年出版的数以千计有关气候变化的论文,总结气候变化的“现有知识”,为政治决策人提供气候变化的相关资料。

IPCC设有3个工作组:第一工作组评估气候变化的科学问题;第二工作组评估气候变化导致社会经济和自然系统的脆弱性、影响和适应;第三工作组评估限制温室气体排放和减缓气候变化的方案。IPCC 的主要活动是编写评估气候变化知识状况的报告,包括评估报告(Assessment Reports, AR)、特别报告(Special Reports)和方法报告(Methodology Reports)。IPCC 分别于 1990 年、1995 年、2001 年、2007 年、2014 年和 2023 年发布了 6 次评估报告的综合报告,这些报告已成为国际社会认识和了解气候变化问题的主要科学依据。

2.全球气候治理制度体系

IPCC 于 1990 年基于气候变化的"现有知识"发布了第一次评估报告,这促使 1992 年 6 月 4 日在巴西里约热内卢举行的联合国环境与发展大会上通过了《联合国气候变化框架公约》(UNFCCC)。《联合国气候变化框架公约》与后来的《京都议定书》(Kyoto Protocol)和《巴黎协定》(Paris Agreement),共同构成在气候变化治理方面具有法律约束力的全球性协议。

(1)《联合国气候变化框架公约》

《联合国气候变化框架公约》于 1994 年 3 月生效,是首个全面控制温室气体排放的国际公约,并成为各国应对气候变化、开展国际合作的制度根基。《联合国气候变化框架公约》的主要内容包括:①确立应对气候变化的最终目标,即将地球大气温室气体浓度稳定在防止气候系统受到危险的人为干扰的水平上;②确立国际合作应对气候变化的基本原则,主要包括共同但有区别的责任原则、公平原则、各自能力原则和可持续发展原则等;③明确发达国家应承担率先减排和向发展中国家提供资金和技术支持的义务;④承认发展中国家有消除贫困、发展经济的优先需要。

(2)《京都议定书》

为加强《联合国气候变化框架公约》的实施,1997 年在日本京都召开的第 3 次缔约方大会(UN Climate Change Conference of the Parties, COP)上通过了《京都议定书》。其最终于 2005 年 2 月生效,旨在限制发达国家温室气体排放量以抑制全球变暖。《京都议定书》的主要内容包括:①明确发达国家(这里所称的发达国家指《京都议定书》附件一所明确的包含发达国家和经济转型国家的 40 个经济体)的减排责任,在 2008—2012 年第一承诺期内将其年度温室气体排放量在 1990 年的基础上平均减少 5.2%,在 2013—2020 年第二承诺期内将其年度温室气体排放量在 1990 年的基础上至少减少 18%;②明确定义温室气体种类和范围,包括 CO_2、CH_4、N_2O、HFCs、PFCs、SF_6等 6 种温室气体(2012 年,《京都议定书》多哈修正案又将 NF_3纳入管控范围,使受管控的温室气体达到 7 种);③提出灵活的减排机制,发达国家可采取清洁发展机制(Clean Development Mechanism, CDM)、联合履约(Joint Implementation, JI)、国际排放贸易(International Emissions Trading, IET)等机制作为完成减排责任的补充手段。《京都议定书》未对发展中国家规定具体的减排义务,发展中国家主要通过 CDM 机制参与减排行动。

(3)《巴黎协定》

2015 年 12 月,在法国巴黎召开的《联合国气候变化框架公约》第 21 次缔约方大会(COP21)上通过了《巴黎协定》,并于 2016 年 11 月正式生效。《巴黎协定》为 2020 年后国际社会应对气候变化做出了新的制度安排,标志着全球气候治理进入新时代。《巴黎协定》要求包括发达国家和发展中国家在内的各国根据自身发展阶段和能力提出国家自主贡献目标(Nationally Determined Contributions, NDCs),并明确了全球减排目标,鼓励缔约方和国际社会深入合作、务实行动,合力实现全球温升控制目标。

《巴黎协定》气候治理机制主要包括 6 个方面:

①明确长期温升控制目标。设定在 21 世纪内将全球温升控制在比工业化前水平高 2 ℃,努力实现 1.5 ℃的温升控制目标,同时在 21 世纪下半叶实现碳中和。

②明确国家自主贡献的承诺形式。各国应制定、通报并落实国家自主贡献，各国自主承诺并完成各自的减排、适应、资金、技术转移、能力建设、透明度等六个方面的目标和任务，通报频率 5 年一次，新的贡献应比上一次有所加强。

③区分减缓要求。要求发达国家继续提出全经济范围绝对量减排目标，鼓励发展中国家根据自身国情逐步向全经济范围绝对量减排或限排目标迈进。

④明确资金要求。明确发达国家要继续向发展中国家提供资金支持，鼓励其他国家在自愿基础上出资。

⑤建立透明度原则和全球清单机制。建立强化的透明度框架，重申遵循非侵入性、非惩罚性原则，并为发展中国家提供灵活性；透明度的具体模式、程序和指南将由后续谈判制定；每 5 年进行定期盘点，推动各方提供行动力度，并于 2023 年进行首次全球盘点。

⑥关注技术转移、适应和能力建设。倡导发达国家向发展中国家进行技术转让，号召所有缔约方加强适应和能力建设，鼓励发达国家向发展中国家提供支持。

3.全球气候治理机制

随着全球气候治理制度体系的构建和迭代，也逐渐形成了由主权国家政府、政府间国际组织（Intergovernmental Organizations, IGOs）、非政府国际组织（Non-Governmental Organizations, NGOs）和其他非国家行为主体（例如，地方政府、跨国公司、社会团体、公民个体等）等全球气候治理参与主体构成的全球气候治理机制。全球气候治理机制分为公约机制和公约外机制，以公约机制为主，公约外机制为辅。

（1）公约机制

公约机制即《联合国气候变化框架公约》机制，形成了以主权国家政府为主体，以公约秘书处为协调，以气候谈判为主要方式和手段的治理体系。公约机制下的机构又分为决策机构和职能机构。决策机构是缔约方大会（COP），每年召开一次，主要任务是审查《联合国气候变化框架公约》的执行情况及通过缔约方谈判形成的法律文书，并在职权范围内为促进公约的有效执行做出必要的决定。职能机构负责日常事务的处理，为缔约方谈判提供后勤、技术、服务支撑，落实缔约方会议做出的各项决定。

（2）公约外机制

公约外机制是指各参与方为推动公约谈判，在公约体系外开展的活动与实践。公约外机制包括：①政治性机制，如联合国气候峰会、二十国集团（G20）峰会、亚太经合组织（APEC）会议等；②技术性机制，如国际海事组织（International Maritime Organization, IMO）、国际民用航空组织（International Civil Aviation Organization, ICAO）等合作机制；③经济性机制，包括与气候变化相关的贸易机制、与生产活动和国内外市场拓展相关的生产标准制定等磋商机制。公约外机制形式多样、手段灵活，是公约机制的重要支撑和补充。

二、国际减排行动

根据《巴黎协定》，《联合国气候变化框架公约》缔约方必须提交国家自主贡献目标，并制定和实施旨在实现减排目标的政策。国家自主贡献是一个动态的过程，它要求缔约方每 5 年以渐进的方式更新其国家自主贡献，以反映其尽可能高的发展目标。191 个国家提交的第一轮国家自主贡献涵盖了全球能源活动和工业过程二氧化碳排放的 90%以上。截至 2021 年 4 月 23 日，已有 80 个国家提交了新的或更新的国家自主贡献目标，覆盖全球二氧化碳排放量的

40%以上;44个国家和欧盟已承诺实现净零排放目标,占到全球二氧化碳排放量和GDP的70%左右。更新的国家自主贡献制定了比第一轮国家自主贡献更严格的目标,或针对更多的行业和覆盖更广泛的温室气体。其中,欧盟在2020年更新的国家自主贡献中将2030年减排目标从相比1990年减少40%提高到55%,并计划在2050年实现碳中和;美国制定的国家自主贡献目标是2030年比2005年排放水平降低50%~52%;日本的目标是2030年排放水平比2013年降低26%,可再生能源发电量占比达到22%~24%,核能发电量占比20%~22%,化石能源发电量占比56%,并计划通过林业碳汇额度来实现减排目标。

自1990年代《联合国气候变化框架公约》签订以来,各国高度重视应对气候变化,并采取切实行动推动能源转型和温室气体减排。尤其是近年来,新一轮能源、技术和产业革命蓄势待发,越来越多的国家和地区加入碳中和气候行动的大军中。据Energy & Climate Intelligence Unit统计,截至2023年8月,全球已有151个国家或地区提出了净零排放或碳中和目标,如图1-8所示,包括已经实现、提出或完成立法程序、形成法律草案、进行政策宣示以及正在讨论中的国家或地区,覆盖了全球88%的温室气体排放、92%的GDP和89%的人口。

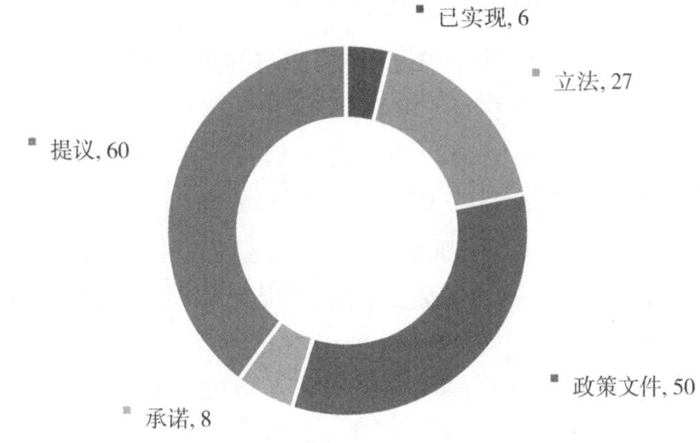

图1-8 国家碳中和目标进程

三、中国的政策与行动

1. 发展历程

中国是《联合国气候变化框架公约》首批缔约国之一,并为达成《京都议定书》《巴黎协定》做出重要贡献。《巴黎协定》达成后,中方积极推动《巴黎协定》的签署、生效和实施。中国参与国际应对气候变化的历程如图1-9所示。

2015年6月30日,中国政府向联合国提交了《强化应对气候变化行动——中国国家自主贡献》。中国政府根据自身国情、发展阶段、可持续发展战略和国际责任,确定了到2030年的自主行动目标,即二氧化碳排放2030年左右达到峰值并争取尽早达峰;单位国内生产总值二氧化碳排放比2005年下降60%~65%,非化石能源占一次能源消费比重达到20%左右,森林蓄积量比2005年增加45亿m^3左右。2020年,中国二氧化碳排放强度比2005年下降48.4%,超额完成第一阶段国家自主贡献承诺。在此基础上,“十四五”前两年,中国二氧化碳排放强度进一步下降4.6%,节能降碳成效显著。

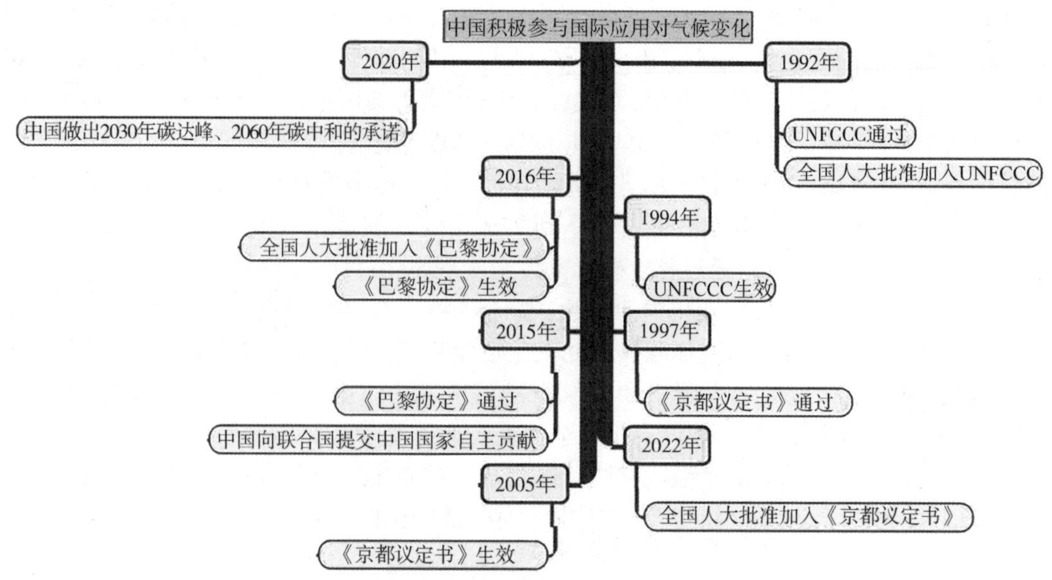

图 1-9　中国积极参与国际应对气候变化的历程

2021 年 10 月 28 日,中国向联合国正式提交了更新和强化的国家自主贡献目标:中国二氧化碳排放力争于 2030 年前达到峰值,努力争取 2060 年前实现碳中和;到 2030 年,中国单位国内生产总值(GDP)二氧化碳排放将比 2005 年下降 65%以上,非化石能源占一次能源消费比重将达到 25%左右,森林蓄积量将比 2005 年增加 60 亿 m^3,风电、太阳能发电总装机容量将达到 12 亿 kW 以上。这是中国作为一个发展中国家,基于自身发展阶段和国情能力,为应对全球气候变化做出的最大努力。

2022 年 11 月 11 日,中国 UNFCCC 国家联络人向 UNFCCC 秘书处正式提交《中国落实国家自主贡献目标进展报告(2022)》(以下简称《进展报告》)。《进展报告》反映 2020 年中国提出新的国家自主贡献目标以来,落实国家自主贡献目标的进展,体现了中国推动绿色低碳发展、积极应对全球气候变化的决心和努力。《进展报告》总结了中国更新国家自主贡献目标以来的新部署、新举措,重点讲述应对气候变化的顶层设计,以及在工业、城乡建设、交通、农业、全民行动等重点领域控制温室气体排放取得的新进展,总结能源绿色低碳转型、生态系统碳汇巩固提升、碳市场建设、适应气候变化等方面的成效。同时《进展报告》还包括了中国香港特区和澳门特区应对气候变化的进展。

2.政策框架

2021 年 9 月 22 日,《中共中央　国务院关于完整准确全面贯彻新发展理念做好碳达峰碳中和工作的意见》,明确了 10 方面 31 项重点任务、路线图和施工图,并着力构建碳达峰碳中和"1+N"政策体系,立好碳达峰碳中和工作的"四梁八柱"。

所谓"1",是中国实现碳达峰碳中和的指导思想和顶层设计,由《关于完整准确全面贯彻新发展理念做好碳达峰碳中和工作的意见》和《2030 年前碳达峰行动方案》两个文件在碳达峰、碳中和"1+N"政策体系中发挥统领作用。所谓"N",则包括能源、工业、交通运输、城乡建设、农业农村、减污降碳等重点领域实施方案,煤炭、石油、天然气、钢铁、有色金属、石化化工、建材等重点行业实施方案,以及科技支撑、财政支持、统计核算等支撑保障方案。此外,各省市及地方政府也相继发布了地区性的落实碳达峰碳中和工作实施方案。总体上看,系列文件已

构建起目标明确、分工合理、措施有力、衔接有序的碳达峰碳中和政策体系，形成各方面共同推进的良好格局，将为实现“双碳”目标提供源源不断的工作动能。

与此同时，绿色低碳政策和制度也在不断优化、完善。完善能耗强度和总量“双控”制度，新增可再生能源和原料用能不纳入能源消费总量控制。健全“双碳”标准，构建统一规范的碳排放统计核算体系，推动能耗“双控”向碳排放总量和强度“双控”转变。逐步完善财税、价格、投资、金融等支持应对气候变化的政策，开展气候投融资试点。初步构建多维度、多领域、多层级的碳达峰碳中和标准体系，着力提升标准衔接性和有效性。

3.行动路径

作为世界第二大经济体和拥有14亿多人口的发展中国家，中国面临着发展经济、改善民生、污染治理、生态保护等一系列艰巨任务。应对气候变化工作覆盖面广、涉及领域众多。例如，2020年中国初级能源消费总量约为50亿t标准煤，其中煤炭、石油、天然气、非化石能源占比分别为56.8%、18.9%、8.4%和15.9%，总二氧化碳排放量约为100亿t。从分行业二氧化碳排放来看，如图1-10所示，电力和热力占比45%，工业占比39%，交通占比10%，建筑占比5%和农业占比1%；工业排放中，建材（37.9%）、钢铁（31.5%）、化工（24.1%）和有色（6.4%）占主导地位（其他工业领域碳排放量较少，此处忽略）。抓住能源、工业、交通、建筑等重点领域，采取能源转型、能效提升、结构调整等有针对性的措施，促进能源供给与能源消费同频联动，推动技术措施与市场措施有效协同，是加快实现碳达峰碳中和的必然路径。

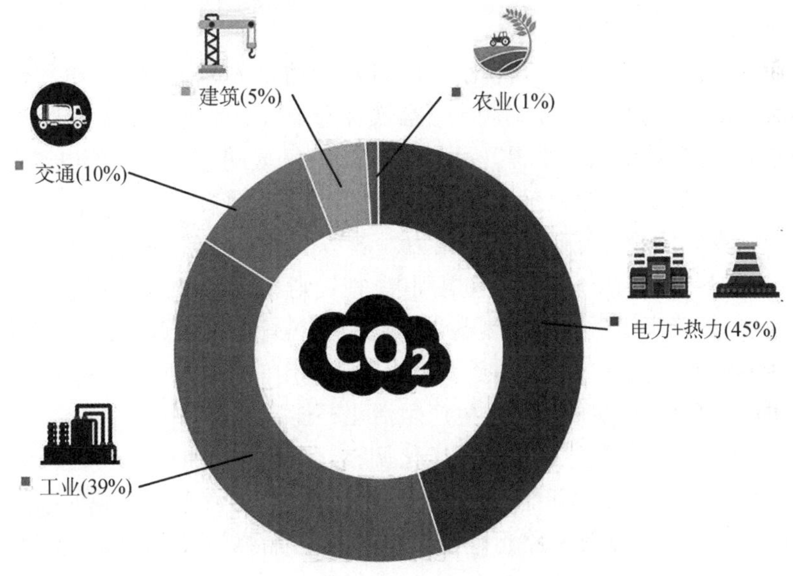

图1-10　2020年中国分行业二氧化碳排放

（1）促进能源绿色低碳转型

2021年，中国煤炭消费占比下降至56.0%，清洁能源消费占比提升至25.5%，可再生能源消费占比达到16.6%。截至2021年，中国非化石能源发电装机容量达到11.2亿kW，可再生能源发电装机容量达到10.63亿kW，风电、太阳能发电总装机容量达到6.35亿kW，水电、风电、太阳能发电装机容量均超过3亿kW，海上风电装机容量跃居世界第一。2021年全年，中国可再生能源发电量达到2.48万亿kW·h，占全社会用电量的29.8%，其基本构成如图1-11所示。

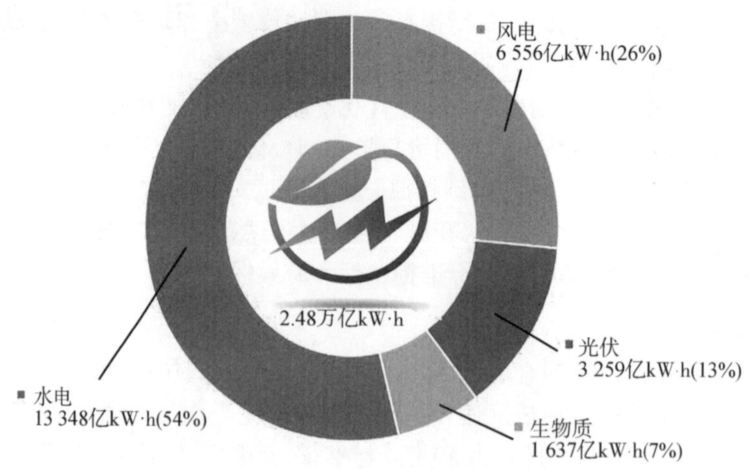

图 1-11　2021 年中国可再生能源发电情况

(2)加强重点领域排放控制

2021 年,中国碳排放强度(单位 GDP 二氧化碳排放)比 2005 年累计下降了 50.8%,这得益于对温室气体排放重点领域采取了有效的控排措施。

一是着力从产业结构调整、推进低碳产业发展等方面积极完善低碳产业体系,稳步推进新能源、新能源汽车、绿色环保等产业集群建设,支持工业绿色低碳高质量发展,建设绿色制造体系。

二是工业领域持续提质增效。优化工业结构,推动化解钢铁、水泥、电解铝、平板玻璃、水泥等行业落后产能和过剩产能;在钢铁、焦化、铁合金等行业实施节能降碳改造升级,打造能效标杆企业,带动行业整体能效水平提升;聚焦轻工、纺织、建材、化工、电气电子等行业培育和打造绿色设计产品、绿色工厂、绿色工业园区和绿色供应链企业。

三是提升城乡建设绿色低碳水平。大力发展节能低碳建筑,推进太阳能、地热能建筑应用,推进北方地区冬季清洁取暖,坚持宜电则电、宜气则气、宜煤则煤、宜热则热,因地制宜推进电、天然气、地热、核能等清洁能源或热电联产集中供热等清洁取暖方式替代散煤。推动农村节能和可再生能源使用,推广生物质能、太阳能等绿色用能模式,加快农村取暖炊事、农业设施等方面可再生能源替代,减少农业农村生产生活化石能源消费。

四是加快建设绿色低碳交通体系。优化调整运输结构,加快货物运输“公转铁”“公转水”,推进多式联运发展。加大新能源汽车在城市公交、出租汽车等领域的推广应用力度。推进既有铁路电气化改造,降低铁路运输能耗。推进船舶靠港使用岸电,推进船舶替代燃料应用。

五是推动农业领域减排增效。示范推广水稻高产低排放技术模式,降低稻田甲烷排放。推进化肥减量增效,降低农田氧化亚氮排放。稳步提升畜禽粪污资源化利用水平,降低粪污处理过程中非二氧化碳温室气体排放。优化农机装备结构,促进农机安全生产和节能减排。大力建设海洋牧场,推进渔业减排增汇。

(3)提升生态系统碳汇

全面加强资源保护,划定生态保护红线,涵盖绝大部分天然林、草地、湿地等典型陆地自然生态系统,以及红树林、珊瑚礁、海草床等典型海洋自然生态系统,进一步夯实全国生态安全格局、稳定生态系统固碳作用。通过植树造林、改良草原、治理沙化土地、新增和修复湿地、完成耕地保护等途径，提高森林与草原碳汇，增强农田土壤碳汇。同时强化湿地、海洋、岩溶碳汇技术支撑，制定红树林、滨海盐沼、海草床蓝碳生态系统碳储量调查与评估技术规程，在重点海域开展“蓝色海湾”整治、海岸带保护修复、红树林保护修复专项行动。截至 2021 年年底，全国森林覆盖率达到 24%，森林蓄积量达到 195 亿 m^3，草原综合植被盖度达到 56%，湿地保护率达到 53%。2022 年，中国提出“力争 10 年内种植、保护和恢复 700 亿棵树”的行动目标。

(4)启动运行全国碳市场

碳市场是落实碳达峰碳中和目标的重要政策工具。2021 年 7 月 16 日，全国统一的碳市场正式开启上线交易。截至 2021 年 12 月 31 日，全国碳市场第一个履约周期顺利结束，共纳入发电行业重点排放单位 2 162 家，年覆盖二氧化碳排放量约 45 亿 t，是全球覆盖排放量规模最大的碳市场。

4.经验总结

气候变化是全人类的共同挑战。应对气候变化，事关中华民族永续发展，关乎人类前途命运。作为世界上最大的发展中国家，中国克服自身经济、社会等方面困难，实施一系列应对气候变化战略、措施和行动，参与全球气候治理，应对气候变化取得了积极成效。2012 年以来，中国贯彻新发展理念，将应对气候变化摆在国家治理更加突出的位置，不断提高碳排放强度削减幅度，不断强化自主贡献目标，以最大努力提高应对气候变化力度，推动经济社会发展全面绿色转型，建设人与自然和谐共生的现代化。作为负责任的国家，中国积极推动共建公平合理、合作共赢的全球气候治理体系，为应对气候变化贡献中国智慧和中国力量。

第三节 碳中和路径

一、碳中和的定义

碳中和是指在一定区域空间(如一国、一省市或一园区)或组织范围(如一行业、一企业)内，其排放的碳(主要指二氧化碳)与通过自然过程和人为过程吸收的碳在数量上相等。其基本内涵是净零排放(Net-zero Emissions)而非零排放(Zero Emissions)。

自然过程固碳可理解为地球系统本身对来自人类活动产生的“额外”的碳的吸收和固定能力，它与具体国家或主体的努力无关。根据国际上过去几十年的观测和统计，人类活动排放的二氧化碳有约 54%被自然过程所吸收，其中陆地吸收约 31%，海洋吸收约 23%，剩余的约 46%留存在地球大气中，成为大气二氧化碳浓度上升的主要贡献者。陆地吸收主要通过陆地生态系统固存有机碳以及土壤/地下水过程形成无机碳酸盐，以及在河道、河口中沉积埋藏有机碳等。根据相关研究，2010—2020 年中国陆地生态系统固碳量约为每年 10 亿~15 亿 t 二氧化碳。海洋吸收则主要通过无机过程溶解二氧化碳、碳酸钙沉积和微生物合成碳酸钙等过程。

人为过程固碳有多种形式，如后续章节将要讲到的碳封存、碳利用，是指将捕集的二氧化碳打入地球深部封存，或制成化工产品或生物产品；保护和涵养陆地或近岸的生态系统，使碳固定在植被、土壤或海底中，也属于人为过程固碳。

人类活动导致的碳排放与自然过程和人为过程吸收的碳相平衡，即实现碳中和。安永研究提出了如图 1-12 所示的碳中和公式，旨在表达实现碳中和的行动路径。对于能源供给侧，清洁能源替代以及清洁能源输送和储存是走向碳中和之路的关键。对于能源需求侧，则通过提高能源利用效率和生产运营过程的低碳化实现减碳。其中，生产运营低碳化包括生产原料替代、电气化改造及生产运营技术的改造。通过行业自身努力仍无法实现零碳排放的目标，则可以发展负碳技术，通过负碳技术去吸收剩余的碳。但无论是行业自身减排还是发展负碳技术，其实都离不开资金的投入和技术的发展，如通过绿色金融市场为企业"输血"和新一代低碳节能技术等的融合发展。这时，资金投入和技术发展将以"指数级"能力加速各行各业的碳中和建设进程。在实现碳中和的过程中，碳排放减去碳吸收是不等于 0 的，但通过各方的努力，可以让这个数字越来越小。只有当碳中和公式等于 0 时，才真正实现了净零排放。

二、碳中和路径概述

根据碳中和的定义，碳中和的基本逻辑是减少碳排放和增加碳吸收。人类活动导致的碳排放主要来源于能源供给和能源消费两大部门，前者包括电力和热力部门，后者包括建材、钢铁、化工、有色金属、交通和建筑等。因此，碳中和技术路径可考虑从能源供给端、能源消费端和固碳端三个方向发力。

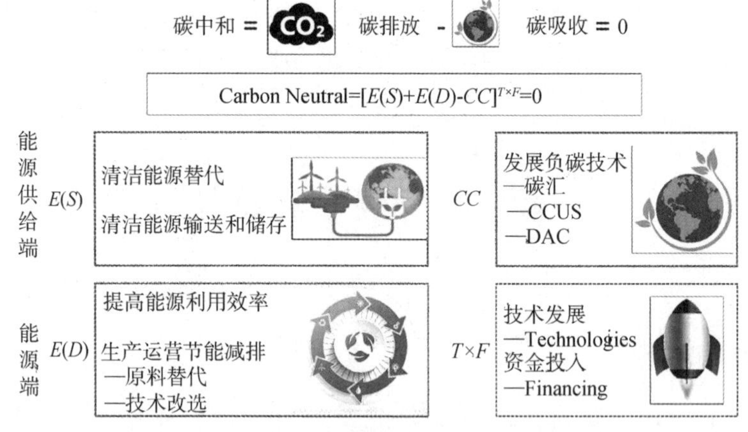

图 1-12　碳中和公式

如图 1-13 所示，能源供给端促进能源结构调整，主要以风能、太阳能、水力能、核能等清洁能源替代煤炭、石油、天然气等化石能源；能源消费端促进重点领域减排，通过工艺流程再造提升能效，以及用绿色电力、绿氢、零碳原料等替代化石燃料和原材料；固碳端增加碳吸收，主要发展生态固碳和技术固碳。从能源供给端和能源需求端出发，根据行业特点和发展现状，电力和热力、钢铁、水泥、化工、交通、建筑和服务行业等各行业具有差异化的脱碳路径，但各行业在节能减排的过程中，离不开固碳端负碳技术的发展。此外，各行业的碳中和发展，同样离不开碳排放交易体系的建设以及绿色金融体系的保障，各行业着手减排的同时要大力发展这些支撑性市场要素。

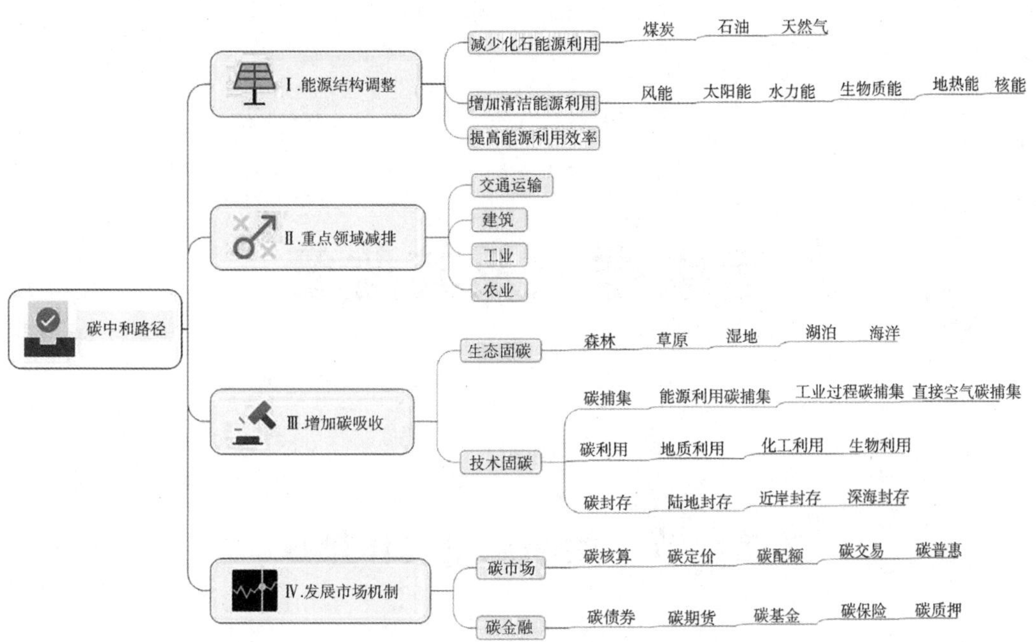

图 1-13 碳中和路径概览

第二章 航运碳排放及其监管

第一节 船舶温室气体排放

一、当前的航运业

1.航运业的重要贡献

地球表面积约 71%由海洋覆盖,全球外贸运输的 80%以上靠水路运输来完成。作为一种最经济、最高效的大宗货物运输方式,水路运输为世界经济的快速发展和人类文明的繁荣进步做出了巨大的贡献。

据联合国贸易与发展会议(United Nations Conference on Trade and Development, UNCTAD)发布的《2022 年海运述评》(*Review of Maritime Transport* 2022)报告数据,1970—2021 年国际海运贸易量如图 2-1 所示。进入 21 世纪,国际海运贸易总体呈不断增长态势,虽然其中 2009 年和 2020 年分别受到 2008 年国际金融危机和新冠疫情影响而有过短暂回落。到 2021 年,国际海运贸易量达到 110 亿 t,相比 2000 年增长了 84%,年均增长 2.9%;就货物运输周转量(货物贸易量与其运输距离的乘积)而言,国际海运贸易量达到 59 万亿 t · n mile。

注:液货包括原油、成品油、液化气和化学品等;主要散货包括铁矿石、谷物、煤炭等;其他干货包括次要大宗商品、集装箱、杂货等。

2.世界商船队规模和构成

据欧盟 Equasis 发布的统计报告,基于多种途径获取的船舶信息,世界商船队的规模和构成特征如表 2-1、表 2-2 所示。截至 2021 年,全球范围内总吨位 100(Gross Tonnage, GT)及以上的船舶大约有 11.9 万艘,累计总吨位 14.8 亿。其中,总吨位 500 以下小型船舶数量占比约 47%,总吨位占比却仅为 1%。作为参照,IMO 纳入能效重点监管的总吨位 5 000 以上船舶总数约 3.2 万艘,总吨位却达到 13 亿,在世界船队中的吨位占比达到 88%,年度燃料消耗占比超过 70%。集装箱船、散货船、油船三大船型占据了大型船舶数量的主体,三类船舶以世界船队 27%的数量占比代表了 78%的吨位占比。

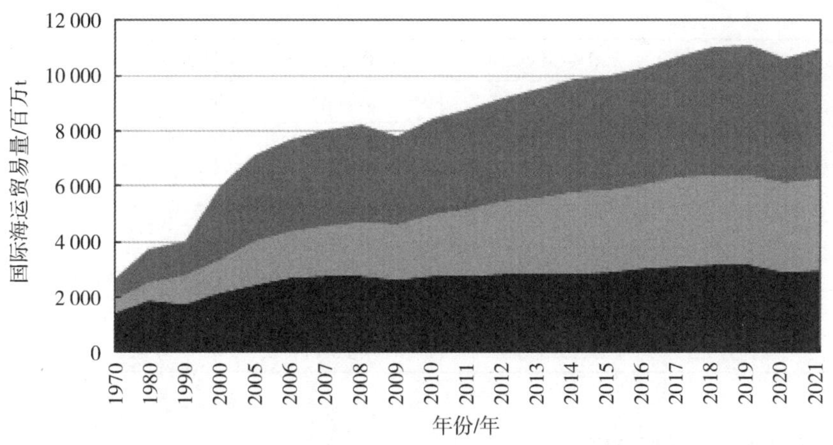

图 2-1　1970—2021 年国际海运贸易量

表 2-1　世界商船队中不同类型、吨级船舶的数量　　单位：艘

船舶类型	100≤GT<500	500≤GT<25 000	25 000≤GT<60 000	GT≤60 000	总计
普通货船	4 089	11814	264	—	16 167
特种货船	8	266	64	7	345
集装箱船	19	2 315	1 629	1 554	5 517
滚装货船	39	601	549	268	1 457
散货船	286	3 847	6 842	1 899	12 874
化学品/油船	1 979	7 372	2 773	2 185	14 309
气体运输船	36	1 145	433	591	2 205
其他油船	437	741	16	—	1 194
客船	3 435	825	71	187	4 518
海工船	2 812	5 135	119	298	8 364
服务船	3 197	2 994	35	7	6 233
拖船	18 860	933	—	—	19 793
渔船	20 186	5 762	4	—	25 952
总计	55 383	43 750	12 799	6 996	118 928

表 2-2　世界商船队中不同类型、吨级船舶的总吨位　　单位：万总吨

船舶类型	100≤GT<500	500≤GT<25 000	25 000≤GT<60 000	GT≥60 000	总计
普通货船	142.9	5 287.7	889.7	—	6 320
特种货船	0.3	211.9	251.9	51	515
集装箱船	0.8	2 767.1	6 077.1	17 744.2	26 589
滚装货船	1.2	608.9	2 611.7	1 804.2	5 026
散货船	11.6	5 662.6	25 686.1	19 557.6	50 918
化学品/油船	63.7	4 500.8	9 724.4	23 233.1	37 522
气体运输船	1.4	726.5	1 890.5	6 651.4	9 270

续表

船舶类型	100≤GT<500	500≤GT<25 000	25 000≤GT<60 000	GT≥60 000	总计
其他油船	13.1	211	46.5	—	271
客船	85.1	268.8	287.7	2 139.5	2 781
海工船	78.9	1 546.9	545.6	3 545.8	5 717
服务船	77.4	968.3	125.5	95.2	1 266
拖船	458.3	81.2	—	—	540
渔船	439.8	789.2	14.2	—	1243
总计	1 374.5	23 630.9	48 150.9	74 822	147 978

二、船舶废气排放测算

为了控制船舶排放,需要全面了解船舶燃油消耗量及废气排放量,了解其对大气成分和气候的影响,以及进行未来潜在的进化和迁移预测。20 世纪 90 年代初期,船舶对全球大气排放的贡献开始引起关注,但世界商船队具体排放了多少,却并无确切的数据支撑。为此,英国劳氏船级社(Lloyd's Register of Shipping, LR)最早开展了系列船舶废气排放研究计划——Marine Exhaust Emissions Research Programme,航运业的排放全貌遂开始逐渐变得清晰。

1.船舶废气排放测算方法

柴油机驱动世界商船队的历史已逾百年,近半个世纪以来更是占据绝对统治地位。当前的世界商船队,超过 98%的船舶由柴油机驱动。因此,根据常规设计,船舶的燃料消耗设备主要包括推进柴油机(主机)、发电柴油机(副机)和燃油锅炉。应急发电柴油机、救生艇发动机、焚烧炉、化学品/油船惰气发生器等设备消耗的燃料极少,在船舶废气排放量化计算中通常予以忽略。

船舶机械设备燃油燃烧产生的废气排放主要包括两大类:(1)大气污染物,如硫氧化物(Sulphur Oxides, SO_x)、氮氧化物(Nitrogen Oxides, NO_x)、颗粒物(Particulate Matter, PM)、一氧化碳(Carbon Monoxide, CO)、非甲烷挥发性有机物(Non-methane Volatile Organic Compounds, NMVOCs)等。(2)温室气体,如 CO_2、CH_4和 N_2O 等。前者的主要危害是造成局部的空气污染和环境灾害;而后者被认为对地球整体的气候变化造成影响,且以 CO_2排放量最为显著。对于油船、液化气船等,其货物运输过程中产生的挥发性有机物(Organic Compounds, VOCs),也是主要的大气污染物之一。此外,船舶空调制冷装置使用的制冷剂、船舶消防系统使用的灭火剂等之前普遍为消耗臭氧层物质(Ozone Depleting Substances, ODS),但由于量比较小,在船舶废气排放测算中常不予考虑。

船舶废气排放量化除了获得一个总量的概念外,更重要的是清单(inventory)的概念。船舶废气排放清单并无确切的定义,但其基本含义可描述为:在指定的空间范围和时间范围内,以单个船舶、公司船队或世界船队为单位汇总其在生产经营活动中各成分废气的排放相关信息,包括分废气成分、分船舶类型、分设备类型、分运行工况的排放量情况及其时空分布。无论是对于单船、公司船队、国家船队或者世界船队,根据航运业现有的实践,船舶废气排放清单测算方法可归结为两种:基于燃料消耗的方法,或称为自上而下方法(top-down approach);基于船舶活动的方法,或称为自下而上方法(bottom-up approach)。

（1）基于燃料消耗的方法

该方法假设燃油消耗是由主机、副机、锅炉或典型工况下的其他设备完成的，只需要统计得到船舶（或船队）的燃油消耗量，再与一个平均的排放因子相乘，即可得到排放量。该排放因子称为质量排放量因子，亦可称为基于燃料的排放因子，即每单位质量的燃料燃烧产生的某种成分废气排放量，单位通常取为 kg-排放物/t-燃料。

借鉴《2006 年 IPCC 国家温室气体清单指南》（*2006 IPCC Guidelines for National Greenhouse Gas Inventories*）推荐采用的温室气体排放估算公式，该方法可表达为

$$E_k = \sum_a \sum_m (FC_{a,m} \cdot EF_{a,m,k} \times 10^{-3}) \tag{2-1}$$

式中：E 为某种成分废气排放量，t；FC 为燃油消耗量，t；EF 为基于燃料的排放因子，kg-排放物/t-燃料；a 为燃料类型编号；m 为设备类型；k 为废气成分编号。

根据燃料消耗量数据的可获得性，该测算方法在操作层面有两个层次：①忽略公式中的下标 m，根据各类型燃料消耗量和给定的排放因子缺省值进行计算；②除了考虑燃料类型外，还要考虑船舶类型、设备类型以及具体的排放因子等因素，当可以收集到详细的船舶技术信息时，可使用该方法。为了说明不同设备、不同燃料类型其排放因子存在的差异，这里以某研究文献采用的排放因子进行说明，如表 2-3 所示。

表 2-3　基于燃料的排放因子示例　（单位：kg-排放物/t-燃料）

废气成分	CO_2		CO	SO_2		NO_x		PM	
	HFO	MDO		HFO	MDO	SSD	MSD	HFO	MDO
排放因子	3 114	3 206	2.77	49	2.6	78	52	7	1.02

注：HFO——重油（S 含量为 2.7%）；MDO——轻柴油；SSD——低速柴油机；MSD——中速柴油机。

基于燃料消耗的方法考虑的因素较少，计算模型简单，排放量的计算结果可直接同燃料消耗量对比，其准确性取决于是否能准确收集到一年当中全球或某一地区水路运输业消耗的各类型燃料量。研究表明，基于燃料消耗的方法是有效的，并且过去几十年船用燃料销售统计数据都有记录并可以获得。该方法的缺点在于：当燃料销售统计数据有遗漏时，该方法存在较大的误差；采用平均的排放因子也会使计算结果存在一定的误差。此外，该方法没有考虑具体的排放位置，当需要了解船舶废气排放的空间分布和对本地大气环境的影响时，还需要结合船舶活动或贸易情况采用一定的方法进行分布。总之，该方法可以粗略揭示航运业对全球大气排放的影响幅度，但不适用于区域性或地区性废气排放测算，因为一个国家或地区的船舶燃料销售量并不完全反映在本地区的船舶排放上（因燃料加装给在测算区域外航行的船舶，或本国船队在测算区域外加装燃料）。

（2）基于船舶活动的方法

基于船舶活动的方法采用详细的船舶活动数据及技术信息进行燃料消耗和废气排放量化建模，通常是基于船舶装机功率、发动机负荷因子、对应工况的运行时间、每单位能量消耗的废气排放因子计算得来的，对于单个船舶、单个港口、区域性或全球性排放清单的测算均具有较好的适用性。每单位能量消耗的废气排放因子称为比排放因子，或称为基于做功的排放因子，即每单位千瓦时的能量消耗产生的某种成分废气排放量，单位通常取为 g 污染物/（kW · h）。

船舶在从事客货运输的过程中，其抵、离某一港口的全部活动状态包括如下 8 个阶段：

①海上航路正常巡航阶段；

②进减速区前备车巡航阶段；

③锚泊阶段(如有);

④减速区内低速进港阶段;

⑤港内机动操纵靠泊阶段;

⑥停泊(含装卸货)阶段;

⑦港内机动操纵离泊阶段;

⑧减速区内低速离港阶段。

船舶在抵、离某一港口的活动过程中,其船舶主动力装置的运行工况可归为4类:

Ⅰ.正常巡航工况,对应船舶运行阶段①、②(运行阶段②中船舶备车巡航,此时主机功率视为不变,备车巡航一般要增开一台副机,但副机总运行功率并没有显著变化,因此将①、②阶段合并考虑);

Ⅱ.减速运行工况,对应船舶运行阶段④和⑧;

Ⅲ.港内操纵工况,对应船舶运行阶段⑤和⑦;

Ⅳ.停泊工况,对应船舶运行阶段③和⑥。每一种运行工况下的船舶排放可按推进柴油机(主机)、发电柴油机(副机)和燃油锅炉分开计算。

因此,对单艘船舶抵、离某一港口的活动过程而言,其某种成分废气排放量计算公式可表达为

$$E_{\mathrm{Call},k} = \sum_{i=1}^{3} \sum_{j=1}^{4} (P_i \cdot LF_{i,j} \cdot T_{i,j} \cdot EF^e_{i,j,k} \times 10^{-6}) \tag{2-2}$$

式中:E_{Call}为单艘船舶抵、离某一港口某种成分废气排放量,t;P为标定功率,kW;LF为负荷因子;T为运行时间,h;EF^e为基于做功的排放因子,g/(kW·h);i为设备编号($i=1\sim3$,分别表示主机、副机和燃油锅炉);j为运行工况编号($j=1\sim4$,分别表示巡航工况、减速工况、机动工况和停泊工况);k为废气成分编号($k=1\sim6$,分别表示NO_x、CO、HC、CO_2、PM和SO_2)。

将指定的空间范围和时间范围内所有船舶的废气排放相加,即可得到该区域范围内总的船舶废气排放清单。当前,随着船舶自动识别系统(Automatic Identification System, AIS)的普及,配合全球定位系统(Global Positioning System, GPS)将船位、船速、改变航向率及航向等船舶动态信息,结合船名、呼号及吃水等船舶静态资料,由甚高频(Very High Frequency, VHF)向附近水域船舶及岸台广播,使邻近船舶及岸台能及时掌握附近海面所有船舶之动、静态资讯,同时也为基于AIS数据的船舶废气排放清单编制提供了便利。总体来看,AIS可被用来获取船舶类型、数量、航迹、航速、主机负荷因子等多个参数,为船舶废气排放清单的准确编制提供了当前最为有效的手段。

2.船舶废气排放量

随着国际社会对航运废气排放的关注,同时为国际海事行业航运减排提供决策参考,摸清全球航运业的废气排放底数就成为基础性工程。IMO分别于2000年、2009年、2014年和2020年发布了四次船舶温室气体排放研究报告,基本明确了全球范围内的船舶废气排放量。

根据最新版的《第4次IMO温室气体研究》(*Fourth IMO GHG Study* 2020)报告,2018年,世界航运(包括国际航行船舶、国内航行船舶和渔业船舶,不包括军用船舶)温室气体排放,包括CO_2、CH_4和N_2O,达到10.76亿t CO_{2e},其中CO_2排放为10.56亿t;航运CO_2排放占到当年全球人为源CO_2排放(365.73亿t)的2.89%;根据两种不同的测算方法(Vessel-based和Voyage-based),国际航运二氧化碳排放量分别为9.19亿t和7.4亿t。

考虑国际航运废气排放清单,2012—2018年,分船舶类型和燃料类型的国际航运燃料消

耗如图 2-2 所示。废气排放量排在前六位的船型分别是集装箱船、散货船、油船、液化气船、化学品船和普通货船，燃料消耗以重质燃料（Heavy Fuel Oil，HFO）为主，其次为船用柴油（Marine Diesel Oil，MDO），液化天然气（Liquefied Natural Gas，LNG）消耗主要来自液化气船。

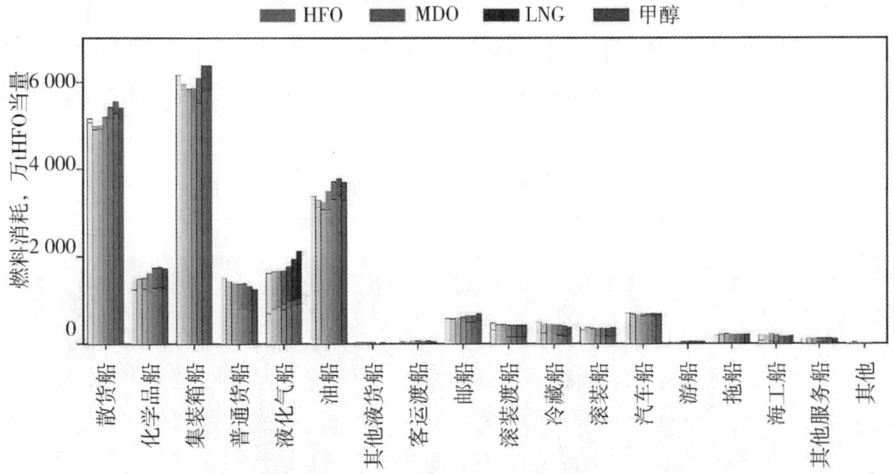

图 2-2　分船舶类型和燃料类型的国际航运燃料消耗（2012—2018 年）

2018 年，国际航运分船舶类型和设备类型的温室气体排放如图 2-3 所示。对于各种类型船舶，主机是主要的燃料消耗设备，其次为副机。但对于油船、化学品船，由于货物加热、装卸货等对锅炉蒸汽的需求，锅炉的燃料消耗甚至高于副机。

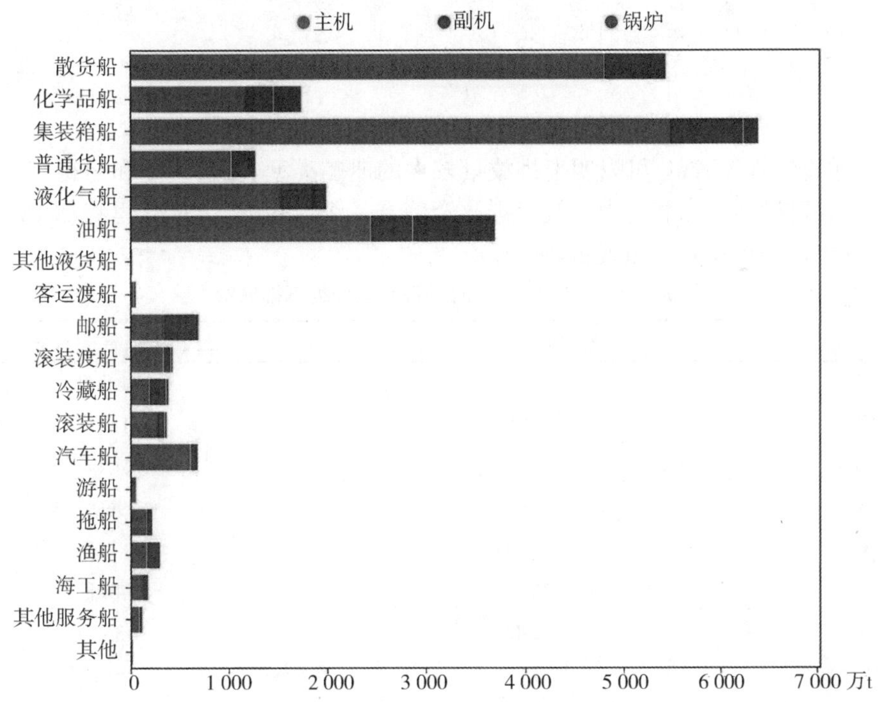

图 2-3　2018 年国际航运分船舶类型和设备类型的温室气体排放

2018 年,国际航运分船舶类型和运行工况的温室气体排放如图 2-4 所示。不同类型船舶,各运行工况的燃料消耗占比存在差异。受航运市场低迷船舶普遍降速运行的影响,对于大部分船舶类型而言,减速运行阶段是主要的燃料消耗工况;仅部分液货船、滚装船,正常巡航阶段是主要的燃料消耗工况。机动操纵阶段的燃料消耗普遍占比较小。化学品船、油船等部分船型,靠泊/停泊阶段的燃料消耗占比较高,其原因同样可归结为货物加热、装卸货等对锅炉蒸汽的需求;而冷藏船、海工船靠泊/停泊阶段的燃料消耗占比较高,其原因可能是这类船舶停泊工况时间较长。

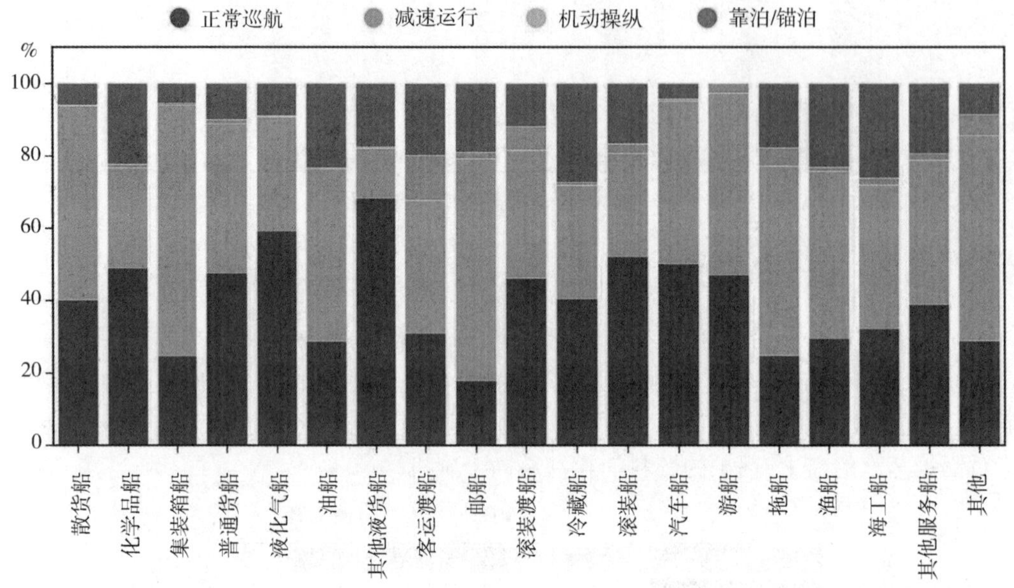

图 2-4　2018 年国际航运分船舶类型和运行工况的温室气体排放

通过船舶废气排放清单,可以明晰排放量较大的船舶类型、设备类型和运行工况,从而有针对性地采取减排措施。此外,为对航运排放全貌有一个总体的了解,这里将 2018 年世界航运各种成分废气排放量列出,如表 2-4 所示。

表 2-4　2018 年国际航运各种成分废气排放量　　单位:万 t

	基于船舶的方法	基于航程的方法
CO_2	91 900	74 000
CH_4	14.8	14.0
N_2O	5.1	4.1
SO_x	1140	960
NO_x	2 020	1 710
PM_{10}	172.7	146.8
$PM_{2.5}$	158.9	135.1
CO	82.9	69.2
NMVOC	86.1	72.5
BC	7.9	6.2

注:两种测算方法的定义参见 *Fourth IMO GHG Study* 2020 报告。

根据《IMO 船舶温室气体减排初步战略》,2008 年是一个重要的基准年。根据该报告的方法,估算得到 2008 年国际航运温室气体排放总量为 7.94 亿 t CO_{2e};而根据《第 3 次 IMO 温室气体研究》(*Third IMO GHG Study* 2014)报告方法,这一估算值为 9.4 亿 t CO_{2e}。测算结果的不统一,也说明了对全球范围内的航运活动废气排放进行量化的复杂性和不确定性,未来随着监测手段和监管制度的不断完善,数据的获取将更全面和准确,船舶废气排放量化结果将也会越来越精确。基于经济和能源场景的合理假设,《第 4 次 IMO 温室气体研究》预测 2050 年世界航运二氧化碳排放将达到 2008 年的 90%~130%。因此,如果不采取强有力措施,《IMO 船舶温室气体减排初步战略》设定 2050 年国际航运温室气体排放相比 2008 年减少至少 50%的目标将难以实现,更别提 2023 年 IMO 船舶温室气体减排战略设定 2050 年左右国际航运实现净零排放的目标。

3.船舶废气排放量化的未来趋势

面向 2050 年的航运碳中和发展,由于船舶替代燃料、替代动力的逐步推广应用,基础数据将呈现动态性和多样性,船舶废气排放量化很难基于统一的模型和经验数据进行测算。另外,由于 IMO MEPC.278(70)号决议建立了船舶燃油消耗数据强制收集机制(Data Collection System for Fuel Oil Consumption of Ships, DCS),从 2019 年 1 月 1 日起,总吨位 5 000 及以上的船舶需要收集其使用的每种燃料的消耗数据,并最终传输到 IMO 船舶燃油消耗数据库,全面、完整的数据将为船舶废气排放量化提供便利。

船舶替代燃料、替代动力的应用,船舶废气排放量化所依据的主机安装功率、负荷因子、燃料的排放因子等要素变得复杂多样,尤其是再纳入燃料生命周期排放,所有这些因素将使得船舶废气排放量化呈现高度复杂性。

第二节　全球性监管框架

为了有效控制船舶废气排放产生的环境污染,IMO 海上环境保护委员会(Marine Environment Protection Committee, MEPC)于 1997 年 9 月 26 日在缔约国大会上通过了《防止船舶造成大气污染规则》,即《MARPOL 公约》(*The International Convention for the Prevention of Pollution from Ships*)附则Ⅵ,并于 2005 年 5 月 19 日正式生效。随后通过累次修订,在 IMO 层面已经建立起了比较全面的 NO_x、SO_x、CO_2、PM、VOCs、ODS 等废气排放的全球性监管框架。除了在 IMO 框架下的船舶废气排放监管,欧盟、美国等还设有各自地区性的监管制度框架,限于篇幅,本教材不展开讨论。2006 年 5 月 23 日,中国加入《MARPOL 公约》附则Ⅵ;同年 8 月 23 日,《MARPOL 公约》附则Ⅵ对中国正式生效。本节仅针对 NO_x、SO_x、CO_2三类主要废气排放物的全球性监管框架进行说明。

一、NO_x排放监管

对船舶柴油机 NO_x的排放控制一直是 IMO 的重点工作之一。2008 年 10 月 10 日,IMO 以 MEPC.176(58)号决议通过了关于《MARPOL 公约》附则Ⅵ的修正案,以及以 MEPC.177(58)

号决议通过了《船用柴油机氮氧化物排放控制技术规则》(*The Technical Code on Control of Emission of Nitrogen Oxides from Marine Diesel Engines*)修正案(*NO_x Technical Code* 2008),并均于2010年7月1日生效。

1.适用对象

附则Ⅵ第13条规定,对每台安装在船上的输出功率超过130 kW的船用柴油机及每台2000年1月1日或以后经重大改装的、输出功率超过130 kW的船用柴油机的NO_x排放都要进行限制。该条规定不适用于:仅用于应急情况的船用柴油机;以及仅在船旗国主权或管辖范围内航行船舶上的发动机,前提是该发动机受该国主管机关制定的替代氮氧化物控制措施的限制。

2.限值标准

不同时期建造的船舶以及柴油机NO_x排放限值有不同的规定。该修正案给出了3阶段标准用于船舶柴油机NO_x排放控制,即IMO NO_x TierⅠ、TierⅡ和TierⅢ,具体要求如表2-5所示。

表2-5 船舶柴油机NO_x排放限值要求

阶段	适用船舶的建造日期	总加权循环排放限值/[(g/(kW·h)] (n为发动机额定转速)		
		$n<130$ r/min	130 r/min≤$n<2\,000$ r/min	$n\geq 2\,000$ r/min
TierⅠ	2000年1月1日及以后且在2011年1月1日之前	17.0	$45\cdot n^{(-0.2)}$	9.8
TierⅡ	2011年1月1日及以后且在2016年1月1日之前	14.4	$44\cdot n^{(-0.2)}$*	7.7
TierⅢ	2016年1月1日及以后	3.4	$9\cdot n^{(-0.2)}$	2.0

注:*根据MEPC.328(76)号决议发布的2021 Revised MARPOL Annex Ⅵ取值;MEPC.176(58)号决议发布的2008 Revised MARPOL AnnexⅥ,该值为$44\times n^{(-0.23)}$。

船舶柴油机NO_x排放的测试循环、测量方法、计算方法在NO_x *Technical Code* 2008具体给出,在此不赘述。NO_x总加权循环排放限值的计算公式可表达为

$$NO_x=\frac{\sum_{i=1}^{n}(q_{mi}W_{Fi})}{\sum_{i=1}^{n}(P_iW_{Fi})} \tag{2-3}$$

$$P=P_m+P_{aux} \tag{2-4}$$

式(2-3)和式(2-4)中:q_m为NO_x的质量流量;P_m为单个工况点测得的功率;P_{aux}为单个工况点发动机辅助设备的功率;n为测试工况点;W_F为加权因子。n和W_F的取值根据NO_x *Technical Code* 2008的说明取值,根据测试循环的不同而存在差异。

(1)TierⅠ限值适用于2000年1月1日及以后且在2011年1月1日之前建造的船上安装的船用柴油机。在1990年1月1日或以后且在2000年1月1日以前建造的船上安装的输出功率超过5 000 kW且每缸排量在90 L或以上的船用柴油机,其NO_x排放限值按TierⅠ要求。

(2)Tier Ⅱ限值适用于 2011 年 1 月 1 日及以后且在 2016 年 1 月 1 日之前建造的船上安装的船用柴油机,Tier Ⅱ NO_x排放限值约为 Tier Ⅰ排放限值的 80%。

(3)Tier Ⅲ限值适用于 2016 年 1 月 1 日及以后建造的船上安装的船用柴油机。Tier Ⅲ排放限值只要求在 NO_x排放控制区(NO_x Tier Ⅲ Emission Control Area, NECA)执行,初期该区域由 MEPC.190(60) 号、MEPC.202(62) 号决议指定为北美(美国、加拿大)东西海岸 200 n mile 以内和夏威夷群岛海域,以及美国加勒比海地区(具体见 MEPC 决议划定的范围),并自 2016 年 1 月 1 日开始实施;2017 年 7 月 7 日,MEPC.286(71)号决议将波罗的海和北海纳入 NECA,并自 2021 年 1 月 1 日开始实施。

在 NO_x *Technical Code* 2008 中,NO_x减排装置被设想用来使柴油机排放满足 Tier Ⅱ、Tier Ⅲ限值标准,废气再循环(Exhaust Gas Recirculation, EGR)系统和选择性催化还原(Selective Catalytic Reduction, SCR)系统是两个常规的技术选项,关于 EGR、SCR 的具体要求可参见 MEPC.307(73)、MEPC.291(71)、MEPC.313(74)等决议文件。

二、SO_x排放监管

1. IMO 框架下的要求

SO_x排放主要与燃油中的硫含量有关;同时,燃油硫含量也是颗粒物(Particulate Matter, PM)排放的重要来源之一。《MARPOL 公约》附则Ⅵ第 14 条规定了关于 SO_x和 PM 排放的限制。在全球范围内和在规定期限内,船上燃油硫含量不能超过规定的限值;当船舶在 SO_x排放控制区(Sulfur Emission Control Area, SECA)航行时,在规定期限内,船用燃油硫含量不应超过规定的限值。

具体要求可描述为:

(1)在全球范围内(SECA 外),2012 年 1 月 1 日以前,硫含量不超过 4.50%*m/m*(质量分数);2012 年 1 月 1 日及以后,硫含量不超过 3.50%*m/m*;2020 年 1 月 1 日及以后,硫含量不超过 0.50%*m/m*。

(2)在 SECA 内,2010 年 7 月 1 日以前,硫含量不超过 1.50%*m/m*;2010 年 7 月 1 日及以后,硫含量不超过 1.00%*m/m*;2015 年 1 月 1 日及以后,硫含量不超过 0.10%*m/m*。

初期,《MARPOL 公约》附则Ⅵ确定的 SECA 为波罗的海、北海海域;此后以 MEPC.190(60)、MEPC.202(62)号决议将北美东西海岸和夏威夷群岛海域(2012 年 8 月 1 日生效实施)、美国加勒比海地区(2014 年 1 月 1 日生效实施)等纳入。

关于在 SECA 外 2020 年 1 月 1 日及以后硫含量不超过 0.50%*m/m* 的要求,要由燃油专家及海事、环保、科研和法律相关专家组成的专家组,完成对全球燃油状况的评审后决定;如届时全球燃料供应条件不具备,可推迟到 2025 年 1 月 1 日生效。但 2016 年 10 月 28 日,IMO 以 MEPC.280(70)号决议通过了自 2020 年 1 月 1 日起全球船用燃油硫含量 0.50%*m/m* 的限值要求。上述关于燃油硫含量的限值标准,无论在 SECA 内或 SECA 外,可以采用废气清洗系统(Exhaust Gas Cleaning Systems, EGCS)作为等效替代措施。关于 EGCS 的具体要求可参考 MEPC.259(68)号决议及其修正案 MEPC.340(77) 号决议文件,此时燃油硫含量将不做限制。

2. 单边机制下的排放控制区

即便未能在 IMO 多边机制之下建立排放控制区,但很多国家和地区通过单边机制建立了地区性的排放控制区。例如,欧洲、美国等国家和地区制定了本国或本地区的排放法规,其要求甚至比国际法规要求更加严格。

2015 年 12 月 2 日,中国交通运输部印发了《珠三角、长三角、环渤海(京津冀)水域船舶排放控制区实施方案》(交海发〔2015〕177 号),设立珠三角、长三角、环渤海(京津冀)水域船舶排放控制区,确定了排放控制区内的核心港口区域,开始分区域、分阶段实施船舶排放控制,具体控制要求包括:

(1)自 2016 年 1 月 1 日起,船舶应严格执行现行国际公约和国内法律法规关于硫氧化物、颗粒物和氮氧化物的排放控制要求,排放控制区内有条件的港口可以实施船舶靠岸停泊期间使用硫含量≤0.5%*m/m* 的燃油等高于现行排放控制要求的措施。

(2)自 2017 年 1 月 1 日起,船舶在排放控制区内的核心港口区域靠岸停泊期间(靠港后的一小时和离港前的一小时除外,下同)应使用硫含量≤0.5%*m/m* 的燃油。

(3)自 2018 年 1 月 1 日起,船舶在排放控制区内所有港口靠岸停泊期间应使用硫含量≤0.5%*m/m* 的燃油。

(4)自 2019 年 1 月 1 日起,船舶进入排放控制区应使用硫含量≤0.5%*m/m* 的燃油。

(5)船舶可采取连接岸电、使用清洁能源、尾气后处理等与上述排放控制要求等效的替代措施。

在前述基础上,2018 年 11 月 30 日,交通运输部印发《船舶大气污染物排放控制区实施方案》(交海发〔2018〕168 号),将排放控制区扩展到包括沿海控制区和内河控制区,沿海控制区范围可参照交通运输部文件公布的海域,内河控制区范围为长江干线(云南水富至江苏浏河口)、西江干线(广西南宁至广东肇庆段)的通航水域。该实施方案适用于在排放控制区内航行、停泊、作业的船舶,对其硫氧化物排放、颗粒物排放、氮氧化物排放、船舶靠港使用岸电等提出了明确的控制要求。具体条款在此不再赘述,可查阅相关文件。

三、CO_2排放监管

2011 年 7 月 15 日,IMO 以 MEPC.203(62)号决议在《MARPOL 公约》附则Ⅵ中增加了一个新的章节——“第 4 章 船舶能效规则”(Chapter 4 Regulations on Energy Efficiency for Ships),通过了提高国际航运能效的强制性措施——船舶能效设计指数(Energy Efficiency Design Index, EEDI)和船舶能效管理计划(Ship Energy Efficiency Management Plan, SEEMP),适用于总吨位 400 及以上的船舶;与此同时,船舶能效营运指数(Energy Efficiency Operational Indicator, EEOI)作为一项自愿性指标用于船舶能效评价。自此,船舶能源消耗及 CO_2 排放遂正式进入监管议程。

2021 年 7 月 17 日,IMO 以 MEPC.328(76)号决议通过了《MARPOL 公约》附则Ⅵ修正案,关于能效与排放控制的第 4 章也更名为“国际航运碳强度规则”(Regulations on the Carbon Intensity of International Shipping),现有船舶能效指数(Energy Efficiency Existing Ship Index, EEXI)和营运碳强度指标(Carbon Intensity Indicator, CII)两项指标纳入了 IMO 温室气体减排战略的短期措施。2026 年 1 月 1 日之前,IMO 将完成对国际航运碳强度规则实施效果的复审。

针对上述行动,本节基于 MEPC.328(76)号决议通过的 2021 版《MARPOL 公约》附则Ⅵ,对 IMO 框架下的二氧化碳排放监管的几项关键措施做一简单介绍。其中,EEDI 针对新船,EEXI 针对现有船;SEEMP、DCS 和 CII 适用于所有船舶。所谓新船,指 2013 年 1 月 1 日及以后签订建造合同，或2013年7月1日及以后安放龙骨或处于类似建造阶段，或2015年7月1日及以后交付的船舶；现有船指不是新船的船舶。

1.EEDI

EEDI是根据在设计船舶时的最大载货量，以一定的航速前进时所需的推动力以及有关辅助设备所消耗的燃油而计算得出的CO_2的排放量，单位为g-CO_2/（t·n mile）。《MARPOL公约》附则Ⅵ关于EEDI的要求适用于新船，要求按EEDI计算方法指南计算其达到的EEDI（Attained EEDI）。根据MEPC.364（79）号决议通过的《2022年新造船达到的船舶能效设计指数（EEDI）计算方法导则》[此前的版本包括MEPC.308（73）号决议通过的2018版及其修正案MEPC.322（74）、MEPC.332（76），以及MEPC.245（66）号决议通过的2014版及其修正案MEPC.263（66）、MEPC.281（70）和MEPC.1/Circ.866]，达到的EEDI计算公式可表达为

$$\begin{aligned}\mathrm{EEDI}=&\frac{\prod_{j=1}^{n}f_j\left(\sum_{i=1}^{n\mathrm{ME}}P_{\mathrm{ME}(i)}\cdot C_{\mathrm{F,ME}(i)}\cdot \mathrm{SFC}_{\mathrm{ME}(i)}\right)}{f_i\cdot f_c\cdot f_1\cdot \mathrm{Capacity}\cdot f_w\cdot v_{\mathrm{ref}}\cdot f_m}\\&+\frac{P_{\mathrm{AE}}\cdot C_{\mathrm{F,ME}}\cdot \mathrm{SFC}_{\mathrm{AE}}*}{f_i\cdot f_c\cdot f_1\cdot \mathrm{Capacity}\cdot f_w\cdot v_{\mathrm{ref}}\cdot f_m}\\&+\frac{\left(\prod_{j=1}^{n}f_j\cdot \sum_{i=1}^{n\mathrm{PTI}}P_{\mathrm{PTI}(i)}-\sum_{i=1}^{n\mathrm{eff}}\cdot f_{\mathrm{eff}(i)}\cdot P_{\mathrm{AE,eff}(i)}\right)\cdot C_{\mathrm{F,AE}}\cdot \mathrm{SFC}_{\mathrm{AE}}}{f_i\cdot f_c\cdot f_1\cdot \mathrm{Capacity}\cdot f_w\cdot v_{\mathrm{ref}}\cdot f_m}\\&-\frac{\left(\sum_{i=1}^{n\mathrm{eff}}f_{\mathrm{eff}(i)}\cdot P_{\mathrm{eff}(i)}\cdot C_{\mathrm{F,ME}}\cdot \mathrm{SFC}_{\mathrm{ME}}**\right)}{f_i\cdot f_c\cdot f_1\cdot \mathrm{Capacity}\cdot f_w\cdot v_{\mathrm{ref}}\cdot f_m}\end{aligned}\tag{2-5}$$

注：*表示如果部分负荷由轴带发电机（PTO）提供，则被替代的这部分功率计算可使用SFC_{ME}和$C_{F,ME}$来代替SFC_{AE}和$C_{F,AE}$；**表示在$P_{PTI(i)}>0$的情况下，用（$SFC_{ME}\cdot C_{FME}$）和（$SFC_{AE}\cdot C_{F,AE}$）的加权平均值计算P_{eff}；该公式可能不适用于具有柴电推进、涡轮推进或混合动力推进系统的船舶，豪华客船和LNG运输船除外。

式中：P_{ME}为去除轴带发电机的主机功率，P_{AE}为副机功率，P_{PTI}为轴带电动机功率，P_{PTO}为轴带发电机功率，P_{eff}为主机的创新性能效技术，P_{AEeff}为副机的创新性能效技术，C_{FME}和C_{FAE}分别是主机、副机的燃料碳转换系数，SFC_{ME}和SFC_{AE}分别是主机、副机的比燃料消耗，用g/（kW·h）表示；

Capacity为船舶吨位，对于散货船、化学品/油船、气体运输船、LNG运输船、车辆运输船、滚装货船、滚装客船、普通货船、冷藏船和兼用船，Capacity用载重吨（Deadweight Tonnage，DWT）表示，对于客船和豪华邮船，Capacity用总吨（Gross Tonnage，GT）表示；对于集装箱船，Capacity用70%DWT表示，其EEDI值计算时，Attained EEDI值根据EEDI公式采用70%DWT计算，Required EEDI值应根据参考基线计算公式采用100%DWT计算；

v_{ref}为假定无风无浪气象条件下的航速，单位为节（kn）；

f_j为用于补偿船舶特殊设计因素的修正系数，若无须考虑时该系数取值1.0；

f_i为对载运能力的修正系数，是指船舶因技术或者规定的原因而使船舶的Capacity的能力受到制约，该修正系数用来补偿船舶Capacity损失而使EEDI下降，若无须考虑时该系数取值1.0；

f_c为舱容量修正系数，若无须考虑时该系数取值1.0；

f_l为具有起重机或其他起货设备的普通货船用于补偿船舶载重吨损失的系数；

f_w为无量纲系数，表示船舶在波高、波频和风速代表性海况（如蒲福风级6）下的航速降低；

f_m为IA Super和IA级冰区加强船舶修正系数，当船舶为IA Super和IA级冰区加强船舶时，该值取1.05，其他情况则取值为1.0；

f_{eff}为反映任何创新性能效技术的适用系数，对于废热回收系统，f_{eff}应为1.0。

式(2-5)可简单理解为由四个部分组成：第一部分是主机产生的二氧化碳的总排放量；第二部分是副机产生的二氧化碳的总排放量；第三部分是对推进功率产生的二氧化碳排放量的修正；第四部分是创新电力能效技术降低船舶辅机的耗电量，使副机的供电量减少，以此降低二氧化碳的排放量。式(2-5)中各参数，根据船舶类型、发动机类型、燃料类型、推进功率、设计特征等的差异而存在不同的取值或计算方法。

根据《MARPOL公约》附则Ⅵ第24条的要求［可参考MEPC.328(76)号决议］：

$$\text{Attained EEDI} \leqslant \text{Required EEDI} = (1-X/100) \times 参考基线 \quad (2\text{-}6)$$

其中，Required EEDI为要求的EEDI；X为折减因子；参考基线(Reference Line Value) $= a \times b^{-c}$，a、c为系数，b为载重吨(DWT)或总吨(GT)。

附则Ⅵ提出了三阶段（第一阶段，2015年1月1日—2019年12月31日；第二阶段，2020年1月1日—2024年12月31日；第三阶段，2025年1月1日，部分船型提前到2022年4月1日生效）的履约要求，对于不同船舶类型、不同吨位、处于不同履约阶段的船舶，Required EEDI、参考基线、X、a、b、c均有不同取值，具体可参考MEPC.203(62)号决议以及2021年更新的MEPC.328(76)号决议文件。需要说明的是，随着后续监管要求的变更，参数取值和适用性可能仍将不断更新。

2.EEXI

IMO以MEPC.328(76)号决议通过了2021年《MARPOL公约》附则Ⅵ修正案，要求现有船通过EEXI提升其技术能效。

达到的EEXI(Attained EEXI)计算公式与达到的EEDI计算公式的表达形式完全相同，其中各参数的含义也比较类似，但取值存在差异，具体可参见根据MEPC.350(78)号决议通过的《2022年达到的现有船舶能效指数(EEXI)计算方法导则》［此前的版本为MEPC.333(76)号决议通过的2021版］。

根据《MARPOL公约》附则Ⅵ第25条的要求［可参考MEPC.328(76)号决议］，

$$\text{Attained EEXI} \leqslant \text{Required EEXI} = (1-Y/100) \times 参考基线 \quad (2\text{-}7)$$

式中，Required EEXI为要求的EEXI；Y为折减因子；参考基线(Reference Line Value)根据EEDI参考基线方法计算。

3.SEEMP

附则Ⅵ关于SEEMP的要求适用于所有总吨位400及以上的船舶。根据《MARPOL公约》附则Ⅵ第26条的要求［可参考MEPC.328(76)号决议］，各公司应根据IMO相关指南开发SEEMP，并留存在船上，作为船舶安全管理体系(Safety Management System，SMS)的一部分。对于总吨位5 000以上的船舶，还应说明燃料消耗数据收集及碳强度计算的方法。2022年6月10日，MEPC.346(78)号决议通过了最新版SEEMP开发指南［替代此前的MEPC.213(63)、MEPC.282(70)等决议通过的版本］，为海事行业开发SEEMP提供向详细的指导。

4. DCS

2016 年 10 月 28 日,IMO 以 MEPC.278(70)号决议通过了《MARPOL 公约》附则Ⅵ关于船舶燃油消耗数据收集(Data Collection System, DCS)的强制性要求,适用于总吨位 5 000 及以上的船舶。从 2019 年 1 月 1 日起,总吨位 5 000 及以上的船舶需要收集它们使用的每种燃料的消耗数据,并在每个日历年结束后报告给船旗国,船旗国在确定数据已按照要求报告后,将向船舶发出符合声明,随后将此数据传输到 IMO 船舶燃油消耗数据库。截至 2022 年年底,IMO 已通过 MEPC 76/6/1、MEPC 77/6/1、MEPC 79/6/1 提案文件发布了 2019 年、2020 年、2021 年三年的燃油消耗数据汇总报告。2022 年 6 月 10 日,MEPC.349(78)号决议通过了关于 IMO 船舶燃料消耗数据库开发和管理的最新要求,替代此前 MEPC.293(71) 号决议通过的 2017 版指南。

5.CII

2009 年 8 月 17 日,IMO 发布了 MEPC.1/Circ.684 通函,给出了船舶能效营运指数(Energy Efficiency Operation Indicator, EEOI)自愿使用指南,其计算公式可表达为

$$\mathrm{EEOI}=\frac{\sum_{i}\sum_{j}(F_{ij}\cdot C_{\mathrm{F}j}\times 10^{3})}{\sum_{i}(m_{\mathrm{cargo,i}}\cdot D_{i})} \tag{2-8}$$

式中:EEOI 为船舶能效营运指数,g-CO_2/ (t · n mile);i 为航次编号;j 为燃料类型;F_{ij}为航次 i 消耗的燃料 j 的质量,t;$C_{\mathrm{F}j}$为燃料 j 的二氧化碳转换系数,kg-CO_2/t-燃料;$m_{\mathrm{cargo},i}$为航次 i 的载货量,t;D_{i}为航次 i 载运货物航行的距离,n mile。

EEOI 可以以航次或年度为单位进行计算,就科学性而言是最理想的船舶营运能效评价指标,但该指标需要获取船舶的载货数据,由于商业敏感性,航运公司普遍拒绝报告该数据,最终导致 EEOI 指标无法推广应用。此后,国际海事行业又分别提出了年度能效比率(Annual Efficiency Ratio, AER)、能效性能指标(Energy Efficiency Performance Indicator, EEPI)、cgDIST、cbDIST、clDIST、每服务小时能效(Energy Efficiency per Service Hour, EESH)、单船绩效指标(Individual Ship Performance Indicator,ISPI)、燃油减少战略(Fuel Oil Reduction Strategy, FORS)等指标用以评价船舶营运能效,但普遍由于指标缺乏科学性而难以达成共识。

2021 年,IMO 以 MEPC.328(76)号决议通过了 2021 年《MARPOL 公约》附则Ⅵ修正案,自 2023 年 1 月 1 日起,以一个概念性的 CII 评级作为强制性的营运能效评价方法。

根据《MARPOL 公约》附则Ⅵ第 28 条的要求[可参考 MEPC.328(76)号决议],对于总吨位 5 000 及以上的船舶:

$$\text{Required CII} = (1-Z/100)\times \mathrm{CII}_{\mathrm{R}} \tag{2-9}$$

其中,Required CII 为要求的年度营运碳强度;Z 为折减因子;$\mathrm{CII}_{\mathrm{R}}$为参考值(Reference Value)。

折减因子 Z 和参考值 $\mathrm{CII}_{\mathrm{R}}$ 根据 IMO 发布的导则计算和取值。达到的年度营运碳强度(Attained CII)根据要求的年度营运碳强度进行评级。评定为 A、B、C、D、E 五级,分别代表优、次优、中等、较差和差。某年度被评为 E 级或连续三年被评为 D 级的船舶,应根据 SEEMP 制订纠正措施计划,以实现所需的年度营运 CII。IMO 也鼓励主管机关、港口机关或其他利益相关方针对评级为 A 或 B 的船舶提供激励措施。

关于 CII 评级机制,MEPC76 和 MEPC78 次会议上通过了系列文件,如表 2-6 所示,用以指导行业实践操作。

表 2-6 CII 评级综合文件

IMO 决议号	文件名称
MEPC.352(78)	2022 *Guidelines on operational carbon intensity indicators and the calculation methods* (*CII Guidelines*, *G*1)
MEPC.353(78)	2022 *Guidelines on the reference lines for use with Operational Carbon Intensity Indicators* (*CII Reference Lines Guidelines*, *G*2)
MEPC.338(76)	2021 *Guidelines on the operational carbon intensity reduction factors relative to reference lines* (*CII Reduction Factor Guidelines*, *G*3)
MEPC.354(78)	2022 *Guidelines on the operational carbon intensity rating of ships* (*CII Rating Guidelines*, *G*4)
MEPC.355(78)	2022 *Interim Guidelines on correction factors and voyage adjustments for CII calculations* (*CII Guidelines*, *G*5)

CII 的基本含义为单位运输功所产生的二氧化碳排放量。根据 G1 导则,达到的 CII 计算公式可表达为

$$\mathrm{CII}=\frac{\sum_{j}(F_j\cdot C_{\mathrm{F}j}\times 10^3)}{C\cdot D_t} \tag{2-10}$$

式中:CII 为船舶营运碳强度,g-CO_2/(DWT · n mile)或 g-CO_2/(GT · n mile);j 为燃料类型;F_j为统计年度船舶消耗的燃料 j 的质量,t;$C_{\mathrm{F}j}$为燃料 j 的二氧化碳转换系数,kg-CO_2/t-燃料,取值同 EEDI、EEXI;C 为船舶容量;D_t为统计年度船舶总的航行距离,n mile。

根据实际或估算的载货量计算得到的 CII 称为基于需求的 CII(Demand-Based CII),根据船舶容量计算得到的 CII 称为基于供给的 CII(supply-based CII)。由于载货量数据缺失,目前计算得到的 CII 均为基于供给的 CII。对于散货船、化学品/油船、集装箱船、气体运输船、LNG 运输船、普通货船、冷藏船和兼装船,用载重吨(DWT)来表示船舶容量 C,此时得到的 CII 被称为 *AER*;对于豪华客船、邮船、汽车运输船、滚装货船、滚装客船,用总吨(GT)来表示船舶容量 C,此时得到的 CII 被称为 cgDIST。

现阶段计算要求的 CII 和达到的 CII 采用 AER、cgDIST 两个指标,而 EEPI、cbDIST、clDIST、EEOI 等作为自愿试用指标。其他几个指标的计算公式可表达为

$$\mathrm{EEPI}=\frac{\sum_{j}(F_j\cdot C_{\mathrm{F}j}\times 10^3)}{C\cdot D_1} \tag{2-11}$$

$$\mathrm{cbDIST}=\frac{\sum_{j}(F_j\cdot C_{\mathrm{F}j}\times 10^3)}{\mathrm{ALB}\cdot D_t} \tag{2-12}$$

$$\mathrm{clDIST}=\frac{\sum_{j}(F_j\cdot C_{\mathrm{F}j}\times 10^3)}{\mathrm{Lanemeter}\cdot D_t} \tag{2-13}$$

式中:F_j、$C_{\mathrm{F}j}$ j、C、D_t含义同 CII 公式;D_1为统计年度船舶载货航行距离,n mile;ALB 为豪华客船、邮船等的可用下铺(Available Lower Berths)数量;Lanemeter 为汽车运输船、滚装货船、滚装客船等滚装船的车道米数。

船舶营运碳强度参考值 $\mathrm{CII_R}$的计算方法根据 G2 导则确定:

$$\mathrm{CII_{ref}}=a\cdot \mathrm{Capacity}^{-c} \tag{2-14}$$

式中：CII_{ref}为某统计年度的船舶营运碳强度参考值；C 为船舶容量，含义同 CII 公式；a、c 是统计年度内，根据 IMO 船舶燃料消耗数据库（IMO Ship Fuel Oil Consumption Database）［参考 MEPC.349(78) 号决议］中的报告数据按所属船舶类型和船舶大小，通过中值回归拟合得出的。

折减因子 Z 的计算方法根据 G3 导则确定，具体方法在此不赘述，目前确定的折减因子是 2023 年、2024 年、2025 年和 2026 年相对于 2019 年分别折减 5%、7%、9%和 11%。

船舶营运碳强度评级根据 G4 导则确定，具体可简单描述为：首先，根据回归得出的 CII_{ref}，再考虑统计年度适用的折减因子 Z，从而确定出 Required CII；其次，根据设定偏离 Required CII 参考基线的距离，设定 4 个分级边界从而划分出 5 个评价等级——A、B、C、D、E；最后，根据统计年度内所评价船舶 Attained CII 落入的区域，确定该船的评价等级。

三、船舶温室气体减排战略

2018 年 4 月 13 日，IMO 以 MEPC.304(72) 号决议通过了《IMO 船舶温室气体减排初步战略》，旨在减少国际航运产生的温室气体排放，并设定在 21 世纪内尽快停止温室气体排放的目标。为此，IMO 设定了三个层次的雄心水平：通过针对新造船实施 EEDI 机制促进船舶碳强度下降；减少单位运输功的二氧化碳排放，2030 年国际航运平均碳强度相比 2008 年至少降低 40%，并努力追求到 2050 年时降低 70%；国际航运温室气体排放尽快达峰，2050 年国际航运温室气体排放总量相比 2008 年至少减少 50%，并努力追求尽早停止温室气体排放。为此，IMO 安排了一系列的短期（2018—2023 年）、中期（2023—2030 年）和长期（2030 年以后）减排措施。然而，2021 年 11 月，UNFCCC COP26 次会议以及随后的 IMO MEPC77 次会议，释放了加快实现航运碳中和的强烈信号。

2023 年 7 月 7 日，IMO 以 MEPC.377(80) 号决议通过了《IMO 船舶温室气体减排战略 2023》。为便于比较，这里将 2018 年初步战略的基本路线图以及 2023 年减排战略设立的减排目标绘制于图 2-5 中。

在 MEPC80 次会议上，IMO 更新了国际航运温室气体减排的雄心水平：通过针对新造船实施 EEDI 机制促进船舶碳强度下降；减少单位运输功的二氧化碳排放，2030 年国际航运平均碳强度相比 2008 年至少降低 40%；增加零/近零排放技术、燃料或能源应用，2030 年在国际航运用能中占比至少达到 5%，力争达到 10%；国际航运温室气体排放尽快达峰，考虑不同国情，到 2050 年左右实现净零排放。国际航运温室气体排放实现净零排放过程中，还设立了两个考核指标点：2030 年国际航运温室气体排放总量相比 2008 年至少减少 20%，力争减少 30%；2040 年国际航运温室气体排放总量相比 2008 年至少减少 70%，力争减少 80%。该战略将以 5 年为周期进行修订，此后的第一次战略修订为 2028 年。

《IMO 船舶温室气体减排战略 2023》确立的中期减排措施选项仍然主要是技术要素（目标型船用燃料温室气体强度标准）和经济要素（基于海运温室气体排放的碳定价机制）两个方面。同时为支持零/近零排放技术、燃料或能源应用，IMO 以 MEPC.376(80) 号决议通过了《船用燃料全生命周期温室气体强度导则》（*Guidelines on life cycle GHG intensity of marine fuels*, LCA 导则），并同意成立会后通信工作组就燃料上船前排放数据收集、船端排放默认值、部分新技术的排放核算方法等开展工作。

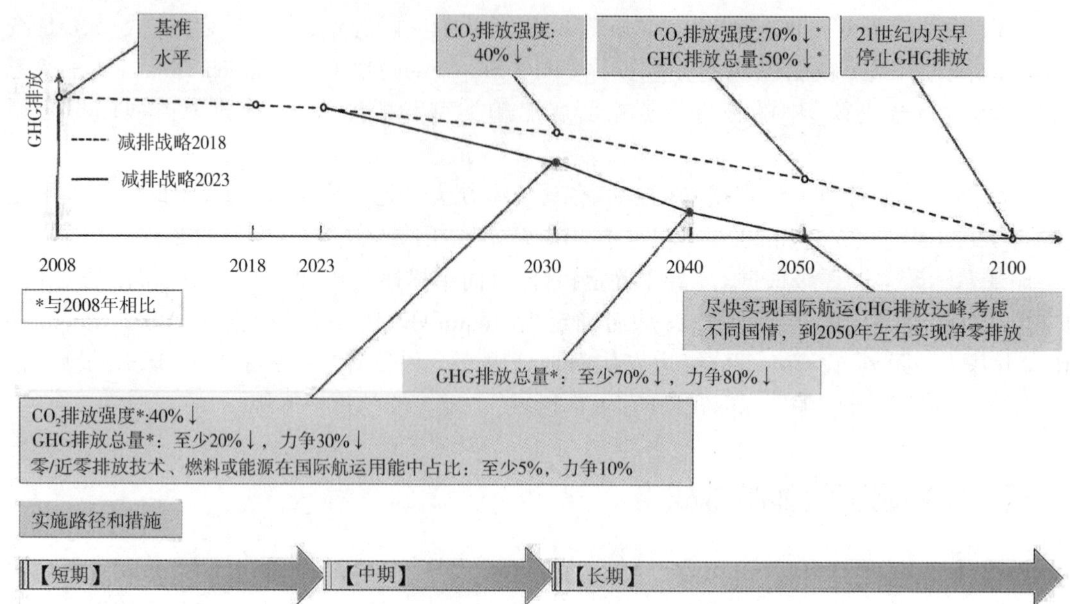

【短期】

· 加强现有框架下的能效措施
  √EEDI&SEEMP
· 发展技术和操作能效措施
  √EEXI&CII
· 现有船队提升计划
· 航速优化和降速
· 减少甲烷和VOCs排放
· 鼓励开发和更新国家行动计划
· 物流供应链与港口基础设施
· 替代燃料和创新技术研发
· 开发和采用新技术先行者激励
· 开发燃料生命周期碳强度导则
· 技术合作与能力建设等

【中期】

· 低碳/零碳燃料应用
· 创新性减排机制
  √基于市场的机制
· 技术和操作能效措施
· 技术合作与能力建设等

【长期】

· 零碳/非化石燃料应用
· 其他潜在的创新性减排机制

图 2-5　IMO 船舶温室气体减排路线图

第三节　区域性监管框架

欧盟(European Union, EU)在应对气候变化方面一直是先行者,在将航运业脱碳纳入监管方面也是积极的倡导者,本节仅以欧盟的实践示例说明区域性监管框架。

2013 年,欧盟委员会(European Commission)制定了减少航运业温室气体排放的战略,分三个步骤:

(1)制定船舶温室气体排放的监测、报告和认证(Monitoring, Reporting and Verification, MRV)机制;

(2)制定海运业温室气体减排目标;

(3)确定中长期计划的进一步措施,包括基于市场机制的措施。

截至 2023 年 10 月,关于航运业温室气体排放,欧盟已基本形成由 EU MRV、EU ETS 和

FuelEU Maritime 三项主要法案组成的监管框架。

一、EU MRV

2013 年 6 月,欧盟委员会提出了航运温室气体排放 MRV 法规草案。根据该法规草案,船舶监测、计算自身运营时燃油消耗、二氧化碳排放以及相关信息,由经认证的第三方机构对提交数据进行验证,并按规定期限上报。该法规最终稿(EU) 2015/757 号条例于 2015 年 5 月 19 日正式刊登在欧盟官方公报(Official Journal of the European Union)上,并于正式公布 20 天后的 2015 年 7 月 1 日正式生效,2018 年 1 月 1 日开始首个监测周期。

EU MRV 针对船上所有燃料燃烧所产生的二氧化碳,不包括其他温室气体;适用于到达欧盟某成员国港口或自欧盟某成员国港口出发,包括在欧盟某成员国港口间航行的总吨位5 000 以上的所有船舶,不区别船旗、船东,军用船舶、渔船、非机动船、公务船等船舶除外。船公司/船东将成为 EU MRV 法规实施的责任主体。法规的具体实施方式为:由船东提出监测计划,并按计划监测每航次船舶的燃油消耗、二氧化碳排放以及相关信息后按航次进行监测,并按年度对监测结果进行报告;由第三方验证机构核查监控计划、验证排放报告并发放符合证明。排放报告经验证后将提交至欧盟委员会和相关主管机关。欧盟委员会对排放等相关数据进行发布;港口国主管机关检查是否履行 EU MRV 的要求;由欧盟成员国执行相关惩罚、制裁措施。

从 2019 年开始,每年 4 月 30 日前,船公司应将监测周期(一年)内形成,并经验证方验证的排放报告及相关信息,提交欧盟委员会以及船旗国主管机关。EU MRV 虽只涉及数据的监测上报,未提出明确的减排要求,但实施后势必对航运业造成多方面影响。近期内主要是增加管理成本、验证成本以及潜在的设备成本。从长远来看,EU MRV 是欧盟航运温室气体减排“三步走”策略的第一步工作。通过收集相关排放数据,下一阶段将根据收集数据确定减排目标,制定基线,最后实施航运减排市场机制。因此,EU MRV 可视为欧盟实施航运减排市场机制的前奏,也是其实施航运减排市场机制的重要途径。

二、EU ETS

2021 年 7 月 14 日,为实现欧盟 2030 年温室气体排放比 1990 年降低 55%的目标,欧盟委员会提出了“Fit for 55”一揽子能源和气候立法提案。经过将近两年的磋商和谈判,2023 年 4 月 25 日,欧洲理事会(The European Council)正式通过了实现 2030 年气候目标的 5 项关键立法,包括将航运排放首次纳入欧盟排放交易体系的范围。2023 年 5 月 16 日,欧盟官方公报正式公布了欧洲议会和欧洲理事会于 2023 年 5 月 10 日颁布的 (EU) 2023/957 号条例,修订了 (EU) 2015/757 号条例,以规定将海运活动纳入欧盟排放交易体系并进行监测、报告和核查额外温室气体排放量和额外船舶类型的排放量。该法案在正式公布 20 天后,也就是 2023 年 6 月 5 日正式生效。

将航运业纳入 EU ETS,将强制使承运人逐步降低船用燃料的碳强度。在 EU ETS 下,如果航运公司的碳排放预期多,那么就需要支付更多的费用。自 2024 年 1 月 1 日起,船舶在适用区域航行产生的碳排放将需要缴纳碳配额(European Union Allowances, EUAs)。EUAs 不是免费的,可以在欧洲能源交易所(European Energy Exchange, EEX)进行购买,也可以在二级市场进行买卖、流通。

如图 2-6 所示,缴纳碳配额有一个分阶段实施的过程:

(1)对于 2024 年报告的经认证的碳排放量,到 2025 年只需要缴纳其中 40%的碳配额;

(2)2025 年,缴纳比例增加到 70%;

(3)2026 年,100%的航运二氧化碳排放量需要纳入 EU ETS;船舶排放的另外两大温室气体——CH_4和 N_2O,也将纳入 EU ETS 中。

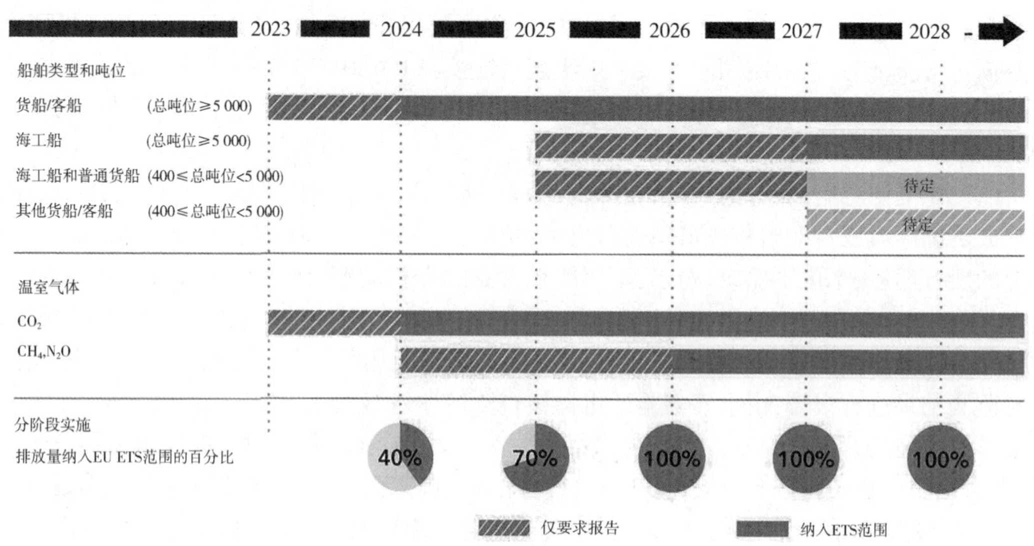

图 2-6 EU ETS 分阶段实施时间表

EU ETS 适用区域为欧盟和欧洲经济区(European Economic Area, EEA),包括欧盟 27 国以及冰岛、列支敦士登和挪威等三个非欧盟国家。目前,EU ETS 纳入监管的对象为总吨位 5 000以上的船舶,需要注意的是,这些船舶并非指欧盟所有的或在欧盟注册的船舶,而是指在适用区域航行的船舶。纳入监管的船舶碳排放量计算方法是:船舶在欧盟港口之间的碳排放;船舶在欧盟港口停泊产生的碳排放;船舶自欧盟以外港口往返于欧盟港口的碳排放的 50%。

通过临时挂靠一个距离欧盟较近的周边港口来逃避监管是可行的,但是需要综合考虑绕航和增加的港口挂靠的成本。当然欧盟也有相关规则应对这种"碳泄漏",欧盟在立法中对停靠港(Port of Call)进行专门的定义,并提出临近欧盟的转运港(Transhipment Port)概念。这意味着想要通过临时挂靠这些港口逃避监管将是无效的。一个航次的总排放量将会从欧盟目的港一直追溯到一个合规的港口。欧盟委员会将在 2023 年年底前起草一份关于转运港的清单,并在此后每两年在 12 月 31 日之前更新一次。值得注意的是,由于停靠港的定义涉及装卸港之间的航次,因此进入港口的其他原因,例如紧急情况或仅仅是为了维修、更换船员和/或加油,不会在计算受管制排放量时划分受管制航次。

三、FuelEU Maritime

2021 年 7 月 14 日,欧盟委员会在其"Fit for 55"一揽子计划中还提出了关于可持续海运燃料的立法提案(FuelEU Maritime)。2023 年 7 月,欧洲议会和欧洲理事会分别通过了 FuelEU Maritime 法案。2023 年 9 月 22 日,欧盟在其官方公报正式公布了欧洲议会和欧洲理事会于 2023 年 9 月 13 日颁布的(EU) 2023/1805 号条例,并于 2023 年 10 月 12 日正式生效。

FuelEU Maritime 针对船用能源生产、运输、分配和船上使用的全生命周期温室气体排放，通过对船舶使用燃料的全生命周期温室气体排放强度设定最大限制，以推动停靠欧洲港口的船只采用可持续和零排放海运燃料。与 EU ETS 类似，FuelEU Maritime 纳入监管的对象为总吨位 5 000 以上的船舶，这些船舶并非指欧盟所有的或在欧盟注册的船舶，而是指在适用区域航行的船舶，而 FuelEU Maritime 适用区域同样为 EU/EEA。纳入监管的船舶碳排放量计算方法是：船舶在欧盟港口之间的碳排放；船舶在欧盟港口停泊产生的碳排放；船舶自欧盟以外港口往返于欧盟港口的碳排放的 50%。

与 EU ETS 不同，FuelEU Maritime 是一个从技术层面直接对航运公司温室气体排放进行限定的法规，衡量的标准是航运公司全年平均的燃料温室气体强度（GHG intensity of the energy）。这同样需要船东公司在一个新的数据库中上报其船舶全年的排放量，包括使用能源的种类、数量以及全生命周期的排放因子。主要监测内容从 2025 年 1 月 1 日才开始计算，但在 2024 年 8 月 31 日之前，船东需要提交每艘船舶的标准化排放监测计划。根据 FuelEU Maritime 要求，船用燃料必须满足温室气体排放强度目标，即相较于 2020 年（基准参考值，取为 91.16 gCO_{2eq}/MJ），2025 年起减少 2%，2030 年起减少 6%，2035 年起减少 14.5%，2040 年起减少 31%，2045 年起减少 62%，2050 年起减少 80%，即分别为 89.3、85.7、77.9、62.9、34.6、18.2 g CO_{2eq}/MJ，没有达到这一减排目标的船舶则需要接受罚款。关于燃料温室气体强度和罚款数额计算的方法学可参考（EU）2023/1805 号条例附录。

然而，FuelEU Maritime 法规也设定了灵活的履约机制，例如：超额完成目标会结算余额，允许用于下一年进行抵扣；多条船可以将合规的情况合并结算——被称为联合池规则（Pooling of Compliance）；而同一条船也被允许透支下一年的合规情况。EU ETS 和 FuelEU Maritime 覆盖总吨位 5 000 及以上的国际航行船舶，约占全球船队规模的 38%，预计将有 1.2 万~1.5 万艘船舶和 2 500 余家公司受到影响。

第四节 航运碳中和措施概览

与陆上其他行业碳中和路径相比，航运碳中和的路径有共性，也有其特殊之处。如图 2-7 所示，航运业实现低碳、零碳转型的措施多达数十种，但具体可归为四大类：提升船舶能效；使用替代能源或燃料；使用后处理技术实现碳捕集；发展市场机制。就提升船舶能效而言，具体又可以分为技术能效措施和营运能效措施两大类，前者包括设计建造阶段的降低船舶阻力、提升推进效率和提升动力装置效率等，后者包括营运阶段的物流供应链优化、航次优化、降速运行、靠港使用岸电等；就替代船舶能源动力而言，具体包括风能、太阳能、核能以及燃料电池动力、电池动力和混合动力等；就船用替代燃料而言，指依然采用内燃机作为推进动力装置，但不再使用 HFO、MDO 等传统燃料，而转换为 LNG/Bio-LNG、生物燃料、氢、氨、甲醇等；后处理技术则主要指碳捕集、储存以及回收利用；而基于市场的机制，则包括碳排放交易机制、碳税等。

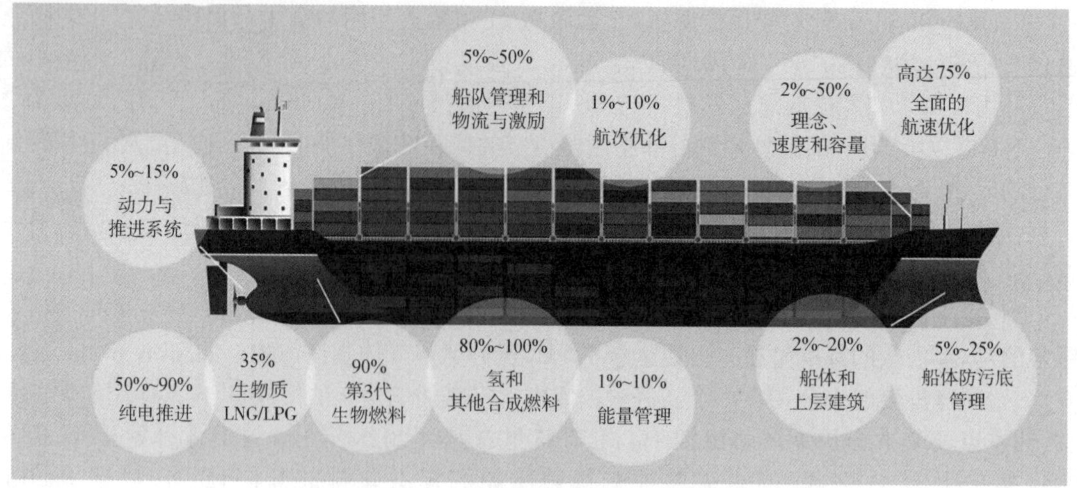

图 2-7　航运碳中和措施及其减排潜力

第三章 船舶能效提升措施

船舶能效，即单位运输功的能源消耗。其衍生的概念为船舶营运碳强度，即单位运输功的二氧化碳排放。正如第二章第二节所述，船舶能效有多种表达形式，如 EEDI、EEXI、CII、AER、cgDIST、EEPI、cbDIST、clDIST、EEOI 等。理论上讲，EEOI 是最科学的能效评价指标，但由于载货量的难以获得，在全球监管层面难以实施；然而，不从履约的角度出发，对于公司船队或单个船舶而言，EEOI 仍是非常有价值的评价指标。降低单位运输功的能源消耗，提升船舶的能效表现，是公司和船舶履约以及提升市场竞争力的重要途径。

广义上讲，或从公约规定的能效评价指标来看，能降低船舶能源消耗、减少船舶二氧化碳排放的措施，都可以称为船舶能效提升措施。它可以包括减少船舶推进动力和电力需求、提升推进动力装置效率、提升辅助设备电效率或热效率、使用替代燃料和替代能源、使用排放后处理措施、提升营运效率等。但本章拟从狭义上来界定船舶能效提升，即通过技术性措施或非技术的操作性措施来减少能源消耗和提升能源转换效率。因此，这一概念不仅适用于柴油机主推进动力装置，也适用于其他各种类型主推进动力装置；不仅适用于主推进动力装置，也适用于电源装置、热源装置以及各种辅助机械设备。提升船舶能效，是永恒的价值追求。

第一节　提升船舶能效的技术性措施

如图 3-1 所示，船舶主要的能源转换设备包括主机、副机和锅炉，而其他的机械、电力和热力消耗设备包括各种管路系统、防污染设备、甲板机械、自动化设备、通信导航设备、照明和报警设备等。其中，由船体—螺旋桨—主机组成的能量需求、转化与供给系统，即主推进动力装置，是最主要的能源消耗装置。对于主推进动力装置，在设计建造阶段从技术上提升能效的途径包括三部分：降低船舶阻力；提升推进效率；提升主机效率。本节主要就这三部分展开论述，而对于其他辅助装置、设备和系统的能效提升暂不做探讨。

一、降低船舶阻力

1.阻力成因及分类

当船舶在水面上航行时，船体在水和空气两种流体介质中运动，必然遭受水和空气对船体

图 3-1 船舶及其动力装置示意图

的阻力。为研究方便起见,船体总阻力按流体种类分成水阻力和空气阻力。水阻力是水对船体水线以下部分的反作用力。可进一步将水阻力分成船体在静水中航行时的静水阻力和波浪中的阻力增加值(汹涛阻力)两部分。静水阻力通常分成裸船体阻力和附体阻力两部分。所谓附体阻力指突出于裸船体之外的附属体(如舵、舭龙骨、轴支架等)所增加的阻力值。空气阻力指空气对船体水线以上部分的反作用力。

船舶航行中的总阻力实际上按照裸船体阻力和附加阻力两部分分别进行研究。裸船体阻力通常简称为船体阻力,是船舶阻力的主要部分,因此也是研究的重点。在船体阻力成因理论研究中,弗劳德(Froude)阻力分类法具有较大的影响。该分类法将船体阻力分成摩擦阻力和剩余阻力两部分,并认为船体摩擦阻力等于相当平板的摩擦阻力。所谓剩余阻力是指船体总阻力中扣除相当平板摩擦阻力所剩部分的阻力,其实质是将黏压阻力和兴波阻力合并在一起称为剩余阻力。

2.船舶总阻力

按弗劳德阻力理论,船舶在静水中航行时的阻力包括摩擦阻力 R_F、剩余阻力 R_R 和空气阻力 R_A,剩余阻力 R_R 包括兴波阻力 R_W 和旋涡阻力 R_E(黏压阻力或压差阻力),各阻力占船舶静水阻力的比重如表 3-1 所示。低速航行时,R_F 是主要的阻力类型;但随着船速提高,R_W 和 R_A 的比重相对提高。

表 3-1 船舶静水阻力

阻力类型	阻力占比 /%(高速船~低速船)
R_F	45~90
R_W	40~5
R_E	5~3
R_A	10~2

此外,船舶在营运过程中受到气象海况条件的影响,如图 3-2 所示,相应的由风、浪、流、污底及浅水等因素产生各种附加阻力。

因此,船舶总阻力可表达为

$$R_T = R_F + R_R + R_A + \Delta R \tag{3-1}$$

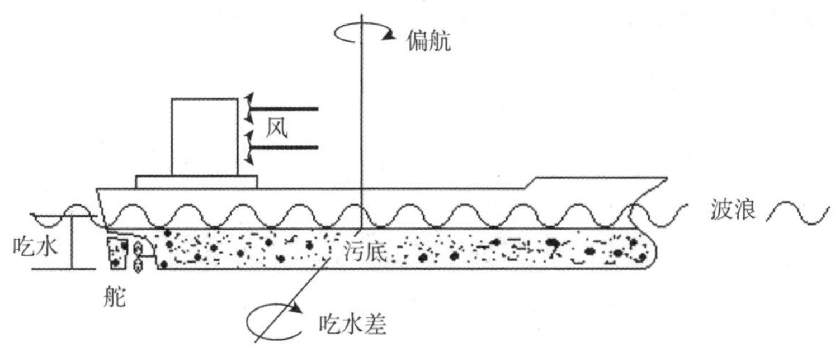

图 3-2　船舶阻力示意图

式中：R_T为船舶总阻力；R_F为摩擦阻力；R_R为剩余阻力；R_A为空气阻力，即船体水线以上部分和上层建筑受到空气的阻力；ΔR 为附加阻力。

其中，附加阻力包括附体阻力，即舵、舭龙骨、轴支架等附体额外增加的阻力；波浪额外增加的阻力；风、流使得船舶偏离预定航线，舵的操作而额外增加的阻力；船舶纵倾变化导致额外增加的阻力；船体污底额外增加的阻力；浅水效应额外增加的阻力等。因此，附加阻力 ΔR 可表达为

$$\Delta R = R_{wave} + R_{rudder} + R_{trim} + R_{fouling} + R_{shallow} + R_{ap} \tag{3-2}$$

式中：ΔR 为附加阻力；R_{wave}为波浪阻力；R_{rudder}为风浪、海流导致的舵叶偏转操作产生的附加阻力；R_{trim}为纵倾变化导致的阻力；$R_{fouling}$为船体污底额外增加的阻力；$R_{shallow}$为浅水效应额外增加的阻力；R_{ap}为船舶附体阻力。

3.船舶推进

船舶一般采用 1~2 个螺旋桨进行推进，极少数情况下多于 3 个。由于水流的原因，推动船舶以速度 v 前进所要求螺旋桨提供的推力 T 通常要大于船舶的拖曳总阻力 R_T。船舶推进关系如图 3-3 所示。

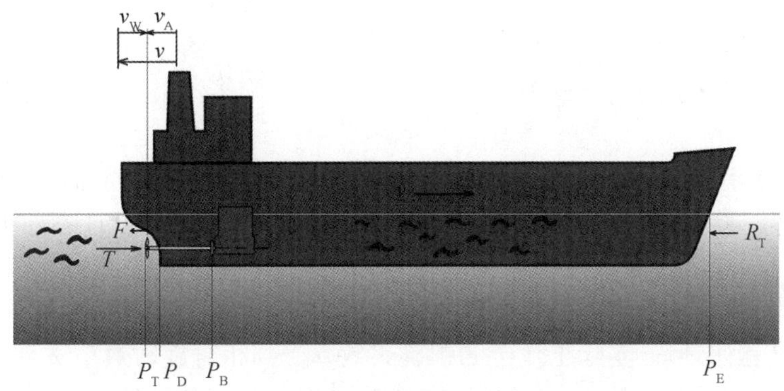

图 3-3　船舶推进关系

（1）船舶有效功率 P_E

船舶有效功率指推进船舶航行所需功率。船舶有效功率可表达为

$$P_E = R_T \times v \times 10^{-3} = \frac{R_T \times v_s \times 1.852}{3.6} \times 10^{-3}$$

式中：P_E为拖曳功率，可从船模或实船的静水试验中得出，kW；R_T为船舶运行总阻力，N；v 为船速，m/s；v_s为船速，kn。

船舶运行总阻力等于静水阻力与各种附加阻力之和，它与船舶航速正相关。基于相关假设、水池试验和理论推导，船舶有效功率可表达为

$$P_E = A_R \cdot v_s^{m+1} \tag{3-3}$$

式中：A_R为阻力系数，与船体型线、排水量、污底程度、拖曳、航道及海况等因素有关；m为指数，对于航速不高的民用船舶来说，可取$m=2$。

实际测量表明，船舶有效功率与船速的幂函数关系要大于3。

对于大型、高速船舶，如集装箱船，$P_E = c \times v_s^{4.0}$；

②对于中等尺寸的、中等速度的船舶，如支线集装箱船、冷藏船、滚装船等，$P_E = c \times v_s^{3.5}$；

③对于低速船舶，如油船、散货船等，$P_E = c \times v_s^{3.2}$。

(2)船体效率η_H

船体效率η_H定义为船舶有效功率P_E与螺旋桨输出给水的推进功率P_T之比，即

$$\eta_H = \frac{P_E}{P_T} = \frac{R_T \cdot v}{T \cdot v_A} \tag{3-4}$$

式中：P_E为船舶有效功率；P_T为螺旋桨输出功率；η_H为船体效率；v为船速，m/s；v_A为螺旋桨进速，m/s；R_T为船体阻力；T为螺旋桨推力。

对于单桨船，船体效率η_H通常在1.1~1.4之间，方形系数越大，船体效率越高。

对于传统的船舶尾部形状但布置双桨的情况，船体效率η_H取值在0.95~1.05之间；然而，如果是双艉鳍带两个螺旋桨的情况，船体效率η_H与单桨船相比几乎没有变化。

(3)螺旋桨效率η_P

螺旋桨效率η_P可表达为螺旋桨输出功率P_T与为螺旋桨输入功率P_D之比。

在图3-3中，螺旋桨处的水流存在一个伴流速度v_w，与船速v方向相同。这意味着螺旋桨处的来流速度v_A(等于螺旋桨进速)，假定为螺旋桨盘面上的平均速度，比船速v要低v_w。螺旋桨在船后工作时，螺旋桨效率η_P表达为螺旋桨敞水效率η_0和相对旋转效率η_R之积，即

$$\eta_P = \frac{P_T}{P_D} = \eta_0 \cdot \eta_R \tag{3-5}$$

式中：P_T为螺旋桨输出功率；P_D为螺旋桨输入功率；η_P为螺旋桨效率；η_0为螺旋桨敞水效率；η_R为相对旋转效率。

螺旋桨敞水效率η_0指螺旋桨单独在开敞水域均匀伴流场中工作，前面没有船体。螺旋桨敞水效率η_0与螺旋桨进速v_A、推力T、转速n、直径d，以及螺旋桨的设计参数如桨叶数、盘面比、螺距比等有关。螺旋桨敞水效率η_0通常为0.35~0.75。进速越高，敞水效率η_0取值越高。实际流过船体尾部螺旋桨的水流既不是恒速也不是垂直于螺旋桨盘面的，而是一个旋转的流场。因此，相比于敞水环境，实际工作中的螺旋桨效率受到相对旋转效率η_R的影响。对于单桨船，相对旋转效率η_R通常为1.0~1.07，也就是说，水的旋转是有益的。对于传统的船舶尾部形状但布置双桨的情况，相对旋转效率η_R取值通常低于0.98；然而，如果是双艉鳍带两个螺旋桨的情况，相对旋转效率η_R与单桨船相比几乎没有变化。

(4)轴系传动效率η_S

轴系传动效率η_S可表达为螺旋桨输入功率P_D与主机输出功率P_B的比值，即

$$\eta_S = \frac{P_D}{P_B} \tag{3-6}$$

式中：η_S为轴系传动效率；P_D为螺旋桨输入功率；P_B为主机输出功率。

轴系传动效率 η_S 取决于轴承、齿轮箱等传动装置的对中和润滑情况。η_S 通常取值为0.99，但可能在 0.96~0.995 范围内变化。

(5) 主机输出功率 P_B

主机的输出功率 P_B 即主机的制动功率或主机的有效功率。考虑推进轴系的传动损失，主机输出的有效功率可表达为

$$P_B = \frac{P_D}{\eta_S} = \frac{P_E}{\eta_T} \tag{3-7}$$

$$\eta_T = \frac{P_E}{P_B} = \frac{P_E}{P_T} \cdot \frac{P_T}{P_D} \cdot \frac{P_D}{P_B} = \eta_H \cdot \eta_P \cdot \eta_S = \eta_H \cdot \eta_0 \cdot \eta_R \cdot \eta_S \tag{3-8}$$

式中：P_E 为船舶有效功率；P_B 为主机输出功率；P_D 为螺旋桨输入功率；P_T 为螺旋桨输出功率；η_T 为总效率；η_H 为船身效率；η_P 为螺旋桨效率；η_0 为螺旋桨敞水效率；η_R 为相对旋转效率；η_S 为轴系传动效率。

4.降低船舶有效功率的技术措施

以一定的速度移动船舶需要克服阻力，并且会消耗功率。降低船舶阻力能减少给定航速下所需的功率，从而减少了燃料消耗和二氧化碳排放。船舶阻力尤其受到三个因素的影响：排水量（包括空船重量）、设计航速和船体水动力学。根据船舶阻力和船舶有效功率的表达式，降低船舶有效功率的措施主要包括三方面：减轻船舶重量；降低设计航速；优化船体水动力学。

(1) 减轻船舶重量

船舶的本质功能是运送货物，因此，减少船舶排水量指的是减轻空船重量和压载水重量。减轻空船重量可通过优化结构设计和采用先进材料来实现，纤维增强塑料复合材料、高强度钢和铝合金是主流的选择，如小型船艇可采用铝合金船体。但对于大型商船而言，船体仍以采用钢材为主；对于上层建筑、甲板桅屋、机舱棚、舾装件等，采用钢铝复合结构、金属夹芯板或其他非金属材料均是可能的发展路径。

压载水对于调整船舶吃水、稳性和应力分布不可或缺，但同时也额外增加了船舶重量。近年来，船舶工业界一直在探索轻量压载水或无压载水设计，但主要还在概念阶段。

(2) 降低设计航速

船舶功率需求通常近似为与航速成三次方关系，这也就意味着，10%的航速下降将带来约27%的功率减少。因此，降低设计航速，是减少燃料消耗和降低二氧化碳排放的非常有效的路径。作为示例，一艘载重量 30 万 t 超大型油船和一艘载重量 10 万 t 集装箱船（8 530 TEU）的主机功率和燃油消耗对比如表 3-2 所示，集装箱船由于航速高，安装的主机功率及其燃油消耗明显较大。

表 3-2　航速对主机功率和燃油消耗的影响

船名	XIN AN YANG	XIN OU ZHOU
船舶类型	油船	集装箱船
建造年份	2007	2007
载重量/t	297 491	100 842
总吨位	152 740	90 757
船舶总长/m	316	334

续表

船名	XIN AN YANG	XIN OU ZHOU
设计航速/kn	17.4	25.0
主机型号	MAN B&W 7S80MC-6.1	MAN B&W 12K98MC-C6.1
主机功率	25 480 kW@ 79 r/min	68 520 kW@ 104 r/min
燃油消耗/(吨/天)	110	248

(3)优化船体水动力学

影响船舶总阻力的参数包括弗劳德数、湿面积、方形系数等,因此,一系列的技术可以用来改进船舶形状和船体水动力学,例如,改变主尺度、优化船首结构、船体涂层、空气润滑、添加附体等。细长设计和球鼻艏常用来减小船舶阻力;无杀菌剂涂料可减缓船舶污底,从而减少船舶阻力。近年来,空气润滑也受到了广泛关注,目前已有多个实船安装案例。空气润滑的基本工作原理是在部分船体外表面形成一层空气薄膜,如图 3-4 所示,从而减小阻力、节约燃油消耗,具体实现方法包括空气层减阻、部分空腔减阻或气泡减阻。

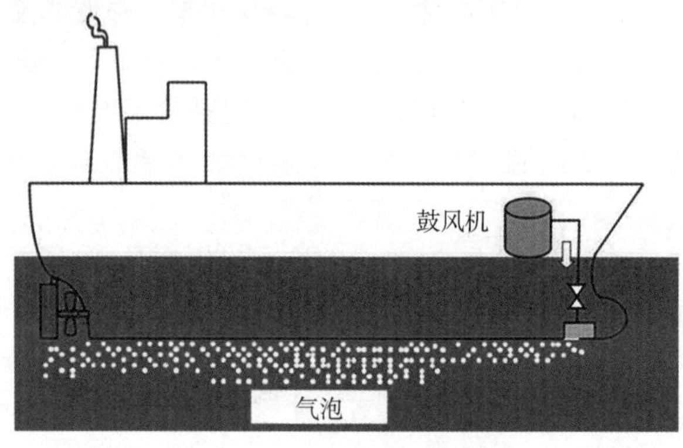

图 3-4　空气润滑示意图

二、提升推进效率

螺旋桨的作用是将主机输出的功率转化为推力从而推动船舶前进,其中,通常仅有 2/3 的主机输出功率得以有效转化为推进功。船舶推进装置总效率包括轴系传动效率、螺旋桨效率和船体效率三部分。其中,轴系传动效率提升空间有限,船体效率主要受到气象海况的影响,从设计和技术层面提升推进效率的主要途径是提升螺旋桨效率,包括敞水效率和相对旋转效率两部分。具体而言,提升螺旋桨效率的主要手段包括采用高效率螺旋桨、改善尾流分布以及回收旋转能等。

1.采用高效率螺旋桨

螺旋桨的工作原理、性能特征、设计选型、加工制造等比较复杂,留待进入专门的课程或业务领域再学习。为便于认识螺旋桨,这里对其基本结构和相关概念做一简单介绍。螺旋桨通常由 3~6 片桨叶连接在共同桨毂上构成,其基本结构如图 3-5 所示。各桨叶按等距布置,桨叶最外端叫叶梢,靠近桨毂的部分叫叶根。从船尾向船首看,看到的叶面叫压力面,看不到的叶背叫吸力面。按正车方向旋转时(此时船舶前进),桨叶先入水的一边叫导边,后入水的一边叫随边。螺旋桨旋转时,叶梢顶尖画出的圆叫叶梢圆,叶梢圆的直径称为螺旋桨的直径,一般

用 D 来表示。螺旋桨的压力面是一个螺旋面。所谓的螺旋面可描述为：与轴线成固定角度的线段(称为母线)，以等角速度绕轴线旋转，同时以等线速度沿轴线向上(或向下)移动，此线段在空间划过的轨迹所形成的曲面即为螺旋面。母线上的任意一点运动的轨迹为螺旋线。母线上任意一点绕轴线旋转一周，在轴线方向上移动的距离称为螺距，用 H 表示。前述母线上各点等速旋转、移动速度相同，所形成的螺旋面称为等螺距螺旋面；若母线上各点等速旋转、移动速度不同，所形成的螺旋面称为径向变螺距螺旋面。大型船舶的螺旋桨，其压力面大多是由径向变螺距螺旋面构成的，但一片桨叶从中央到边缘、从叶根到叶梢不是等厚度的，因此其吸力面通常是一个复杂的螺旋面。

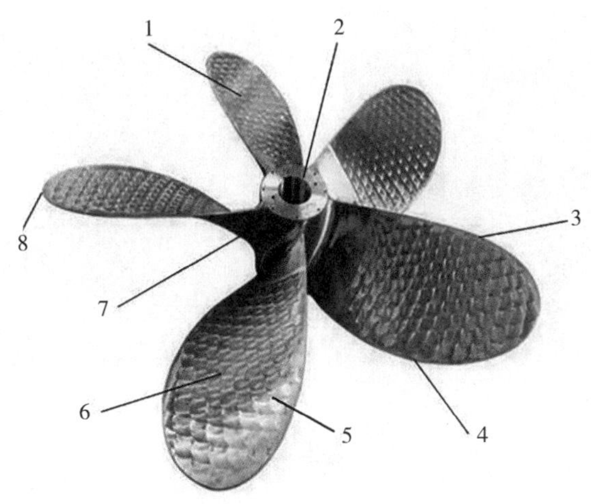

图 3-5　螺旋桨的结构

1—桨叶；2—桨毂；3—随边；4—导边；5—叶背(吸力面)；6—叶面(压力面)；7—叶根；8—叶梢

相对于传统螺旋桨，Kappel 螺旋桨和 CLT(Contracted and Loaded Tip)螺旋桨通常具有更高的效率，其形状如图 3-6 所示。传统螺旋桨由多个翼型桨叶构成，当螺旋桨工作时，水流以一定的攻角流入，经过桨叶产生升力，升力从高压区绕翼尖流向低压区，需要倾泻出去，从而产生翼尖涡流。这不仅会降低螺旋桨的效率，而且会由于速度过快而产生空泡现象，带来严重的船体振动与噪声问题。Kappel 螺旋桨在桨叶 $0.8758R$ 以上部分采用创新的梢鳍状设计，在该部分以圆滑的弧形向前弯曲。采用这种梢鳍状设计可使高压端的水流向螺旋桨区域以外，同时减少从高压端流向低压端的水流。这种设计能够保持桨叶两侧的压力差，降低叶梢端产生的涡流能量损失，从而提高螺旋桨的推进效率，能够提供更多的推力。

CLT 螺旋桨又被称为"尾流收缩叶梢有载"螺旋桨。该桨的几何参数、桨叶形状和常规的螺旋桨有着很大不同，其端板被安装在叶梢上，面向压力面；叶梢的弦杆有限且承受实际的重量；螺距从叶根到叶梢无变化地增加。为了隔开桨叶前、后压力场来阻止叶梢处压力的互相干扰，该桨在叶梢处剖面有边界元。与常规螺旋桨相比，该桨在叶梢处叶背负压较小，但叶面压力较大，且减小了水动力螺距角，增大了推力，减少尾流诱导能量损失，从而提高螺旋桨的效率。

2.改善尾流分布

当螺旋桨在均匀的流程中运行时，往往具有更高的效率。尾流均衡装置(Wake Equalizing Devices)，如导管螺旋桨、导流罩、前整流翼等均用于改善尾流分布和减少流动损失，如图 3-7 所示。

(a)传统螺旋桨　　(b)Kappel 螺旋桨　　(c)CLT 螺旋桨

图 3-6　高效螺旋桨设计

(a)导管螺旋桨　　(b)导流罩+前整流翼

图 3-7　尾流均衡装置

3.回收旋转能

另一种节能装置是在螺旋桨后面回收旋转能并转化为推力，典型的设计包括桨毂帽鳍(Propeller Boss Cap Fins, PBCF)和对转螺旋桨(Contra Rotating Propeller, CRP)，如图 3-8 所示。PBCF 螺旋桨在传统螺旋桨毂帽表面上安装几个适当的叶片，一方面吸收螺旋桨尾流的旋转能量，产生正转矩；另一方面又消除或减弱螺旋桨的毂涡，起整流作用，从而减小毂涡阻力，提高螺旋桨的效率，还有利于减小螺旋桨的激振力和噪声。由于其结构简单，PBCF 螺旋桨可很方便地安装于新船和现有船，是一种有效且实用的节能装置。CRP 系统由两个相对布置、旋向相反的螺旋桨构成，对于采用对转螺旋桨，后面的螺旋桨能够充分利用前面螺旋桨产生的涡动能量，将其转化为螺旋桨有效的推进动力，从而提高螺旋桨的推进效率，但该系统结构较为复杂，目前全球范围内鲜有应用案例。

(a)PBCF　　(b)CRP

图 3-8　旋转能回收装置

除上述途径外，对于经常靠离港、机动运行工况占比较大的船舶，采用可调螺距桨（简称“调距桨”）代替固定螺距桨（简称“定距桨”）也能提升总的营运能效。

三、提升主机效率

船舶上安装使用的主辅机械多达成百上千种，且有不同的路径和技术手段挖掘其节能潜力。然而，主机仍然是最主要的燃料消耗和能量转换装置，也相应地具有最大的节能潜力。现阶段，柴油机由于其在热机中具有最高的热效率，因而大型商船普遍采用柴油机作为主推进动力装置，如图 3-9 所示。

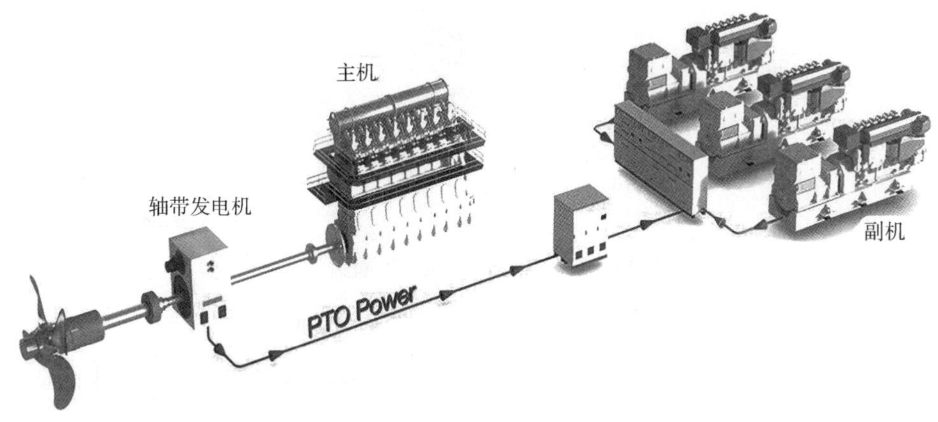

图 3-9　柴油机主推进动力装置

采用高效发动机，改善燃烧过程、提升热效率、降低燃油消耗，目前的主要技术手段包括增压、采用电子控制技术以及安装在线状态监测系统实时优化柴油机工作过程等。此外，通过推进动力装置的创新性布置，如采用柴电推进、混合动力等方案也能有效提升主推进动力装置的总体能效。

然而，即便目前的柴油机有高达 50%~55%的热效率，却仍然有高达 45%~50%的能量没有得到有效利用。例如，对于一个 60 000 kW 的柴油机而言，假设其热效率为 50%，也就意味着其未转化为有效功的部分也高达60 000 kW。因此，大型柴油机的废热回收（Waste Heat Recovery，WHR）技术和系统的开发具有明显的经济价值。在如图 3-10 所示的某型柴油机热平衡图中，通过废气、冷却水损失的热能占有较大的比重，如何有效地回收和利用这些能量，也是提升能效的重要途径。

对于废气，目前的余热利用最充分，技术也最成熟。传统的废气余热利用方案主要包括废气涡轮增压器、废气锅炉（或废气经济器），目前新型大型柴油机，还进一步采用废气涡轮发电机、蒸汽涡轮发电机或其组合装置来利用余热。而对于柴油机缸套水，亦称为高温淡水，通常出机温度为 80~85 ℃，常采用真空沸腾式造水机利用其余热，实现海水淡化，以补充船舶淡水消耗。经废气涡轮增压器增压之后的新鲜空气温度通常高达 150~230 ℃，为了提高进入柴油机气缸的空气密度，需要布置空冷器降低其温度至 45 ℃左右。如图 3-11 中，流出空冷器的冷却介质虽然带走了较大比重（14.6%）的热量，但由于其温度较低（低于 45 ℃），对于这样的低品位热源，要实现高效利用存在较大的难度，目前有机朗肯循环（Organic Rankine Cycle，ORC）

技术与系统是主要的研发热点。

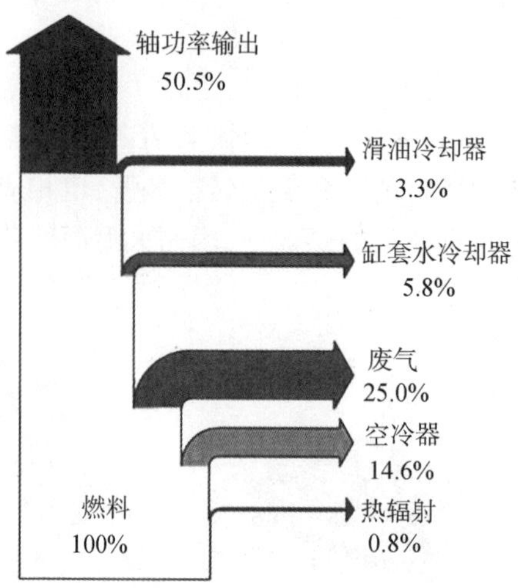

图 3-10　某型柴油机热平衡图

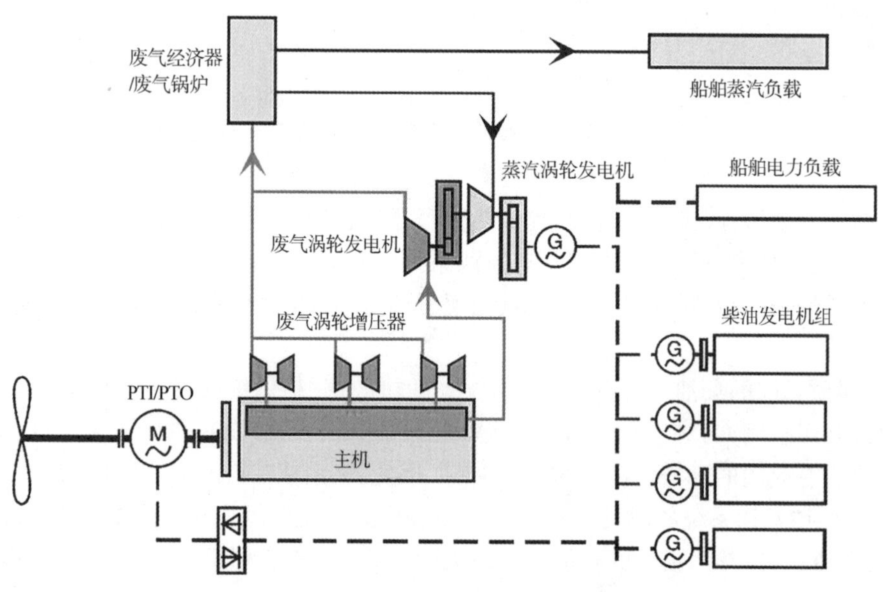

图 3-11　某型柴油机的废气余热回收利用

第二节　提升船舶能效的营运性措施

非技术的营运性措施是指通过操作努力，来减少船舶功率需求以及提升船舶营运能效，从而实现二氧化碳减排。这些营运性措施瞄准的不是船舶设计、建造阶段，而是海上巡航、机动

操纵、停泊等船舶运行阶段,且主要通过船舶管理公司、港口服务提供方以及船员来实现。诸多文献总结的营运性节能减排措施包括数十种,但根据船舶运行阶段和实施主体的差异,营运性措施主要包括以下几大类:供应链与物流优化、降速运行、靠港使用岸电、航次优化以及维修保养优化。值得一提的是,非技术的营运性措施显著依赖船舶经营和管理者、港口调度和操作者、船员等参与者的人为努力和判断,它直接影响营运性措施的执行。因此,加强相关人员的教育培训,提升他们关于船舶操作、管理和维修保养的知识、技能和态度,同时通过一定的管理和激励措施提升相关人员的意识、意愿和行为,将能有效提升营运性措施的实施效果。

一、供应链与物流优化

船舶承载了全球80%以上的贸易运输量,全球化背景下的能源需求增长和产业分工调整,尤其是能源、矿产、粮食、工业制成品等商品的原产地与需求地在地理空间上分布的差异性,使得海运物流对贸易和发展的重要性从未像过去那样明显。1980—2021年,油船、散货船、集装箱船等承运的国际货物贸易量如图3-12所示。

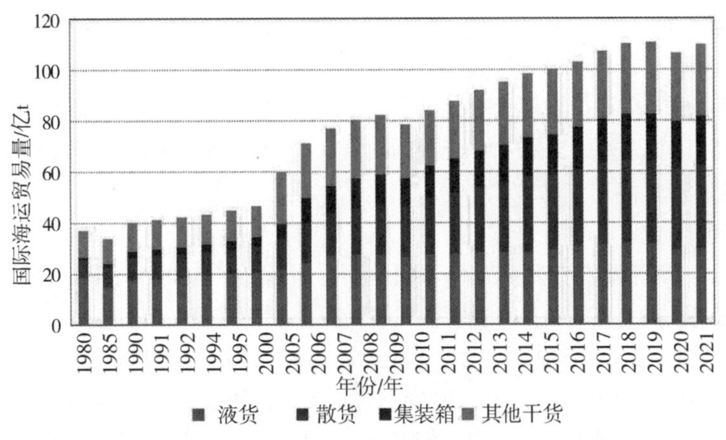

图3-12　国际海运货物贸易量

供应链与物流优化的内涵是宽泛的,例如,通过贸易网络优化、规模经济、新航线的开辟、优化港口服务来提升船舶周转效率等。

1.贸易网络优化

从宏观上讲,贸易网络优化与经济发展、能源转型和产业格局等息息相关。例如,在当前的油船海运贸易中,中国的能源进口占据了较大的比重。其中,随着中国在西北部地区大力发展风电、光伏等可再生能源,能源自给率的提升将能显著替代来自墨西哥湾、南美、西非、中东等的石油和天然气进口,这对全球海运减排的作用是非常明显的。这正是从能源转型、产业格局调整带来贸易网络调整,进而实现海运减排的现实案例。

从微观上讲,一个航运公司在某一航线投放船舶数量、大小、航速、挂靠港等的设计,对温室气体排放的影响也是明显的。此时,贸易网络优化涉及数学、商业、算法等最优模型的构建,但实现节能减排与公司对提升市场竞争力、减少营运成本的本质追求是一致的,因此公司天然存在优化贸易网络的动力。

2.规模经济

规模经济在各行各业均表现出其价值。近年来,VLCC、VLOC、超大型集装箱船的发展,正是规模经济的体现。此时,单位运输周转量的成本和能源消耗显著降低。例如,一艘30万载重吨VLCC的航次EEOI(船舶能效营运指数)为4 g/(t·n mile)左右;而对于一艘7.5万载重吨Panamax成品油船而言,其航次EEOI通常超过20 g/(t·n mile)。但需要注意的是,货舱容积利用率又是一个重要的考量因素,当贸易不景气时,航运公司需要采取必要的措施来应对需求波动,实现节省成本、减少排放的目的。

3.新航线的开辟

(1)苏伊士运河

苏伊士运河位于埃及境内,北起塞得港,南至苏伊士城,是连接地中海与红海,贯通亚洲、非洲、欧洲的重要国际海运航道,具有重要的战略价值和经济价值。苏伊士运河于1859年开凿,1869年正式开通。1980年12月,苏伊士运河完成第一期扩建工程后,运河可以通航满载15万t、空载37万t的油船。运河通航后,从欧洲到印度洋之间的航程比绕道非洲好望角缩短3 000~4 300 n mile;从欧洲到远东各港口的航程,可缩短4 000~5 500 n mile。2015年8月,疏浚、拓宽之后的新苏伊士运河正式开通,大幅增强了运河通行能力。现如今,世界海运贸易额的7%都是通过苏伊士运河运输的;2022年,苏伊士运河的船舶通行数量突破2.3万艘次,通过的货物量超过14亿t。

(2)巴拿马运河

2016年6月,历时9年扩建工程的新巴拿马运河正式通航。扩建后,巴拿马运河允许通过的船舶最大船宽由原先的32.3 m增至49 m、最大吃水由12 m增加至15 m,更多大型船舶能直接到达美国东海岸港口。

(3)北极航道

从欧洲到亚洲传统航线有三条:经苏伊士运河,航程约11 000 n mile,航行时间约需30天;经巴拿马运河,航程约14 000 n mile,约需38天;经非洲好望角,航程约14 500 n mile,航行时间约需40天。但如果经北极航道,则航程仅约7 000 n mile,约需22天,平均航程缩短逾4 000 n mile,航行时间有望缩短10天,理论上而言不仅能够节约不少燃料油开销,还能有效地提高货运效率。随着全球变暖,北冰洋海冰融化速度逐年加快,开辟北极航道已经不再是梦想。与传统航线相比,北极航线不仅能大大缩短航行距离、减少航行时间和成本,还能避开海盗和恐怖主义的袭击,再加上其在军事和地缘政治上的战略意义,使得近年来北极航道成为各北极国家关注的对象,其商业价值日益凸显,各国在对北极航道关注上也不断升温。

近年来,国际航运界兴起了"北极航道通航运动",1997年,芬兰油船"UIKKU"首次通过北极东北航道抵达亚洲;2011年通过北极东北航道的商船有36艘;2012年达到46艘;2013年突破71艘。北极航道有3条穿越北冰洋的通道,分别是处于加拿大水域的西北航道(North-West Passage)、挪威—俄罗斯水域的东北航道(Northern Sea Route, NSR)以及跨北极点航道。其中,东北航道(NSR)凭借冰况更有利、通航性更好的优势是目前最有前途的航道。

卫星资料显示,夏季俄罗斯北方海区会出现3个月的无冰期或少冰期,目前每年通航3~4个月,今后可能为6个月或更长时间。2013年8月8日,中远"永盛"轮从大连港出发,经由北极东北航道到达荷兰鹿特丹,航行27天,成为中国首艘成功经由北极东北航道到达欧洲的中国商船。以"永盛"轮为例,利用北极航道,从上海以北港口到欧洲西部、北海、波罗的海等港口,与经马六甲海峡、苏伊士运河的传统航线相比,航程缩短25%~55%,航行时间减少20天,节约燃油近500 t,大大降低了船舶燃油消耗和二氧化碳排放。此外,利用北极航道,中国沿海诸港到北美东岸的航程,比巴拿马运河传统航线缩短2 000~3 500 n mile。

在过去的10年里,北极航线的货运量大幅增加。2014年,这条航线仅仅运输了400万t货物,2022年为3 410万t。2024年货运量将实现真正的突破,达到8 000万t。根据俄罗斯政府的计划,到2030年,北极航线沿线的货运量将增至1.5亿t。北极航线货运量的快速增长主要源于俄罗斯北极地区天然气和矿产资源开采的增长,北极航线运输的货物以能源产品和工业大宗商品为主。

4.优化港口服务

船舶在港口的高效周转,将能使得同样数量的船舶产生更多的航次,或同样的航次数但船舶能以更低、更经济的航速航行。因此,改善港口的操作与服务,改进泊位分配规划,优化码头工人、岸吊及码头集疏运车辆的排期,提升装卸货效率,加快文件处理进度和统筹检查检验程序,将能有效减少抛锚待港或在港口停泊的时间,从而减少船舶的港口使费、提升经济收益和能效水平以及减少废气排放。

二、航次优化

航次优化(voyage optimization)可以是一个很宽泛的概念,但通常我们就狭义地理解为包含航线优化、航速优化和运行阻力优化。

1.航线优化

航线优化(route optimization),根据优化目标的不同,可以选择最短的航程、最短的航次时间、最少的燃油消耗或最安全的路线等。在节能减排的背景下,在合同约定的时间内,找到起始港和终到港之间燃油消耗最节省的路线,就成为航线优化的主要模式。海上航路有相对固定的路线和区域,同时由于气象海况对航行时间、燃油消耗有较大的影响,气象定线(weather routing)就成为航线优化的主要路径。国内外多个专业的气象导航服务商提供了专门的导航软件,通过船端气象导航系统给客户提供气象导航服务,如提供全球海洋天气预报数据,航路气象预报信息,自行设计、优化航路并提供最优航路推荐,最终确保船舶航行的安全、准点和节能。

2.航速优化

与航线优化相伴随的,航速优化(Speed Optimization)也是一个重要的节能减排辅助措施。对于跨大洋航线,船舶要经过十几天甚至长达一个月的航行,且跨越多个海区,因此整个航程中气象海况是多变的,在合同约定的时间内和预先确定的航路上,对于不同的航段采用不同的速度航行,从而实现燃油消耗最省,这就是所谓的航速优化。

3.运行阻力优化

航线优化和航速优化主要是根据气象海况条件,优化附加阻力。因此,航线优化和航速优化的前提是气象预报信息的获取以及海况历史数据的积累,同时多目标约束下的算法和解决方案是其核心。航次优化还可以包括运行阻力优化(Operating Resistance Optimization),其主要作用是优化船舶静水阻力。运行阻力优化,主要实现路径包括吃水优化、纵倾优化、压载优化等。船体型线、船舶阻力往往是针对单一航速、单一装载条件,即设计航速、设计吃水,进行优化设计的。但在船舶营运过程中,实际航速和装载状态是偏离设计工况的,不同的吃水和吃水差导致船体表面湿面积、水线长度和阻力等的变化,因此存在调整吃水、压载来优化阻力的潜力。吃水差(主要指艏艉吃水差)的调整可以使得船舶阻力出现极小值,相应的减少燃油消耗,即通常所谓的纵倾优化(Trim optimization)。但每一个吃水和航速下,均存在一个最优的吃水差,不同的船舶之间也存在差异,且并没有统一的经验公式予以表达。因此,通过运行阻力优化减少燃油消耗,是一个比较复杂的操作,需要针对具体船舶开发优化软件来指导船舶操作。

航线优化、航速优化和运行阻力优化等多个优化策略下可能很难有叠加的减排效果,甚至部分策略存在相互冲突。但总体而言,根据相关研究和文献,航次优化据称最高可实现将近10%的节油效果。

三、降速运行

2008年金融危机之后的几年时间里,全球经济衰退,贸易需求放缓,各航运公司为了节省成本,船舶降速运行成为一种最普遍采用的措施。这里简要叙述降速运行能减少燃油消耗的基本原理。

正如此前所讨论的,船舶的功率需求与航速约呈三次方关系,航速下降10%,功率需求则下降约27%,相应的油耗也就减少了。对于大型远洋船舶而言,往往采用低速主机直接驱动定距桨运行,则此时主机按推进特性运行。假设某载重量为30 000 t的多用途重吊船设计航速15 kn,配置的6S60ME-C主机标定功率为10 000 kW,发动机台架试验100%、75%、50%和25%工况点的比燃油消耗分别为168.0 g/(kW·h)、164.0 g/(kW·h)、165.7 g/(kW·h)和174.1 g/(kW·h)。由于发动机台架测试工况点数量有限,这里基于上述四个测试工况点,拟合得到该主机比燃油消耗与负荷因子之间的关系如图3-13所示,具体可表达为

$$SFOC=49.6\times LF^2-70\times LF+188.45 \tag{3-9}$$

式中:$SFOC$ 为比燃油消耗,g/(kW·h);LF 为负荷因子,指实际负荷与标定负荷的比值。

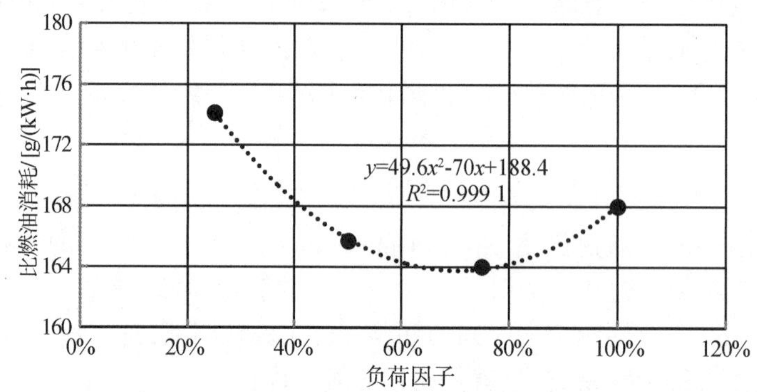

图3-13 某轮主机比燃油消耗与负荷因子之间的关系

也就是说,对于按推进特性运转的柴油机,可通过二次多项式近似表达比燃油消耗与负荷因子之间的关系。假设主机功率与航速的关系为 $P=C\cdot v_s^3$,同时假设不同航速和主机负荷下 C 恒定不变,根据 $10\ 000=C\times15^3$,得到 $C=10\ 000/3\ 375$。需要说明的是,受航行工况影响,实际 C 存在一定的变化,这里旨在演示计算过程,C 的变化予以忽略。假设大连至上海全程600 n mile,该轮以不同的航速航行时,该航程总燃油消耗量可表达为

$$Q=10\ 000\times LF\times(600/v_s)\times SFOC \tag{3-10}$$

式中:Q 为大连至上海给定航程不同航速下的总燃油消耗量,t;v_s 为实际航速,kn;LF 为负荷因子,指实际负荷与标定负荷的比值,本案中简化为 $(v_s/15)^3$;$SFOC$ 为比燃油消耗,g/(kW·h)。

对于大连至上海的给定航程，不同航速下的总燃油消耗量计算结果如图 3-14 所示。航速越低，给定航程下航行时间越长，但由于功率消耗呈三次方关系下降，总燃油消耗量因而也越小。根据速度降低的程度，给定航程的燃油消耗量甚至可减少 60%以上。但航速也并非越低越好，航速降低到一定程度后，给定航程的燃油消耗量存在极小值点，此后受比燃油消耗上升、舵效、船舶及主机运行安全性和可靠性、船舶周转变慢等因素的影响，航速一般也不会降到 7～8 kn 以下，或主机负荷不低于 40%标定负荷。且降速运行时，一般要求主机每天要高负荷运转 1～2 h，以避免低负荷时的燃烧不良和燃烧室部件积炭。此前业内也经常提及，降速运行导致船舶周转变慢，市场上需要有更多的船舶投放，也意味着更多的投资和排放。但经过简单的测算即可知，即便降速运行后导致船舶投放变多，总体上还是能减排的。总而言之，降速运行是市场不景气条件下减少燃油消耗、节省营运成本的最有效途径之一；但它也是一种比较消极的低碳转型选项，仅是权宜之计。此外，降速运行导致船舶周转变慢，在市场比较好的时候就不是理想的选择了。

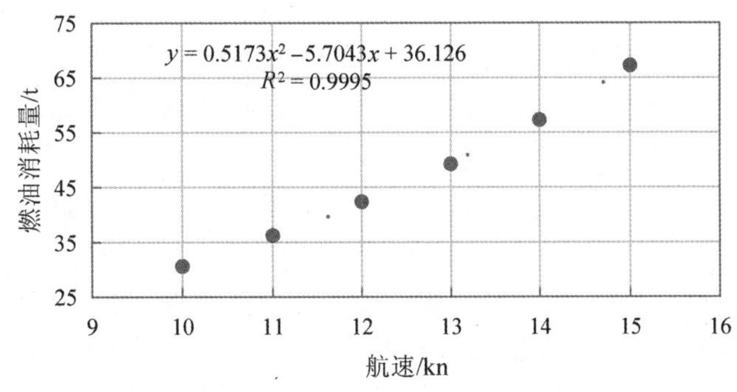

图 3-14　给定航程不同航速下的总燃油消耗量

与应用降速运行实现节能减排相关联的一个操作或概念叫“虚拟到港”(Virtual Arrival)，也称之为“及时到港”(Just-in-time Arrival)或“绿色抵港”(Green Approach)。这一操作的基本概念是，通过预测靠泊的时间，可提前调整(通常是降低)船舶的航速，从而在港口调度分配的泊位可用时适时抵达。业内惯常的泊位调度政策是“先到先得”(first-come first-served)，这导致船舶习惯以较高的速度航行，通常是 70%～80%主机负荷运行，因为根据图 3-13，在该负荷下主机比燃油消耗最低，因此也就自然而然地有一个相对经济的航速，但抵港后没有泊位，然后需要抛锚待港几天甚至几十天。针对这种情况，如果已经知道不能及时分配到泊位，那该船在离开上一港口的时候就可以以较低的速度航行，也就实现了降速运行带来的节油效果。虚拟到港操作难以推行，主要是因为其执行受到诸多因素的制约，例如，需要港口与船舶经营人之间密切的沟通和信息交换，船东或租家以商业为优先考虑项，船员的疲劳和压力问题。降速运行导致更多的航行时间和值班需求，另外抛锚待港也是船员开展设备维修保养和休养生息最重要的时间段，虚拟到港对船员是明显不友好的操作。

四、靠港使用岸电

对于不同类型的船舶，其靠港停泊期间的废气排放往往可能高达其年度排放的 5%～10%。这期间，柴油发电机组是主要的排放源，且往往在低负荷运行，有更高的大气污染物排放因子，而且还靠近人类居住区。因此，自 21 世纪初开始，瑞典哥德堡、美国洛杉矶、德国汉堡等就开始为靠港船舶提供岸电服务,能减少船舶靠港停泊期间 95%左右的废气排放。目前,全球主要港口基本均已经设置了岸电设施。

所谓岸电,英文表达通常有 Cold Ironing、Alternative Maritime Power、Onshore Power Supply、Shoreside Electricity 或 Shore-to-ship Power 等,是指通过陆地电源向停靠在泊位上的船舶供应电力,此时船舶柴油发电机组关停。岸电实现节能减排,表观原理在于柴油发电机组关停,实现了零排放或转移到陆上发电厂排放。但实际上,陆上大型发电厂比船舶柴油发电机组有更高的综合效率,后处理措施的采用也使其比船舶柴油发电机组有更少的排放,尤其当陆上电力来源于风能、太阳能、水力能和核能等清洁能源时,靠港使用岸电仍不失为减少地区性排放的有效措施。

在如图 3-15 所示的靠港船舶使用岸电的连接装置典型布置中,其主要设备及功能包括:

变电站,将电网 20~100 kV 电压降为 6~20 kV。

电缆,将 6~20 kV 的电力从变电站输往港口码头,以及随后将电力分配到码头前沿,电缆可通过地下管道布设。

变频器,将码头 50 Hz 的电力转变为 60 Hz 的船舶用电。

电缆卷绕装置,在泊位上安装支承的吊柱和框架,根据船舶位置提升或者下降电缆, 电缆卷绕装置和框架可能是电机驱动和控制的。

船上连接电缆的插座屏,用来连接来自码头的电缆;船上的变压器,将高压电转变为400 V电压的低压电。

岸电连接屏,来自插座屏的岸电被分配到船舶各用电设备, 船上柴油发电机组关闭。

由此可见,对于船舶而言,岸电设备往往意味着巨额的投资或改造费用;而码头上的基础设施投资更加巨大。单纯算经济账,大规模推广岸电对于减排而言可能效益并不高;但使用岸电之后,单船每年约能减少 5%的废气排放,不失为提升船舶能效的有效措施之一。

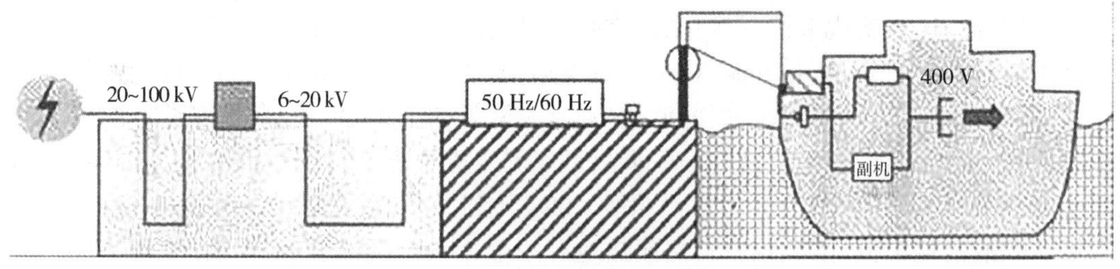

图 3-15　靠港船舶使用岸电设备配置示意图

五、维修优化

船舶在水中航行,船体水线以下部分由于长期浸泡在水中,除了钢板本身被腐蚀以外,贝类、海藻、浮游生物等海生物会附着在船体上滋生繁殖,形成船舶污底(Hull Fouling)。船舶污底不仅会引发外来海洋生物入侵,破坏当地生态系统,而且还会对船舶的经营成本、船舶安全带来影响。船舶污底使船体表面凹凸不平,大大地增加了航行阻力,进而引起燃油消耗及污染物排放的提高,并且生物代谢带来的局部微酸性环境会加速船板的腐蚀,影响船舶的海水冷却系统、测控仪、计程仪及声呐等的正常工作,危及船舶安全。

涂覆船舶防污漆是预防船舶污底最经济有效的措施,而船舶营运阶段的维修优化主要就是针对船舶污底而言的,涉及船体清洁和螺旋桨清洁。但针对各种船舶动力装置和系统开展

有效的预防维修、视情维修,也是维修优化的内涵之一。如图 3-16 所示,船体和螺旋桨的脏污将显著增加摩擦阻力并导致能量损失,10%~40%的阻力增加能导致 11%~18%的能效损失。因此,根据船体涂层和贸易航线,定期开展水下探查、船体清洁和螺旋桨清洁,是提升船舶能效的重要途径之一。但船体清洁和螺旋桨清洁可能伴随船舶停航、进坞和清洁成本,这与节能收益之间存在一个权衡。

图 3-16　船舶污底

虽然人们采用了各种各样的方法来抑制船舶污底的形成,但并不能完全阻止海洋生物的附着,所以定期的船底清洁还是在所难免。船底清洁有三种方法:一是船舶进坞采用高压水枪、喷砂等方式清理(俗称"刮船底"),这种清理方式在时间、人力、物力、财力上耗费巨大,但可以彻底清理干净;二是雇用接受过腐蚀控制和问题识别方面培训,并能对船底状况做专业评估的潜水员,采用高压水枪对船体进行清洗或采用专用设备对船体进行刮擦,这种清理方式存在着作业难度高、安全风险大、清洗效率低、作业覆盖范围小、可能损伤船体漆面、对于深吃水的船舶底部无法清洗等问题;三是采用水下清洁机器人,通过无线遥控方式让机器人在水下对船底进行清洁,但水下清洁机器人对海底门格栅、螺旋桨、舵、侧推器、海水出口管等部位清洁效果不是很理想,需要专业潜水员下水配合清洁。

第四章 船舶替代能源、动力系统与燃料

工业革命之后,蒸汽机于 1807 年开始应用于船舶,自此化石能源替代人力、风力成为船舶能源。1897 年,世界上第一台压燃的柴油机问世,并自 1910 年代开始装船应用,到 1940 年代开始大规模替代蒸汽机/蒸汽轮机船舶动力装置。一个世纪以来,以化石基燃油作为燃料、以柴油机作为能量转换装置的动力系统在航运业中占据绝对统治地位。在节能减排背景下,人们也一直在探索使用低碳/零碳能源和燃料,而作为能量转换装置的动力系统也在不断更新迭代中。

地球上的一次能源包括煤炭、石油、天然气、风能、太阳能、水力能、地热能、生物质能、核能等,而船上能够直接使用的清洁能源则仅包括风能、太阳能和核能;二次能源包括电力、热力、成品油、氢气、合成燃料等,船上直接能够使用的清洁能源则包括清洁电力以及可再生的氢、氨、甲醇和生物燃料等。与船舶替代能源利用直接相伴随的就是船舶替代动力系统,包括风力辅助推进系统、太阳能光伏系统、核动力推进系统、电池电力动力系统、燃料电池动力系统、混合动力系统以及替代燃料发动机等。然而,船舶替代能源、替代动力系统和替代燃料等概念之间存在交叉和重叠,本书也无意强行区分和界定,但为叙述方便,本章仍然分三个方面进行介绍。

第一节 船舶替代能源

作为化石能源的替代,可以直接被船舶使用的一次能源包括风能、太阳能和核能,并相应地产生了风力辅助推进系统(Wind Assisted Propulsion System, WAPS)、核动力推进系统、太阳能光伏系统(Photovoltaic Systems)等船舶替代动力系统,在此一并叙述。

一、风能

风力驱动世界海运船队长达几个世纪,此后受船舶大型化、营运快速化、操作灵便性等需求影响,到 100 多年前遂逐渐开始被化石燃料发动机所替代。受石油危机、油价上涨的影响,风力辅助推进在 1980 年代的日本造船业有过短暂的复苏,此后受油价暴跌、技术不成熟、营运不经济等因素的影响而一度停滞。进入 21 世纪,在国际海事行业关于船舶节能减排法规的要求下,风力辅助推进再次进入公众视野。近年来,国内外学术界和工业界针对风力辅助推进系统开展了大量的研究和应用示范,其中的关键技术和研究热点包括帆型设计与优化、风帆布置

与空气动力学、风帆控制系统设计与优化、风力资源分析与航线优化、风帆-柴油机联合优化等。当前，主流的 WAPS 包括风筝帆、硬翼帆和转筒帆三种技术方案，但以转筒帆的应用最广泛，而以硬翼帆的技术提供方最多。三种技术方案的技术特点和发展现状介绍如下：

1.风筝帆

风筝帆又称"天帆"，如图 4-1 所示，将相当面积（高达 1 000 m^2）的天帆/翼伞施放到 200~400 m 的高空中承受更稳定和强劲的风压并产生推进力。风筝帆装置的主要由三部分组成部：甲板设备，包括储藏室、桅杆和自动收放装置；飞行设备，包括翼伞、飞行控制舱和脐带缆（处理牵引力、传输数据及供电）；驾驶台的控制软件及设备。相比其他风帆，风筝帆能在高达 100 km/h 的风中运行，在有利风力条件下单位面积能产生多达 25 倍的功率，替代高达 2 MW 的推进功率。但风筝帆在高空中状态多变，难以控制，在应急情况下的操纵成为该技术首要解决的难题。

(a) Beluga Sky Sails

(b) Airseas Seawing

图 4-1　风筝帆应用示范

风筝帆最成功的应用示范之一是德国 SkySails 公司的天帆系统，首次应用于"BELUGA"号，于 2008 年 3 月成功完成首航；实船测试表明，理想航次可节省 50%的燃油消耗，年均可节省燃油消耗 10%~15%。另一家风筝帆技术提供方是法国 Airseas 公司，创建于 2016 年，其首个 Seawing 风帆装置安装于滚装船"VILLE DE BORDEAUX"轮，并于 2022 开始了为期 6 个月的跨大西洋试验航行。2022 年 12 月，Airseas 公司为日本 K Line 一艘好望角型（Capesize）散货船安装了 Seawing 风帆装置，预期每年能实现超过 20%的燃料节省。

2.硬翼帆

硬翼帆指的是船上出于节能目的装设的、直接借助风力产生辅助推进力的硬质机翼形风帆，其工作原理为：当气流流过机翼形风帆时，在其压力面和吸力面产生压差，机翼结构获得升力和阻力，根据攻角的不同转化为相应的推进力和侧推力，从而推动船舶航行。相对于其他风帆，硬翼帆有着稳定、安全性高、结构简单、操作灵活以及可利用范围广的特点，在超大型油船（Very Large Crude Carrier，VLCC）、散货船等大型远洋商船上具有较好的应用前景。

1980 年代，日本造船厂建造了全球首艘安装硬翼帆的"新爱德丸"号，如图 4-2 所示，又相继建造了 17 艘配备相同系统的船舶，此后受油价下跌、技术不成熟、营运不经济等因素影响而一度停滞。

2018 年和 2022 年，大连船舶重工集团有限公司为招商轮船先后建造了两艘安装硬翼帆的 VLCC——"NEW VITALITY"（新凯力）轮和"NEW ADEN"（新伊敦）轮，分别能实现年均 3%和 9.8%的节油效果。目前，硬翼帆具有最广泛的工程方案提供者，其他的还包括日本 MOL

图 4-2 “新爱德丸”号(SHIN AITOKU MARU)

的 Wind Challenger 系统、英国 BAR Technologies 的 WindWings 系统、法国 VPLP Design 的 AYRO Oceanwings 系统、瑞典 AlfaWall 的 Oceanbird 系统等,如图 4-3 所示。

(a)M/T NEW VITALITY

(b)M/T NEW ADEN

(c)Wind Challenger

(d)WindWings

(e)Oceanwings

(f)Oceanbird

图 4-3 部分硬翼帆技术或系统案例

3.转筒帆

转筒帆以空气动力学为依据,基于马格努斯效应(Magnus Effect)产生推动力,如图 4-4 所示,于 1920 年代由德国工程师 Anton Flettner 提出。旋转的圆柱体在来流作用下,将会受到垂

直于来流方向的侧向力，借助这项推力并通过调整转子的旋转方向，使其在横风或斜风状态下产生沿船长方向的推力，从而达到助推效果。转筒帆作为新型推进装置，可以随时根据风向调整转速，充分利用风力；相比于传统风帆，转筒帆占用很小的甲板空间，受恶劣风况的影响不大，对侧向风效果最明显。

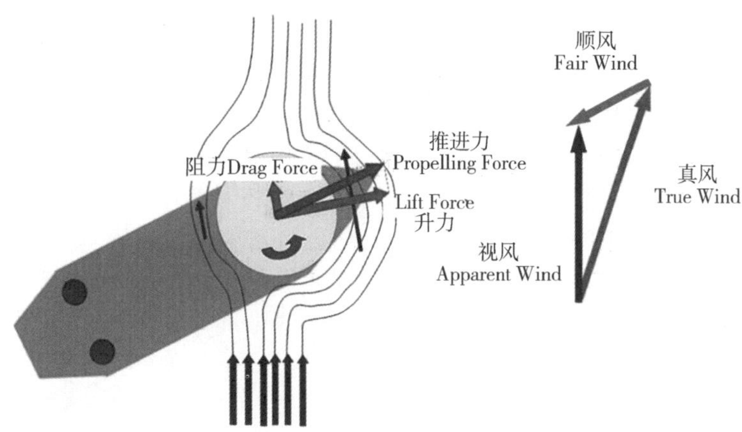

图 4-4　马格努斯效应

目前，转筒帆具有最多的装船应用案例，部分示例如图 4-5 所示。转筒帆在现代船舶上的首次商业化应用是德国 Enercon 公司 2008 年下水的杂货船“E-Ship 1”轮，该轮于 2010 年投入商用，在 Emden-Portugal 的一个航次中宣称节省燃料高达 22.9%。除了 Enercon 公司外，芬兰 Norsepower 公司和英国 Anemoi Marine Technologies 公司也是转筒帆的解决方案提供者。Norsepower 转筒帆已经应用于豪华邮船、散货船等多种船型，其中装有两个转筒帆的滚装船“Estraden”轮和 11 万载重吨成品油船“Maersk Pelican”轮一年分别节省了 5%和 8.2%的燃料消耗。Anemoi 转筒帆首个实船应用为 2018 年装船的 6.4 万载重吨散货船“Afros”轮，该轮由上海船舶研究设计院为希腊船东 Victoria Steamship 设计，系全球首艘安装风力辅助推进系统的散货船；据测算，该轮投入使用后可在相同航速下日均降低主机油耗 4 t 左右。

(a)“E-Ship 1”轮

(b)“Viking Grace”轮

(c)“Sea Zhoushan”轮

(d)“Afros”轮

图 4-5　部分转筒帆应用示例

二、太阳能

1. 应用现状

太阳能在可预见的未来都是一种取之不尽、用之不竭的可再生能源，对于太阳能的利用主要有光伏发电和光热发电两种方案。光热发电是利用太阳能将水加热成水蒸气进而驱动发电机工作的发电方式。由于技术所需设备较多，在船舱空间难以实现，所以其应用局限性较大。太阳能光伏系统由于较好的成本效益而成为主流的方案，它由太阳能电池板、控制器、蓄电池等组成，如用于交流负载，还需配置逆变器。太阳能电池板基于半导体的光生伏特效应（Photovoltaic Effect），直接将太阳的光能转化为电能，输出直流电存储在蓄电池中，整个过程无燃烧、无排放、无运动部件和噪声。太阳能光伏系统在船舶应用的典型示范项目包括“Auriga Leader”轮、“Tûranor Planet Solar”轮、“Paolo Topic”轮、“中远盛世”轮等，如图 4-6 所示。（a）M/V Auriga Leader（b）M/S Tûranor Planet Solar（c）M/V Paolo Topic（d）“中远盛世”轮图 4-6 船舶应用太阳能光伏系统案例

作为国家高技术船舶科研项目的应用示范，“中远腾飞”轮安装了总容量为 143 kW 的太阳能光伏系统，可降低船舶柴油发电机组 120～143 kW 的功率消耗，按阳光充足的情况下每天可提供 16 h 供电计，相当于每天节省燃油 0.46 t。2023 年 7 月 3 日，舟山中远海运重工用时 15 天圆满完成中远海运特运旗下 5 000 车位汽车滚装船“中远盛世”轮太阳能光伏系统改装工程，再次实现“绿色环保的可再生能源”在大型船舶上的实际应用。据测算，“中远盛世”轮改装安装的 336 块太阳能电池板，合计 860 m^2，光照条件良好时每天可提供约 1 000 kW · h 电量，4 h 光照转换的电能就能满足全船货舱照明 24 h 电能需求，同等情况下每天可减少 0.8 t 柴油的消耗，年平均可以减少二氧化碳排放约 200 t。

2.未来潜力

太阳能光伏系统是当前陆地上最有前景的可再生能源利用装置，但其在船舶上的直接应用，前景相对黯淡。这是因为太阳能光伏系统主要面临三方面的挑战：一是船体表面有限的可用面积限制了光伏组件的布置；二是受天气、地理位置等的影响导致供电稳定性不够；三是相关设备造价高导致较长的投资回收期。地球表面的不同的纬度区域，其太阳辐射强度为 2.3～5.7 kW · h/（m^2 · d），且光伏组件的能量转换效率通常仅为 10%～22%，而一般商船可用表面积上限约为 10 000 m^2，也就是说，针对不同大小和航区的船舶，太阳能光伏系统产生的能量仅约为 150～6 000 kW · h/d。受地理纬度、季节、昼夜以及船舶表面有限的可用表面积影响，太阳能光伏系统的节能潜力据测算为 0.2%～12%。对于汽车运输船、滚装船、散货船而言，太阳能光伏系统发电可用于照明、通信、蓄电池充电等场合，仍不失为提升船舶营运能效的有效措施。此外，靠近赤道的区域内有较高的太阳日照值，在北纬 30°至南纬 30°范围内营运的船舶有更大的潜力使用太阳能光伏系统。

三、核能

1. 技术特点

核动力装置基于核燃料的裂变反应，产生大量热量并通过工质（蒸汽或燃气）驱动汽轮机

或燃气轮机,并带动螺旋桨或发电机工作。核燃料中蕴含着巨大的能量,同单位核反应释放能量是化石燃料(煤)释放能量的约 30 万倍。核动力装置所使用的核燃料主要有铀-235(Uranium, U)、钚-239(Plutonium, Pu)、钍-232(Thorium, Th)、MOX 燃料(Mixed Oxide Fuel, UO_2+PuO_2)等四种类型,因具有放射性而有较高的防护、避碰要求。

美国、英国、俄罗斯等军用舰船主要使用高浓缩铀燃料及紧凑型反应堆设计,在整个设计寿命内无须补充燃料;但在民用领域只能考虑使用低浓缩燃料,因此在商船生命周期中还要考虑燃料的加注和核废料的处理问题,通常加注周期为 5~7 年,加注过程需要 30 天左右。船舶核动力装置所采用的反应堆主要为压力水堆(Pressurized Water Reactor, PWR),其典型功率范围为 27~300 MW;其他的形式还包括闭式循环或开式循环的高温气冷堆、沸水反应堆(Boiling Water Reactor, BWR)、熔盐反应堆(Molten Salt Reactor, MSR)以及核电池(放射性同位素电池)等。综上,船舶使用核动力推进系统具有无须频繁补充燃料、更多的载货空间、更高的功率和航速、没有废气排放等优势,但也存在高昂的建造和营运费用、安全与保安考量、公众接受度、特殊的人员技能要求、港口基础设施等显著的障碍。因此,商船应用核动力推进系统还有很长的一段路要走。

3.发展现状

1954 年美国核动力潜艇"USS Nautilus"号下水服役开创了舰船使用核动力推进系统的先河,此后一大批潜艇、航空母舰、破冰船等开始使用核动力。自核动力首次应用以来,约有 700 个核反应堆在海上运行过,其中大多数是压力水堆;目前依然在海上运行的核反应堆依然有约 200 个。就核动力商船(不含专用破冰船)而言,人类历史上一共建造过 4 艘,其基本情况如表 4-1 所示。

表 4-1　核动力商船基本情况

序号	建造国家	船名	船舶类型	载重量/t	推进功率/MW	航速/kn	下水年份	服役年份	反应堆
1	美国	NS Savannah	客货船	10 000	16	21	1959	1962—1971	PWR
2	德国	NS Otto Hahn	散货船	14 040	8	17	1964	1968—1979	PWR
3	日本	NS Mutsu	货船	2 400	7.5	17	1969	*	PWR
4	苏联	NS Sevmorput	货船	33 980	29.4	20.8	1986	1988—至今	PWR

注:* 表示 1974 年首航即发生核燃料泄漏。

此前的 4 艘基于压力水准技术的核动力商船已验证商船应用核动力推进系统在经济性上是完全不可行的,因此也就没有更多的进一步的应用示范。但随着低碳/零碳航运发展愿景的提出,近两年人们又将目光瞄向了核动力。2022 年 4 月,挪威 Ulstein 集团推出新一代零排放船舶"Thor"号,采用钍基熔盐反应堆(Thorium MSR)作为其动力来源。同期,三星重工拟基于 Seaborg 的紧凑型熔盐反应堆技术(CMSR)开发浮式核反应堆用于氢、氨生产,800 MW 的 CMSR 装置运行寿命达到 24 年,无须在港口添加新的燃料或处理使用过的乏燃料。2023 年 2 月,韩国庆州市政府、韩新海运(HMM)等 9 方代表共同签署了一份谅解备忘录,准备开发和示范应用适用于船舶的、基于 MSR 的小型模块化反应堆(Small Modular Reactor, SMR)技术,以及培养核动力船舶运营专家和产业基础设施建设专家,为未来的商业化建立合作基础。

2023 年 12 月,在第 21 届中国国际海事会展(Marintec China)期间,中国船舶集团江南造船(集团)有限责任公司发布了全球首型、世界最大的 24 000 箱核动力集装箱船,并取得了

DNV 的原理性认可(Approval in Principle, AiP)证书。该型船采用国际上先进的第四代堆型熔盐反应堆解决方案,安全性高、反应堆高温低压运行,在原理上规避堆芯融化,具备防扩散与固有安全特征。

采用熔盐反应堆技术似乎是当前船舶核动力推进系统的主流选择;与此同时,通过布置在战略性燃料加注节点的浮式核反应堆生产电制燃料,似乎也将是服务低碳海上运输的可行路径之一。熔盐反应堆是核裂变反应堆的一种,其主要特征是使用熔融的混合盐同时作为核燃料载体和反应堆冷却剂,当反应堆内部出现异常时熔盐(液态核燃料)将自动硬化,较高的被动安全性和热效率以及未来使用钍循环的潜力,使其非常适合于海上应用,类似的概念设计还包括来自英国的 Core Power 以及美国的 TerraPower 等公司的探索。

随着世界主要经济体和国际海事行业纷纷提出实现碳中和发展的雄心和愿景,航运废气排放和温室气体排放将会受到越来越严苛的限制。虽然预期"内燃机+船用替代燃料"是低碳航运发展的主流路径,但核动力推进系统、风力辅助推进系统、太阳能光伏系统等替代船舶动力系统的研发与应用仍然方兴未艾,并预期在未来仍将发挥重要作用。核动力推进系统在可预见的未来用于国际航行船舶似乎并不具有可行性,但在近岸固定式或漂浮式海工装置上可能具有前景,且当前在海事领域的研究热点已从传统的压力水堆转向熔盐反应堆核动力推进系统。风力辅助推进系统仅能作为一种能效改进措施,但具有立即可用性、广泛适用性和发展长远性,在部分船型和航线上仍具有较好的发展前景。太阳能光伏系统受限于功率容量和能源效率,也仅能作为一种能效改进措施,除汽车运输船外在其他类型船舶上的装船应用前景并不理想。

第二节　船舶替代动力系统

除了上一节提及的基于一次能源利用的风力辅助推进系统、太阳能光伏系统、核动力推进系统等船舶替代动力系统,本节主要就基于二次能源利用的电池电力动力系统、燃料电池动力系统、混合动力系统等做一简单介绍。

一、电池电力动力系统

1. 技术特点

随着陆地汽车工业电动化的快速发展,电动船舶的应用示范也在稳步推进中。国内外航运企业及相关部门都在大力推广电动船舶的建造和使用,并积极推动相关技术规范和基础设施的完善。与传统的内燃机动力相比,电池动力具有零排放、零噪声、高能效、高舒适性、低维护成本等特点。然而,高昂的设备初始投资、岸电基础设施投资、火灾风险性都是电动船舶应用面临的挑战。更重要的是,电池的质量能量密度和体积能量密度都显著低于内燃机动力装置,例如,锂电池的质量能量密度和体积能量密度分别约为 0.6 MJ/kg 和 1.4 MJ/L,而船用柴油分别为 42 MJ/kg 和 36 MJ/L。因此,续航力和频繁的充电需求成为纯电动船舶的主要制约因素。

总之,纯电动船舶受限于电池(或超级电容)的功率容量,仅适用于内河、湖泊、库区及近

海小型船舶;纯电动船舶对于内河近岸运行的船舶具有明显的优势;但对于大型远洋船舶而言,电池电力发展潜力有限,与内燃机、燃料电池、风力辅助动力系统、太阳能光伏系统组成混合动力系统才是可能的潜在选项。据 DNV 发布的 Energy Transition Outlook 2022 报告,电池电力在未来海运领域能源消耗中的占比不会超过 2%。另外,值得一提的是,电池电力是否能实现零碳排放,直接取决于当地电网可再生电力的占比。

2.应用现状

根据 DNV 数据,截至 2022 年年底,全球电动船舶共 558 艘,其中混合动力占比 52%,插电混动占比 20%,纯电动占比 22%,且超过 1/3 在挪威;如图 4-7 所示,在已投入使用或在建的电动船舶中,固定航线和相对较短航程的滚装渡船占比最多,其次是近海补给船。

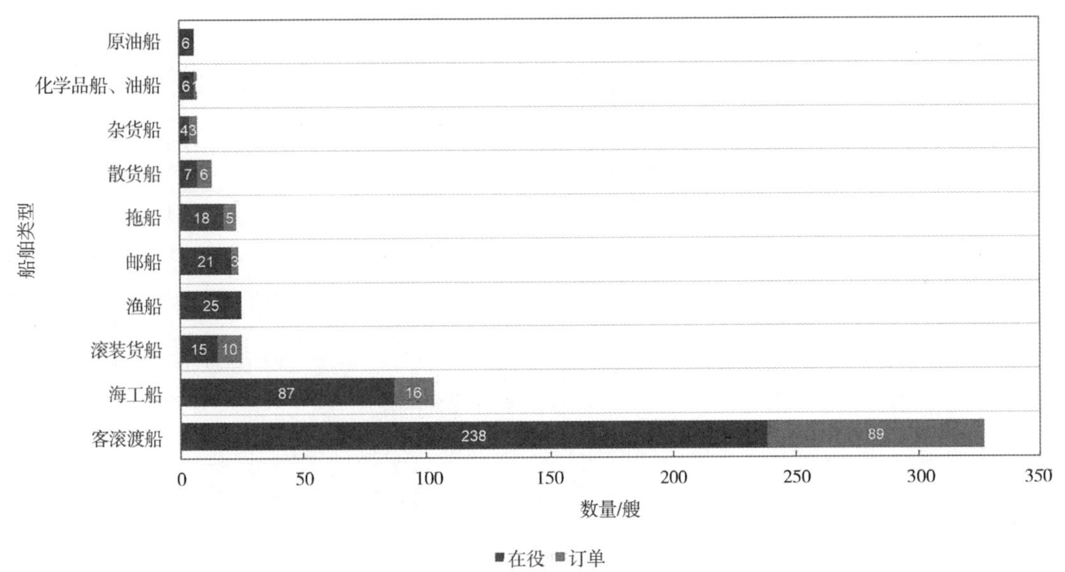

图 4-7 全球电动船队(截至 2022 年年底)

在中国,截至 2022 年年底超过 50 艘电动船舶已投入使用或正在建造。2022 年 3 月,全球载电量最大的纯电动旅游客船“长江三峡 1”号在宜昌首航,该轮设计总长 100 m,总宽 16.3 m,可容纳 1 300 客位,配备 7.5 MW · h 动力电池,一次充电可续航 100 km,每年可替代燃油 530 t。

二、燃料电池动力系统

1.技术特点

燃料电池由阳极、阴极、电解质和外部电路四个部分组成,通过电化学反应将燃料的化学能转变为电能。燃料电池不受卡诺循环的限制,因而具有较高的效率和经济性,通常其能量转化效率为 45%~60%;若考虑采用 Rankine、Brayton 或热电联产(Combined Heat and Power, CHP)等后置循环利用余热并构成混合动力系统,能量利用总效率可达 80%以上。典型的氢燃料电池及其特征如表 4-2 所示。

表 4-2 典型的氢燃料电池及其特征

类型	工作温度/℃	功率范围/MW	典型燃料	电化学反应	
				阳极	阴极
AFC	60~200	≤0.5	H_2	$2H_2 + 4OH^- \rightarrow 4H_2O + 4e^-$	$O_2 + 2H_2O + 4e^- \rightarrow 4OH^-$
PEMFC	65~85	≤0.4	H_2	$2H_2 \rightarrow 4H^+ + 4e^-$	$O_2 + 4H^+ + 4e^- \rightarrow 2H_2O$
HT-PEMFC	160~220	≤0.4	H_2	$2H_2 \rightarrow 4H^+ + 4e^-$	$O_2 + 4H^+ + 4e^- \rightarrow 2H_2O$
PAFC	140~200	≤0.4	H_2、LNG 和甲醇	$2H_2 \rightarrow 4H^+ + 4e^-$	$O_2 + 4H^+ + 4e^- \rightarrow 2H_2O$
DMFC	75~120	≤5 *	甲醇	$2CH_3OH + 2H_2O \rightarrow 12H^+ + 2CO_2 + 12e^-$	$3O_2 + 12H^+ + 12e^- \rightarrow 6H_2O$
MCFC	600~700	≤10	H_2、甲醇、碳氢化合物	$2H_2 + 2CO_3^{2-} \rightarrow 2H_2O + 2CO_2 + 4e^-$	$O_2 + 2CO_2 + 4e^- \rightarrow 2CO_3^{2-}$
SOFC	500~1000	≤10	H_2、NH_3、甲醇、碳氢化合物	$2H_2 + 2O^{2-} \rightarrow 2H_2O + 4e^-$	$O_2 + 4e^- \rightarrow 2O^{2-}$

注：*—单位为 kW；AFC—碱性燃料电池(Alkaline Fuel Cell)；PEMFC—质子交换膜燃料电池(Proton Exchange membrane Fuel Cell)；HT-PEMFC—高温 PEMFC；PAFC—磷酸燃料电池(Phosphoric Acid Fuel Cell)；DMFC—直接甲醇燃料电池(Direct Methanol Fuel Cell)；MCFC—熔融碳酸盐燃料电池(Molten Carbonate Fuel Cell)；SOFC—固体氧化物燃料电池(Solid Oxide Fuel Cell)。

通常，在单电池上能产生 0.5~1.0 V 的直流电压。因此，为满足使用要求，需要将多个单电池串联起来构成电堆，并进一步通过直流变压器使输出电压达到 450~750 V 甚至更高；为提高电堆的输出功率，需要增大单电池的面积以获得更大的输出电流，但这可能导致燃料、氧气分布不均匀或漏泄，另外也受到材料、工艺、成本的限制，导致总的输出功率受限。同时，船舶各种辅助机械通常由交流电动机驱动，燃料电池输出的直流电需要通过逆变器转换为交流电。此外，燃料电池燃料的供给无法对外界负载变化做出立即的响应，同时考虑受限的功率输出，燃料电池与柴油机、蓄电池等构成混合动力系统是常规的选择。

2.应用现状

燃料电池自 1960 年代开始应用于潜艇，到 1990 年代德国 Class 212A 级潜艇的应用将燃料电池推送到被高度关注的地位。但燃料电池在民用领域的应用，进入 21 世纪才逐渐推广开来，比较成功的示范项目如图 4-8 所示的“FCS Alsterwasser”轮。

“FCS Alsterwasser”轮是基于欧盟 Zemships 项目开发的世界上第一艘由氢燃料电池提供动力的客船，船长 25 m，设计可容纳 100 名乘客，最大功率可达 100 kW，最高速度为 8 kn。该船配备 2 个 48 kW 的燃料电池，12 个氢气罐可储存 35 MPa 压力下的 50 kg 氢气，7 个总容量为 234 kW·h、总电压为 560 V 的铅酸蓄电池，一个 100 kW 的推进电机，以及一个 20 kW 的艏侧推器。PEMFC 电力系统用于直接为推进电机供电或为铅凝胶电池组充电。如果燃料电池出现故障，电池组将作为备用选项，不仅在峰值负载时为推进电机提供电力，而且在加载和卸载过程中减轻了燃料电池的负载，延长了燃料电池使用寿命；电池组的操作由能量管理系统决定。船上储存的氢气使该船能够在不加注燃料的情况下运行 2~3 天，而加满氢气罐只需 12 min。

截至目前，燃料电池作为船舶动力系统的研发和应用示范项目有近百个，比较典型的项目如表 4-3 所示。

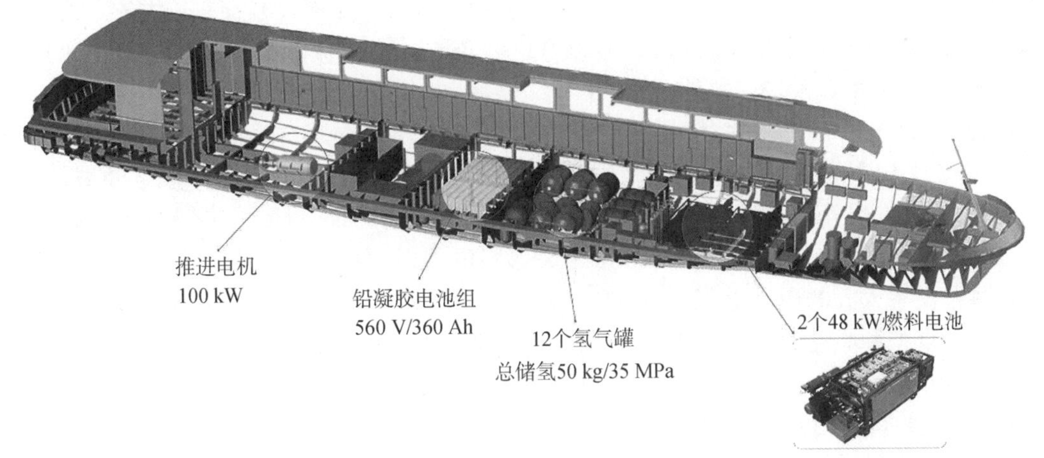

图 4-8　"FCS Alsterwasser"轮

表 4-3　典型的燃料电池船舶应用示范

类型	船舶项目	功率/ kW	燃料
AFC	Hydra	7	金属氢化物
	Hydrocell Oy	30	金属氢化物
	ZeroCoaster	2×600	氨
PEMFC	Elding	10	氢气
	ZemShip Alsterwasser	96	氢气
	Nemo H_2	60	氢气
	Hornblower Hybrid	32	氢气
	Hydrogenesis	12	氢气
	SF-BREEZE	120	氢气
	Cobalt 233 Zet	50	氢气
	US SSFC	500	柴油
	MF Hydra	2×200	氢气
	Sea Change	360	氢气
	三峡氢舟 1	8×70	氢气
HT-PEMFC	Pa-X-ell MS Mariella	2×30	甲醇
	RiverCell	250	甲醇
	MF Vågen	12	氢气
	RiverCell ELEKTRA	3×100	氢气
MCFC	MC WAP	150/500	柴油
	FellowSHIP Viking Lady	320	LNG/氨
	US SSFC	625	柴油
SOFC	METHAPU Undine	20	甲醇
	SchIBZ MS Forester	100	柴油
	FELICITAS subproject 2	250	LNG

3.应用前景

PEMFC 技术成熟、成本较低，也是目前应用最广泛的燃料电池类型。但因为使用铂作为电极材料增加了系统成本，且对 CO 和 S 有中毒反应，因此对氢气纯度有要求。PEMFC 单个电堆的输出功率通常不足 300 kW，受到材料、工艺的限制想要显著提升存在较大的难度，目前见诸媒体的挪威氢燃料电池制造商 TECO2030 组装和测试的 FCM400(400 kW 燃料电池)是输出功率最大的 PEMFC 模块。此外，基于针对 20 英尺、40 英尺集装箱开发的模块成组技术，该公司可提供 3.2 MW 和 6.4 MW 输出功率的燃料电池动力系统。

PEMFC 受功率范围、氢燃料储运及加注基础设施等因素的影响，在远洋航运领域似乎并没有太大的前景，但其在内河、沿海航运中因为零排放优势，在部分船型和特定应用场景上仍具有较大的发展潜力。AFC、PAFC、DMFC 三种燃料电池因为各自的缺点和不足，目前来看在海事领域并没有太大的应用前景。MCFC、SOFC 为高温燃料电池，工作过程中产生的余热可以用于燃料重整和驱动燃气轮机或蒸汽轮机，因此对于氢、氨、甲醇和各种碳氢燃料具有广泛的适应性，组成的混合动力系统还可以实现高达 10 MW 的输出功率和超过 80%的能量利用效率，因此如果技术成熟度、可靠性、耐久性、经济性能得到显著提升的话，未来对于大型远洋船舶而言仍然具有较强的竞争力。

三、混合动力系统

混合动力系统是指使用不同能量来源共同驱动船舶。混合动力船舶的概念并非是近年才出现，早在古代就有风帆和人力共同驱动的船舶，工业革命以后又出现了风帆和蒸汽机共同驱动的船舶。现代混合动力船舶是通过传动装置耦合柴油机与电动机来驱动；或者由具有一种以上电力来源的电动机来驱动，电力来源可能是柴油机、风能、太阳能、燃料电池、蓄电池、超级电容等。混合动力系统具有提高船舶运行经济性、减少废气排放和机械振动、适应多工况运行的特点，目前已在渡船、大型邮船、工作船、近海钻井平台等领域广泛应用。

例如，世界上第一艘“柴油机+蓄电池”混合动力拖船“Carolyn Dorothy”轮于 2009 年 11 月交付，其船长为 23.77 m、船宽为 10.36 m，服务于美国长滩和洛杉矶港。该船主推进动力为 2 台 Cummins QSK50 柴油机，每台额定功率 342 kW；副机为 2 台 Cummins QSM11 型柴油发电机组，每台额定功率 300 kW；另外还配备了两组 0.5 MW · h 的铅酸电池。2013 年，一艘当时最大的混合动力渡船“Prinsesse Benedikte”轮交付。该船长为 142 m，宽为 25.4 m，船速为 18.5 kn，设计载客数量为 1 140 人，载车量为 354 辆。主推进动力配置了 4 台 Mak 8M32 主机和 1 台 MAN 6L32/44CR 主机，总功率达 17 440 kW；另外配置了 2.6 MW · h 的三元锂电池。采用基于锂电池的混合动力系统后，大幅度提高了发动机效率，从而减少温室气体排放量，降低维护成本且大幅度降低燃料成本。

现代船舶混合动力系统有多种混合方式，柴油机+风力辅助推进系统、柴油机+蓄电池、燃料电池+蓄电池等是比较主流的选项；混合动力系统也有多种布置方式，如串联式混合动力、并联式混合动力和混联式混合动力等；此外，动力来源、工作模式、能量管理策略也根据应用场景和工况有比较灵活的选择。

第三节　船用替代燃料

基于前述船舶替代能源和替代动力系统的特点可知，对于大型远洋船舶而言，“内燃机+

船用替代燃料”在可预见的未来仍将是航运脱碳的主流技术路径。具体应用可再生的天然气、氢、氨或甲醇哪一种作为未来的船用替代燃料，业界还没有统一的共识，但目前业界讨论的焦点逐渐归拢到从 LNG 过渡到可再生的氢、氨或甲醇。从技术、经济、环境、社会、可扩展性等多个维度进行评价，并没有一种替代燃料具有全方位、压倒性的优势从而可以完全替代燃油在船用燃料中的中心地位。

一、船用替代燃料概述

对于水路运输燃料而言，学术界、工业界研究和讨论的替代燃料包括 LNG(主要成分为甲烷)、LPG(主要成分为丙烷和丁烷)、二甲醚(Dimethyl ether, DME)、甲醇、乙醇、氢气(H_2)、氨气(NH_3)、合成燃料(Synthetic Fuels)、生物燃料(Biofuels)、电制燃料(e-fuels 或 Power-to-X)等。其中，合成燃料、生物燃料、电制燃料均是比较宽泛的概念，例如：合成燃料可能包括化石基或生物质基的合成甲醇、合成氨、合成汽油、费托(Fischer-Tropsch)柴油等；生物燃料可能包括生物甲烷、生物甲醇、生物乙醇、生物二甲醚、生物柴油等，而生物柴油又包括脂肪酸甲酯(FAME)、脂肪酸乙酯(FAEE)、纯植物油(SVO)、加氢植物油(HVO 或 HDRD)等；电制燃料是以可再生电能为输入、以电解制氢技术为基础的合成燃料，可能包括电制甲烷、电制甲醇和电制氨等。合成的、生物质的或电制的某种燃料可认为与对应的化石基燃料有近似的理化性能，各种燃料的典型理化特性如表 4-4 所示。

表 4-4 潜在船用替代燃料的典型理化特性

燃料	分子式	沸点/℃	空气中的自燃点/℃	空气中的可燃极限，vol%	质量能量密度/(MJ/kg)	体积能量密度/(GJ/m³)
柴油	C_nH_{2n}和$C_nH_{2n+2}(n=10\sim15)$	180~370	210	0.6~7.5	42.8	36.6
LNG	CH_4	-162	540	5.0~15.0	48.6	20.8
LPG	C_3H_8&C_4H_{10}	-42	450	2.1~9.5	46.1	24.8
甲醇	CH_3OH	65	464	6.7~36.0	19.9	15.8
乙醇	C_2H_5OH	78	365	3.3~19.0	26.7	21.1
DME	CH_3OCH_3	-25	350	3.4~27.0	28.8	19.2
液氢	H_2	-253	585	4.0~75.0	120.0	8.5*
液氨	NH_3	-33	651	15.0~28.0	18.6	12.6

注：1 MJ=1×10⁶ J；1 GJ=1×10⁹ J；* -70 MPa 压缩氢气的体积能量密度仅为 4.5 GJ/m³。

二、最具前景的船用替代燃料

1.LNG

随着《MARPOL 公约》附则Ⅵ的生效实施，对船舶 SO_x、NO_x、PM、挥发性有机物(VOCs)等排放有限制，而发动机燃用 LNG 基本不存在 SO_x、PM 排放，NO_x排放最多可降低 90%，对 LNG 运输船还解决了货舱蒸发气排放或再液化的难题，尤其是化石基 LNG 与船用燃油在经济性上具有竞争力，一时之间，LNG 作为船用燃料受到追捧。LNG 来源包括天然气、生物质以及基于可再生电力的 H_2 和 CO_2 的合成。为便于储运，天然气通常在常压、-163 ℃条件下液化为 LNG，此时体积将变为气态时的 1/600。公路、铁路、水路和管道均可作为天然气的运输方式；而其储存技术主要包括 4 种类型，如图 4-9 所示，其中前两种为常压全冷型，B 型储罐为常压半冷型，C 型储罐为常温加压型。C 型储罐成本最低，但储存量最小，空间效率也最低。

LNG 运输船上的气体燃料发动机，一般以 LNG 货物蒸发气（Boil-off Gas，BoG）为燃料，为推进装置提供动力。这是由于在 LNG 船舶运输过程中，LNG 货物会不断受热产生货物蒸发气，虽然 LNG 货舱有绝热层加以防护，但仍然无法阻隔外热侵入，所以会造成货物蒸发气的产生，通常蒸发率在 0.1%～0.15%。如果自然蒸发气不足，可以通过强制蒸发器蒸发部分 LNG 作为补充。非 LNG 运输船的气体燃料发动机，则需要专门的 LNG 储罐供气。LNG 储罐是一种专用的低温储罐，可以分为立式和卧式两种，立式储罐的优点是占地面积小，而卧式储罐的稳定性好，陆用 LNG 生产和存储设备大多采用立式储罐，而运输设备以及船用储罐大多采用卧式储罐，因为对储运过程的安全性要求较高。目前船用 LNG 低温储罐大体分为三种布置形式：开敞甲板（舱外）布置、围蔽处所布置以及半围蔽处所布置。目前国内改装的 LNG 动力船普遍选择开敞甲板布置。

（a）薄膜型储罐

（b）A 型储罐

（c）B 型储罐

（d）C 型储罐

图 4-9　LNG 储存技术

就终端使用而言，LNG 发动机技术已经比较成熟，火花塞点火的纯 LNG 发动机、基于奥托循环的 LNG-柴油低压双燃料发动机以及基于狄塞尔循环的 LNG-柴油高压双燃料发动机均已商用，MAN Energy Solutions、Wärtsilä、Rolls Royce 等主要的船用发动机生产商均有超过 20

年的 LNG 发动机运行经验，可提供功率范围从 1～80 MW 的 LNG 发动机产品，如 MAN 12G95ME-C10.5-GI、Win GD 12X92DF、Wärtsilä W20DF、Bergen B32:40 等。理论上，发动机燃用 LNG 相比燃油可减少 20%～25%的碳足迹，但由于燃烧效率、甲烷逃逸等原因，温室气体减排量通常低于 20%。即便如此，对于零碳航运而言，化石基 LNG 只能作为一种过渡燃料，生物质甲烷或电制甲烷可作为替代，但目前其燃料成本分别约为化石基 LNG 的 1.5～3 和 3～10 倍，而且产量相对有限。

2. 氢

氢（Hydrogen）是地球上最简单、最丰富的元素，且在所有燃料中具有最高的质量能量密度。但氢通常是以化合物的形式存在，也就意味着氢的提取将要消耗能量。氢的生产原料包括天然气、煤、生物质和水，且具有多种不同的工艺流程，如图 4-10 所示。

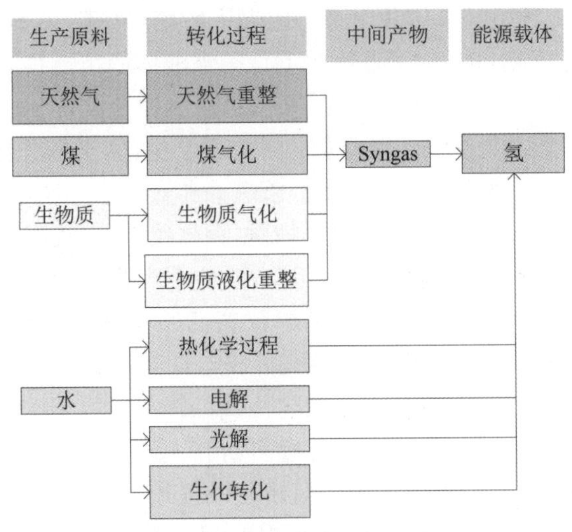

图 4-10 氢的原料与生产过程

氢的运输、储存和配送显著受到其体积能量密度的影响。对于 20 MPa、70 MPa 的压缩氢气和常压低温下（-253 ℃）的液化氢而言，体积能量密度为柴油的 5.0%、12.3%和 23.2%。对于同样的能量释放，其体积需求是柴油的 20.1、8.1 和 4.3 倍，考虑加压或制冷条件下燃料围护系统更大和更规整的空间需求，船舶的有效载货容积将在一定程度上被削减。

就终端使用而言，氢内燃机的有害排放仅有 NO_x，但其功率容量、燃烧、运转平顺性方面在技术上仍然存在较大的挑战。也就是说，氢的储运和终端使用具有比 LNG 更严苛的要求。因此，对于远洋运输而言，相对于可再生甲烷、氨和甲醇等氢的衍生物，使用氢作为船用燃料目前来看还缺少竞争力。当然，如果液氢/压缩氢运输船队能得到一定的发展，这类船舶使用氢作为船用燃料具有天然的优势；然而目前来看，以氨或甲醇作为载体来运输氢似乎更有竞争力。

3. 氨

氨（Ammonia）是全球范围内具有最大产量的合成化学品，但目前主要用作化肥生产。氨的生产原料是氢气和氮气，通常基于哈伯-博世（Haber-Bosch）过程，在铁基催化剂、300～500℃的高温和 20～35 MPa 的高压条件下反应而成；其他的氨合成工艺包括电化学过程和光催化过程。氢气的生产如前所述，而氮气通常采用变压吸附（Pressure Swing Adsorption，PSA）或膜过滤技术从空气中分离得来。虽然氨本身是无碳燃料，但绿氨的获得还是取决于所使用的生产原料和生产过程中可再生能源的使用。

大规模的氨储存通常在常压和-33 ℃条件下液化储存；而少量的氨则采用与LPG类似的储运方式——常温加压至0.8 MPa存放于不锈钢压力容器中。液氨具有较高的爆炸风险和毒性，储运安全考量尤其重要。

就终端使用而言，较高的自燃温度、较低的火焰传播速度、较窄的可燃极限、较高的NO_x排放都是氨燃料发动机开发中所面临的挑战。氨燃料发动机目前还未见商用，但Wärtsilä、MAN Energy Solutions、WinGD等主要的船用发动机生产商均在积极推进氨燃料发动机的研发。2022年9月，Wärtsilä四冲程中速多燃料发动机W25型发动机成功发布，可燃用柴油和LNG；2023年11月，基于W25平台的氨燃料发动机正式推向市场。二冲程低速发动机生产商MAN Energy Solutions、WinGD均计划在2024—2025年推出自己的氨燃料发动机。

4. 甲醇

甲醇(Methanol)是一种关键基础化学品，主要用于生产甲醛、乙酸和塑料等其他化学品；同时，甲醇也是一种用于车辆、船舶、工业锅炉的低闪点液体酒精燃料。与传统燃料相比，可再生甲醇可减少高达95%的CO_2排放和80%的NO_x排放，且完全没有SO_x和PM排放。甲醇有一定的毒性，吸入、暴露和皮肤接触均会造成人员的中毒反应；由于较强的挥发性和生物可降解性，其对人类健康、海洋和大气环境的威胁要低于燃油和氨。

甲醇的生产原料主要是天然气和煤，但生物质、森林残渣、市政固体废弃物、捕集的CO_2等都可以作为甲醇的生产原料，如图4-11所示，其主要的生产路径为H_2和CO或H_2与CO_2的合成，合成气(H_2+CO)、H_2、CO_2和生产用能的来源就决定了甲醇的碳足迹和成本。化石甲醇与船用燃油具有可比的燃料成本，绿色甲醇的燃料成本却高出8~10倍，但未来有望降至2~3倍。

相较于其他气体燃料，甲醇属低闪点液体燃料，相对易于运输、储存和配送，对现有船用燃料储运设施稍做改造即可建立完整供应链。对于终端使用而言，甲醇适用于内燃机和燃料电池。当前，直接甲醇燃料电池(DMFC)的效率还比较低，还有待进一步研发和提升；而甲醇燃料内燃机技术相对成熟，在车辆、船舶上均有多年的应用经验。MAN Energy Solutions、WinGD、Wärtsilä、Rolls-Royce、Caterpillar等主要的船用发动机生产商均开展了甲醇发动机的研发或生产；国内淄柴动力、中船动力等厂家也在研发甲醇发动机。值得一提的是，MAN ME-C-LGIM是目前市场主流应用的机型，缸径有50、80、95三个系列，缸数可为6~12缸，功率范围5~82 MW，基本可以覆盖各种类型、各种大小远洋船舶的功率需求。

三、替代燃料消耗现状

目前，IMO已发布了2019年、2020年、2021年的燃油消耗数据汇总报告。按公约要求，纳入统计的船舶应有3.2万余艘和总吨位13亿，但目前数据仍有缺失，数据完整率按船舶数量计约85%，按总吨计约94%。基于这些报告，可以得到所统计船舶的燃料消耗情况，2019—2021年燃料消耗总量分别为2.13亿t、2.03亿t和2.12亿t，各年份HFO、LFO和MDO/MGO三种传统燃料消耗占比分别为95.03%、94.01%和93.95%，而替代燃料占比略有增加。目前所报告的替代燃料包括LNG、LPG、乙烷、甲醇、乙醇、生物燃料等，替代燃料的消耗情况如图4-12所示。

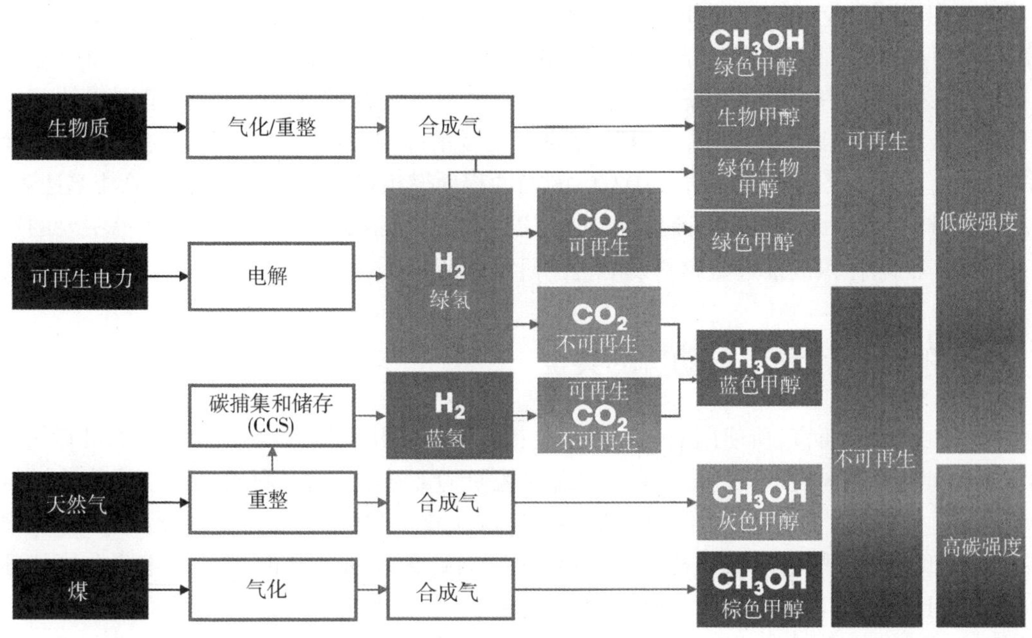

图 4-11　甲醇的主要生产路径

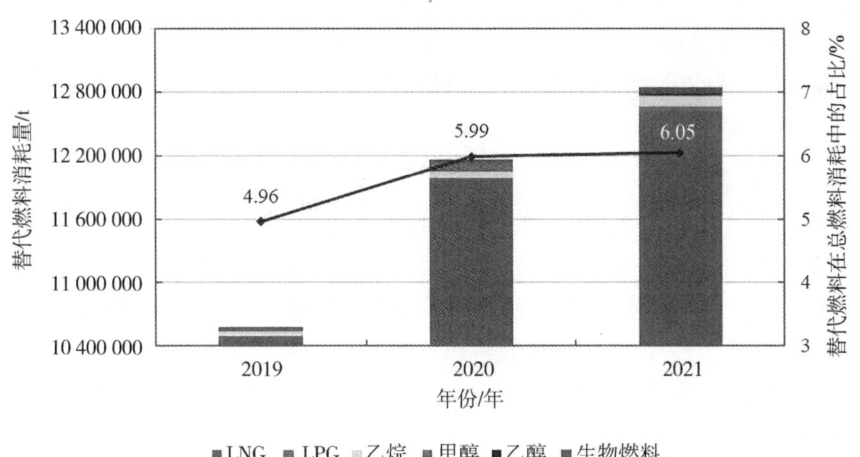

图 4-12　基于 IMO 船舶燃油消耗数据库的 2019—2021 年替代燃料消耗情况

第四节　船用替代燃料发动机

自 2003 年世界首艘 LNG 动力的平台供应船“Stril Pioner”交付运行，到 2022 年年底，世界 LNG 动力船舶已达 355 艘，另有 515 艘 LNG 动力新造船订单。LNG 是中短期主流的船用替代燃料选择，目前主要的发动机生产商包括 MAN Energy Solutions、Wärtsilä、Rolls-Royce、MTU、Caterpillar、Niigata Power Systems、MAK、Mitsubishi、YANMAR 等。截至 2022 年年底，甲醇动力的现有船 24 艘，其中新造船 21 艘，均为 50 000 载重吨级的化学品油船，另有 3 艘改装船分别为滚装客船、拖船或引航船,现阶段均以化石甲醇作为燃料,甲醇发动机供应以 MAN Energy Solutions 为主,其代表机型为 MAN ME-LGIM 系列。氢动力船舶主要以氢燃料电池作为(混合)动力系统的小型船舶或以氢燃料电池作为辅助发电装置应用为主,全球范围内的应用示范船舶有数十艘,而以氢内燃机作为动力的船舶目前仅见 2022 年 10 月交付的比利时拖船 Hydrotug 1,配置的 2 台 BeH_2ydro 12DZD-DF 四冲程内燃机可燃用氢气和柴油,总功率达 4 000 kW。氨燃料发动机目前还未见商用,但 Wärtsilä、MAN Energy Solutions、WinGD 等主要的船用发动机生产商均在积极推进氨燃料发动机的研发和商用。

一、船用替代燃料发动机的类型

对于运输行业而言,所使用的燃料通常包括气体燃料和液体燃料,相应的发动机有气体燃料发动机和液体燃料发动机之分。在绿色低碳发展背景下,运输燃料中又产生了传统燃料和替代燃料的概念。值得一提的是,替代燃料中经常涉及一个概念——即用型燃料(Drop-in Fuel)。即用型燃料是指可以直接替代传统燃料的燃料,无须对现有的或正在开发中的基础设施、运输工具或发动机等进行大的改造,如乙醇之于汽油、生物柴油之于柴油等。然而,替代燃料使用中通常均涉及对基础设施、运输工具或发动机等进行大的改造。因此,这里所说的船用替代燃料发动机主要指涉及存在较大改装、改造的情况。

船用替代燃料种类较多,且随着发动机技术的快速发展,船用替代燃料发动机具有多种类型,目前也并没有成型的分类方法,各种概念也还在发展演变当中,但通常可根据燃料类型、燃料供给方式、点火方式等进行分类。

1.根据燃料类型划分

如前所述,船用替代燃料的可能类型包括 LNG、LPG、DME、乙烷、甲醇、乙醇、氢、氨等,无论其是化石基的、生物质的还是电制合成的。因此,就使用的替代燃料类型而言,目前已经商用或示范应用中的替代燃料发动机包括 LNG 发动机、乙烷发动机、LPG 发动机、甲醇发动机、氢气发动机等。乙醇、生物柴油等替代燃料在传统的汽油机、柴油机中基本可以等效使用,对于传统的发动机而言无须做大的改装。

2.根据燃料使用方式划分

就替代燃料的使用方式而言,通常包括单一型燃料、混合型燃料(Blended Fuel)和双燃料(Dual Fuel)等模式。单一型燃料指单一品类和来源的燃料;混合型燃料是指两种及以上燃料或来源的燃料通过混合和勾兑制成的燃料,如乙醇-汽油、乙醇-柴油、柴油-生物柴油等混合燃料;双燃料是指可同时使用两种单一型或混合型燃料,且其中一种燃料可以全部或部分替代另一种燃料的能量输出。对于单一型燃料和混合型燃料而言,发动机上只安装一套燃料供给系统;而对于双燃料模式而言,发动机上安装有两套相互独立的燃料供给系统。相应的发动机类型可命名为纯替代燃料发动机和双燃料发动机。由于 LNG、LPG、甲醇、氢、氨均为气体或低闪点燃料,因此,纯替代燃料发动机当前主流的代表是纯气体燃料发动机。

纯气体燃料发动机是指仅使用气体或低闪点燃料作为燃料的发动机,这样就完全可以根据气体或低闪点燃料的特性进行发动机的结构优化和设计,包括合理地选择压缩比、优化点火控制并提高点火能量及改进增压技术等措施,改善气体或低闪点燃料的燃烧过程,最终使发动机获得更好的动力性、经济性及排放性。

双燃料发动机是在柴油发动机的基础上改装而成，一般来说，可根据所能获得的燃料情况，在气体或低闪点燃料和液体燃料之间进行切换。双燃料发动机可分为两种：一种为“微引燃式”，其特点是当发动机处于燃气模式时，缸内可燃混合气由少量燃油点火，除去这一小部分点火燃油，发动机对外做功的能量全部由气体或低闪点燃料提供；另一种为“混烧式”，其特点是燃油和气体或低闪点燃料在缸内一起燃烧，燃油不仅起到点燃气体或低闪点燃料的作用，同时还提供相当一部分对外做功的能量，发动机可根据工况变化来调整燃油和气体或低闪点燃料的比例，以适应负荷的变化。

3.根据燃料喷射位置划分

船用替代燃料发动机可按替代燃料的供给方式，将其简要地分为两大类：缸外喷射和缸内喷射。

(1)缸外喷射

缸外喷射可分为总管喷射和支管喷射两种形式。

总管喷射类似于传统汽油机的可燃混合气形成方式，气体或低闪点燃料在进入气缸之前与空气在进气总管内混合形成可燃气，随后通过进气总管进入气缸燃烧做功。由于多个气缸共用一个混合器或燃气喷射阀，通常称为“单点喷射”发动机；同时由于气体或低闪点燃料与空气在进气总管内预先混合，故亦称为“预混合”发动机。总管喷射的优点是结构简单，只需安装混合器或燃气喷射阀，并增加一套燃料供应系统。但总管喷射也存在诸多缺点，首先是总管存在爆炸危险，进气总管内由于始终存在可燃混合气，一旦出现火源，即可能发生燃烧甚至爆炸，因此此类发动机进气总管上一般安装防爆阀；其次是爆燃问题，由于采用预混燃烧，可燃混合气参与缸内压缩过程，因此必须对燃料的抗爆燃性提出要求，对于“混烧式”发动机，为避免爆燃，气体或低闪点燃料的比例不能过高，目前一般在70%以下；再次是空燃比控制不够精确，由于采用单点喷射方式，只能对整机的空燃比进行调节，不能实现单缸精确控制；此外，气阀重叠期间部分可燃混合气不可避免地会随气流直接经由排气阀排出缸外，从而造成能源浪费以及HC排放增加。

支管喷射通常在每一空气进气支管的根部安装一个燃气喷射阀，或在每一气缸盖的进气道上安装燃气喷嘴。燃气喷射阀依照电控单元指令定时定量向相应气缸的进气支管/进气道喷射天然气或其他气态/低闪点燃料，并与空气混合后进入气缸。由于各缸使用单独的燃气喷射装置，故可称为“多点喷射”发动机。支管喷射的主要优点是空燃比可实现单缸控制。由于采用多点喷射技术，可独立调节各缸的气体或低闪点燃料供应量，从而实现单缸空燃比控制，有利于提高发动机热效率，降低排放。同时，发生单缸爆燃时可不必停机，只需逐步减少发生爆燃的气缸内的燃气供应量，直至爆燃消失，再逐步恢复该缸燃气供应量至正常水平。此外，发动机可依据各缸配气定时，使燃气喷射阀的开启时刻避开气阀重叠角，从而避免燃气在气阀重叠开启期间随空气直接被扫出，从而节约燃料。但支管进气发动机仍存在爆燃问题，并且需在进气支管根部安装多套燃气喷射阀，或对缸头进行加工以安装燃气喷射阀，成本相对较高。

(2)缸内喷射

缸内喷射是指气体或低闪点燃料在活塞上行的过程中通过喷射阀直接喷入气缸，可分为低压缸内直喷和高压缸内直喷两种形式。

低压缸内直喷一般在压缩行程初期将气体或低闪点燃料以较低的压力喷入气缸，随后形成可燃混合气，压缩至终点后通过火花塞或引燃油点燃的方式发火，遵循的是奥托循环工作原理。

高压缸内直喷一般先将气体或低闪点燃料压缩至规定压力(通常在 20 MPa 以上),气体喷射阀在压缩终点附近直接将气体或低闪点燃料喷入气缸内的热空气中,通过较高能量的电火花点燃或狄塞尔引燃混合气,遵循的是狄塞尔循环工作原理。高压缸内直喷的主要优点是没有爆燃问题,由于燃气不参与压缩过程,因此对其没有抗爆性能的要求,发动机对燃气的适应性好。由于不存在爆燃问题,高压缸内直喷气体或低闪点燃料发动机可采用与柴油机相当的压缩比,因而具有较好的动力性与经济性。高压缸内直喷发动机的主要缺点在于高压燃气喷射系统复杂、成本高昂。由于要在压缩终点附近将天然气喷入,因而需要采用高压泵,同时由于气体压力很高,对管路的材料、强度、密封性能等均有很高要求,造成成本增加。此外,在气缸盖上同时布置喷油器和气体燃料喷射器十分困难。

4.根据点火方式划分

LNG、LPG、甲醇、氢、氨均为气体或低闪点燃料,着火温度较高,难以实现压缩发火,一般采用电火花点燃或柴油引燃,两种方式均适用于缸外喷射或缸内喷射发动机,也适用于低压缸内直喷或高压缸内直喷发动机。但电火花通常点火能量有限,一般仅适用于中小型发动机。

纯气体燃料发动机由电火花点火系统点燃,在将柴油机改装为纯气体燃料发动机时,需要增加电火花点火系统,同时降低压缩比,避免气体在压缩过程中产生爆燃现象。

柴油引燃是指气体或低闪点燃料与空气混合形成可燃混合气,然后依靠喷入气缸的少量柴油自燃放出的热量点燃。柴油引燃的缸内直喷发动机具有诸多优点:

(1)引燃油所释放的能量大大高于火花引燃的能量,有利于保证气体燃料的稳定着火和燃烧;

(2)引燃油可形成多个着火点,加快气体燃料的火焰传播速度;

(3)柴油机结构改动少,各部件与原机型之间具有良好的互换性,从而降低了制造和配套成本,使用和维修比较方便;

(4)可双燃料运行,也可在燃油模式下运行;

(5)高压缸内直喷发动机还保持了柴油机的高压缩比,热效率高,燃料经济性好。

二、LNG 发动机

LNG 发动机技术已经相对成熟,目前商用的 LNG 发动机主要有三种类型:电火花点火的纯 LNG 发动机;基于奥托循环的低压双燃料发动机(含四冲程和二冲程);基于狄塞尔循环的高压双燃料发动机(以二冲程为主)。

1.纯 LNG 四冲程发动机

电火花点火的纯 LNG 发动机以纯天然气为燃料,多用于四冲程发动机。此方式是基于汽油发动机原理设计的,由于汽油机本身就使用挥发性较强的汽油作为燃料,与天然气作为燃料的燃烧模式相类似,其过程是:天然气经过燃气阀单元喷入进气道,与进机空气一同被吸入气缸并进行预混合,天然气和空气的混合气在压缩过程中被压缩,当活塞接近上止点时,被压缩的混合气由火花塞点燃,在动力冲程膨胀做功,如图 4-13 所示。这类发动机一般只采用天然气作为单一燃料,进气压力很低,一般小于 0.5 MPa。

Wärtsilä 公司于 1990 年代就推出了 SG 系列纯气体燃料发动机(Spark-ignited Gas engine),相比于传统的双燃料发动机,SG 系列发动机采用火花塞点火,省去了引燃油供给系

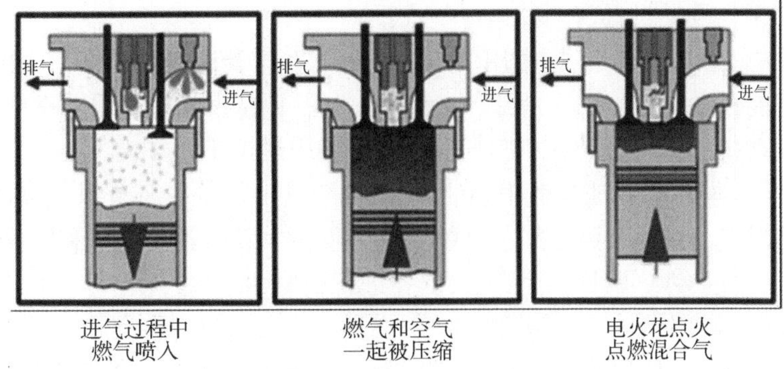

图 4-13　电火花点火的纯 LNG 发动机原理图

统，从而获得了更低的投资成本、运行成本和温室气体排放。为满足海工船、渡船、商船发电机组等市场需求，其最新推出的代表机型之一为 Wärtsilä 31SG 系列，缸径 310 mm，冲程 430 mm，平均有效压力达 2.7 MPa，可配置 8～16 缸呈 V 形布置，额定转速 720 r/min 或 750 r/min，输出功率范围为 4.2～ 8.8 MW。

Bergen Engines 公司于 1991 年制造出了第一台稀薄燃烧气体燃料发动机，其 Bergen B35：40 纯气体燃料发动机于 2003 年发布并取得巨大成功。目前，在船用领域，Bergen 纯气体燃料发动机的主要型号为 B36：45V、B36：45L、C26：33L 等，功率范围涵盖 1 460～9 600 kW，可用于船舶推进或发电机组，无须安装 SCR 装置即可满足 IMO NO_x Tier Ⅲ排放标准。

2. 低压双燃料四冲程发动机

低压双燃料四冲程发动机一般是由常规的四冲程柴油机改装而成的，只是在进气阀腔处增设了燃气喷射设备，如图 4-14 所示。低压双燃料四冲程发动机通常有燃油和燃气两种工作模式。在燃油模式下，其工作原理与常规柴油机相似。在燃气模式下，燃气和空气的混合方式与纯气体燃料发动机相似。在进气行程中，燃气经喷射阀喷入进气道并随增压空气一起被吸入气缸，因为采用的是天然气预混合方式，天然气的进机压力较低，一般在 0.5 MPa 以下。随后，燃气和空气形成可燃混合气并在压缩行程中被压缩。当活塞到达压缩终点时，通过引燃系统向缸内喷入少量引燃油。引燃油数量很少，一般约为标定负荷喷油量的 1%。这些引燃油雾化着火后，点燃缸内天然气和空气的混合气，使其燃烧并在膨胀行程中输出动力。

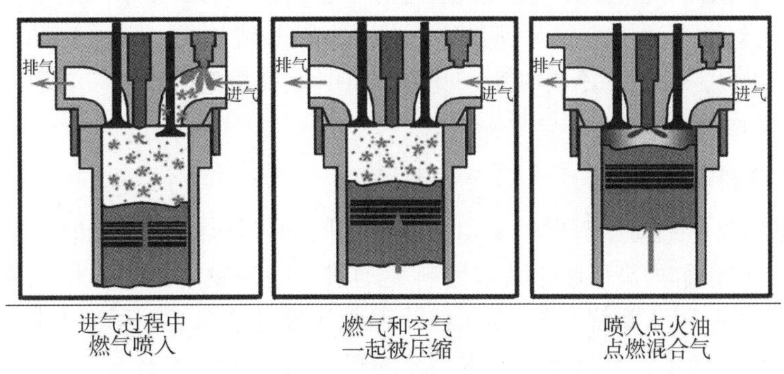

图 4-14　低压双燃料四冲程发动机的工作过程（燃气模式）

这里以 Wärtsilä DF 系列发动机（Dual Fuel Engine）说明低压双燃料四冲程发动机的特点。Wärtsilä DF 系列的发展历史也可追溯到 1990 年代，世界首艘安装 Wärtsilä DF 发动机的 LNG 运输船于 2006 年投入运行。

Wärtsilä DF 系列发动机具有三种运行模式：

（1）燃气模式。燃用天然气，同时用引燃油点火。在报警或接到外部指令的情况下，在任何负荷工况下都能自动瞬时（≤1 s）切换成燃油模式，并保持发动机输出功率和转速稳定。在该模式下起动发动机，需要进行 GVU 燃气漏泄自检和引燃油工作自检。

（2）燃油模式。燃用燃料油或船用柴油，引燃油继续工作。在 80%以下负荷工况下，在接到外部指令的情况下，自动切换成燃气模式运行，并保持发动机输出功率和转速稳定。在该模式下起动发动机，跳过 GVU 燃气漏泄自检，但要进行引燃油工作自检。

（3）后备模式。燃用燃料油或船用柴油，引燃油不工作。进入该模式运行 30 min 后，如要再次进入燃气模式运行，则必须停机后重新起动运行发动机。在后备模式下起动发动机，跳过所有自检，只用于失电起动。

相应的，Wärtsilä DF 系列发动机安全保护功能包含五个层级：①报警；②切换到燃油模式（Gas trip）；③切换到后备模式（Pilot trip）；④发动机安保停车；⑤发动机机舱关闭。

Wärtsilä DF 系列发动机相较于传统柴油机，结构和系统上做出的主要改变在于燃料喷射系统，如图 4-15 所示，共包括主燃油、引燃油、燃料气三路燃料喷射系统。

3. 低压双燃料二冲程发动机

为了满足航运业绿色低碳发展对高效、低排放大功率推进发动机的需求，Win GD 和 MAN Energy Solutions 均开展了双燃料二冲程发动机的研发和生产工作。低压双燃料二冲程发动机的工作原理如图 4-16 所示。该机型燃气喷射阀位于扫气口上方的“冲程中部”位置，在活塞上行关闭扫气口后向气缸中喷入燃气，燃气压力小于 1.6 MPa，燃气和空气一起被压缩，在压缩终点附近向气缸内喷入少量的引燃油，点燃混合气。在燃气模式下，低压双燃料二冲程发动机同样基于稀薄燃烧原理，稀薄的空气-燃气混合气可避免预燃、爆震和过于快速的燃烧；在高负荷工况下，不发火极限接近爆震极限，可用的工作窗口较为狭窄。然而，通过控制单个气缸的燃烧过程，在所有工况条件下均可获得最优的工作窗口和性能。

低压双燃料二冲程发动机的代表机型是 Win GD X-DF 系列和 MAN ME-GA 系列，这里以 Win GD X82DF 为例简要说明低压双燃料二冲程发动机的特点，尤其是与燃料气相关的部件和辅助系统。低压双燃料二冲程发动机同样包括三路燃料喷射系统：主燃油喷射系统；引燃油喷射系统；燃料气喷射系统。X-DF 发动机配备有一套与 Win GD X 系列发动机相同的共轨式主燃油喷射系统，包括燃油供给单元、伺服油供给单元、共轨单元、喷射控制单元（每缸一个）、喷油器（每缸 2~3 个）等，在此不再赘述。此外，X-DF 发动机还配备有一套引燃油与气体燃料喷射系统，如图 4-17 所示。

4. 高压双燃料发动机

采用高压燃气喷射的高压双燃料发动机可在不同的气体燃料和燃油比例下运行，或仅在燃油模式下运行，属于缸内高压喷射式双燃料发动机。这种发动机的工作原理和普通柴油机一样，在吸气冲程中只吸入新鲜空气，在压缩冲程中压缩纯空气，这样可以使发动机具有较高的压缩比和较高的热效率。气体燃料由专用压缩机压缩至 20~35 MPa 以上的高压，当活塞到达压缩终点时，将高压气体燃料由燃气喷射阀喷入气缸，引燃油也同时喷入气缸，通过引燃油的压缩发火点燃天然气，使其燃烧膨胀。这种方式既适用于四冲程发动机，如图 4-18 所示，典型机型如 Wärtsilä 早期开发的 GD 系列发动机（Gas Diesel Engine）；该方式也适用于大型低速二冲程双燃料发动机，如图 4-19 所示。

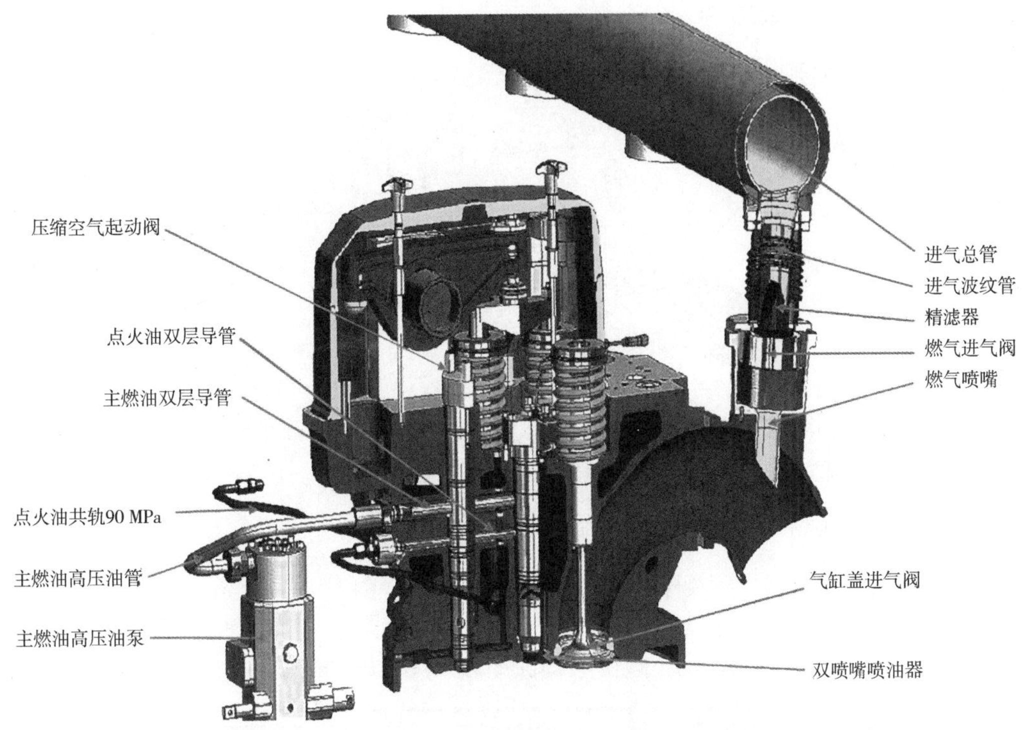

图 4-15　Wärtsilä DF 系列发动机燃料喷射系统

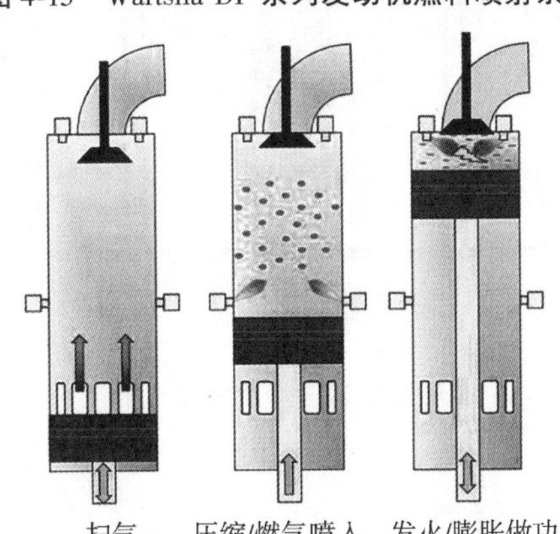

图 4-16　低压双燃料二冲程发动机的工作过程

高压双燃料发动机的典型机型是 MAN ME-GI 系列双燃料低速二冲程发动机。其主要基于低速柴油机大功率高效率的特性,采用双燃料方式,达到节能减排的目的,以适应日渐严苛的排放要求。

5.气体燃料系统

气体燃料系统由外部的气体燃料供给系统(Fuel Gas Supply System, FGSS)、气体燃料压力控制单元和发动机内部的气体燃料喷射系统三部分组成。根据机型和具体船舶的配置,气体燃料系统存在一定的差异,但主要原理、组成、操作和安全考量等方面是相同的。这里对外部的两个系统进行简要说明。

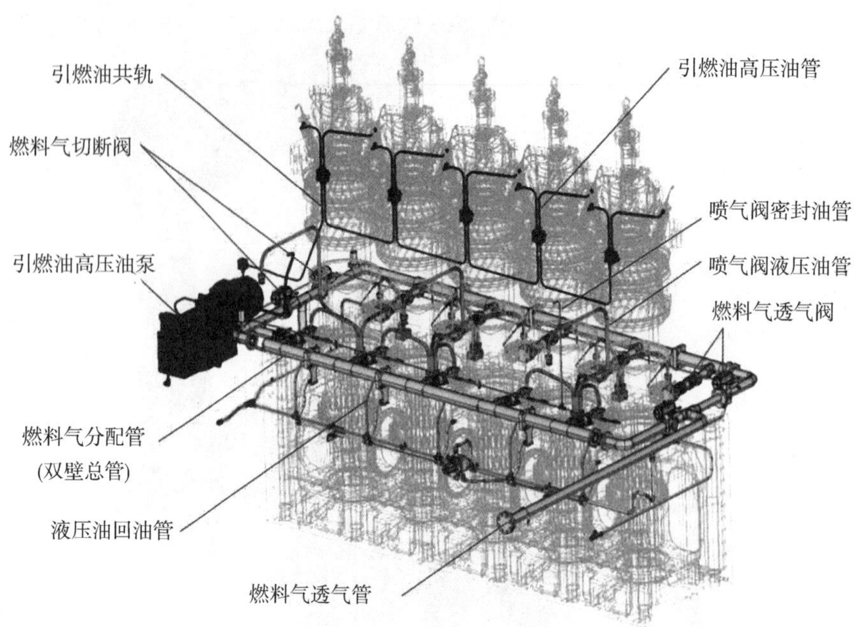

图 4-17　X-DF 发动机气体燃料与引燃油系统

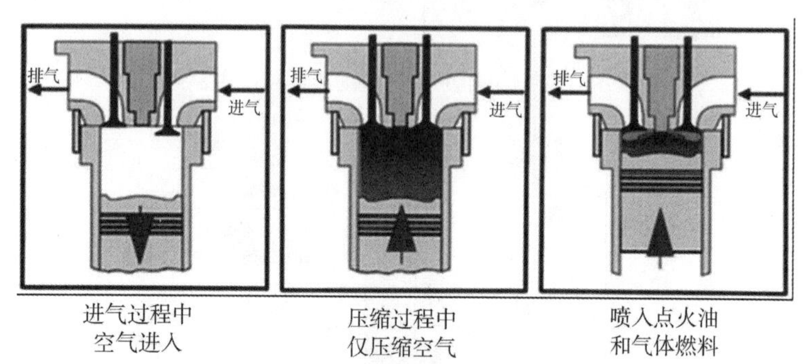

图 4-18　高压双燃料四冲程发动机的工作过程

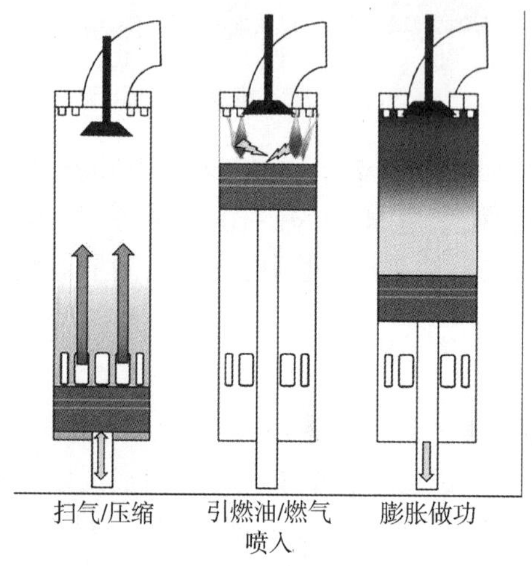

图4-19　高压双燃料二冲程发动机的工作过程

(1)气体燃料供给系统(FGSS)

气体燃料供给系统主要依据供气压力来进行分类。根据发动机的供气压力,气体燃料供给系统可分为低压 LNG 燃料供给系统和高压 LNG 燃料供给系统。

船舶使用的天然气通常在大气压力下或加压条件下液化为 LNG 储存,气体燃料供给系统是 LNG 储存舱至机舱之间输送气体燃料的管路系统,如图 4-20 所示。其作用是确保为发动机提供合适温度和压力的气体燃料,具体设计和组成具有多种形式。气体燃料供给系统设计当中的重要考量是处理过量的货物蒸发气(Boil-off Gas, BoG),包括考虑再液化装置的设置。向主机、副机和锅炉供应气体燃料主要包括两种方法:强制货物蒸发气(Forced BoG, FBoG)供应;自然货物蒸发气(Natural BoG, NBoG)供应。储罐内布置的潜液泵将 LNG 泵送至一个蒸发器,液体蒸发为气体并达到主机要求的压力(X-DF 发动机该压力最高为 1.6 MPa),这种通过外部热源强制蒸发的货物蒸发气称为 FBoG。FBoG 通过减压阀后可适配到副机和锅炉要求的压力。环境中的热量穿过 LNG 储罐隔热层导致其蒸发并聚集在储罐上部的货物蒸发气称为 NBoG。根据 LNG 储罐是否加压,以及 NBoG 供应给主机或仅供应给副机和锅炉等,气体燃料供给系统有不同的设计。

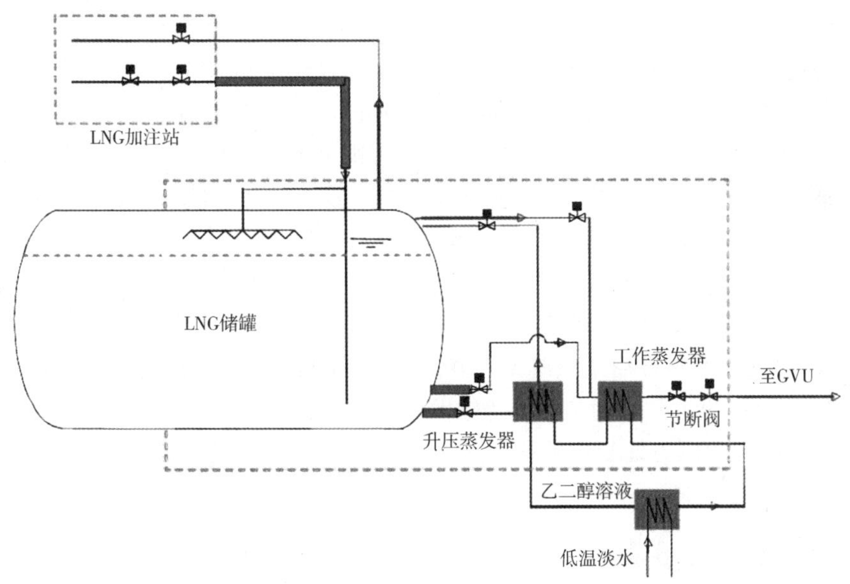

图 4-20　气体燃料供给系统

需要注意的是,气体燃料供给系统管路穿过围蔽处所时,应采用双壁管或布置于围蔽的通风通道中,且应布置气体燃料漏泄检测。在气体燃料压力控制单元之前,气体燃料供给系统管路上布置有气体燃料切断阀。该阀用于切断通往机舱的气体燃料供应,在发动机运行于燃气模式下打开。该阀由发动机安全系统(ESS)控制,可在机舱、集控室或驾驶台关闭。在探测到故障或应船级社规范要求,该阀应能自动关闭。在该阀之前,还应设置一个手动切断阀;或作为替代方案,可设计为具有手动越控功能。

(2)气体燃料压力控制单元

为了保证 LNG 汽化后的温度、压力等参数恒定不变,LNG 汽化系统必须能够根据发动机的负荷变化,及时改变汽化量,以适应燃料供给量的变化。也就是说,当发动机的负荷发生变化时,来自储罐的液相 LNG 进入汽化系统的量会发生相应变化,汽化系统就需要识别出这种变化，然后增大或减小加热介质的流量或温度，相应的提高或降低汽化器的汽化能力，从而确保汽化器出口的燃气状态参数不变。气体燃料压力控制单元主要有 Wärtsilä 开发的在发动机外部设置的气体燃料阀单元(Gas Valve Unit, GVU)，Win GD 也自主开发了发动机内部集成的气体燃料压力调节单元(Integrated Gas Pressure Regulation, IGPR)，业内相关企业也开发了诸多类似的产品。这里对 GVU 做简要说明。

GVU 的主要功能包括：气体燃料供给系统和发动机之间的安全屏障；根据发动机负荷调节气体燃料压力，压力信号由 ECS 产生；漏泄测试程序，在切换为燃气运行之前进行自检；通风和惰气(如氮气)吹扫；气体燃料温度监测，气体燃料供给系统供应的气体燃料温度在 GVU 进口处监测，如超出运行条件，则触发 Gas trip 动作(切换到燃油模式)。Win GD X-DF 发动机沿用了 Wärtsilä GVU 单元，它有封闭型(GVU-ED)和开敞型(GVU-OD)两种版本。GVU-ED 是围蔽型设计，采用双壁管且置于气密的、连续通风的壳体内；GVU-OD 是开敞型设计，同样采用双壁管，但需要在机舱外设置一个通风的空间(GVU 室)。

GVU-OD 系统布置如图 4-21 所示，GVU 室布置的阀件和检测仪表与 GVU-ED 类似，这里简要说明其功能和原理。手动截止阀 V01 可以切断燃气的供应，滤器 B01 的作用是保持燃气清洁，防止杂质进入发动机。滤器的脏污通过滤器前后的压力传感器经压差控制器显示，当滤器前后的压差达到警戒值时会发出报警。进气管路上的截止阀 V03、V05 与透气阀 V04 形成双重锁闭与泄放结构(Double Block and Bleed Configuration)，双重锁闭与泄放结构可以根据主机需求有效地控制燃气的流通和截止。IMO《IGF 规则》当中要求，对于气体或低闪点燃料消耗设备，应提供一套阀件(两个切断阀和一个透气阀)形成互锁功能，以确保燃气的安全可靠操作。若主机运行于燃气模式，双重锁闭与泄放结构可以保证燃气正常平顺地进入主机。当主机运行于燃油模式时，切断阀 V03 和 V05 处于截止状态，使燃气管路保持锁闭状态，并通过透气阀 V04 排出两排气阀间管内的燃气，确保运行安全。而在紧急情况下，还需要开启阀 V02 加强系统排气效果，并通过开启惰气阀 V07 在 GVU 单元与主机之间充注惰气，保证运行安全。燃气压力控制阀 V06 的主要作用是根据船舶发动机的负荷调整进气压力，保证船舶在正常航行时燃气系统管路内的压力处于正常状态。

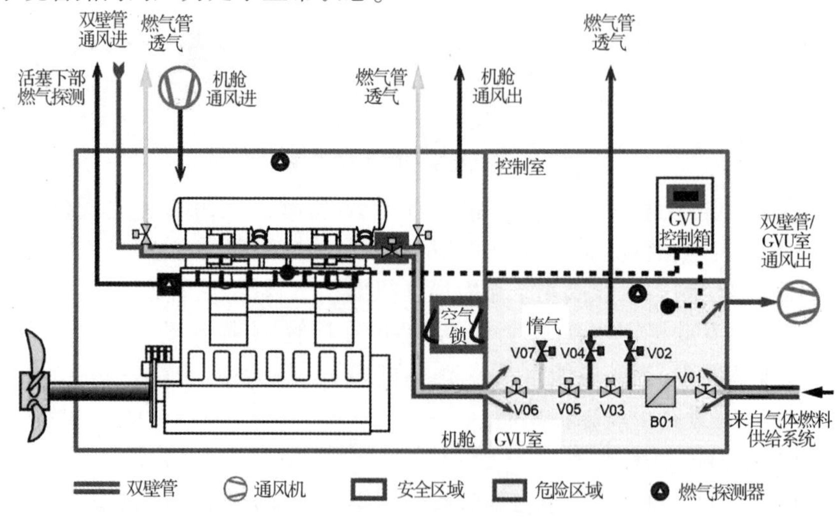

图 4-21　GVU-OD 系统布置图

V01—手动截止阀；B01—滤器；V02/V03/V04/V05—截止阀；V06—燃气压力控制阀；V07—惰气阀

三、甲醇发动机

船用发动机生产商 MAN Energy Solutions、Win GD、Wärtsilä、Rolls Royce MTU、Caterpillar 等均开展了甲醇发动机的研发或生产。MAN B&W ME-LGIM 是世界第一台二冲程甲醇双燃料发动机，于 2016 年装船运行，目前已成为甲醇发动机的典型代表。

本节主要以 MAN ME-LGIM 发动机为例说明甲醇发动机的工作原理和结构特点。ME-LGIM 发动机基于 MAN ME-LGI 平台，采用模块化附加系统的理念设计开发。ME-LGIM 发动机结构及系统上的主要变化在于增加了甲醇喷射与控制模块以及甲醇燃料供给系统，本节主要针对这两块内容进行说明。

1. 甲醇喷射与控制模块

如图 4-22 所示为 ME-LGIM 发动机的气缸盖，其上额外布置了两个甲醇加压喷射阀（Fuel Booster Injection Valves for Methanol，FBIV-M）；气缸盖侧面增设了燃气控制模块，包含了电控液体燃料喷射阀（Electronic Fuel Injection Valve-liquid，ELFI-L）、电控窗口阀（Electronic Window Valve，ELWI）和蓄压器。电控窗口阀控制甲醇燃料加压，电近代液体燃料喷射阀控制甲醇燃料喷射定时和持续时间。

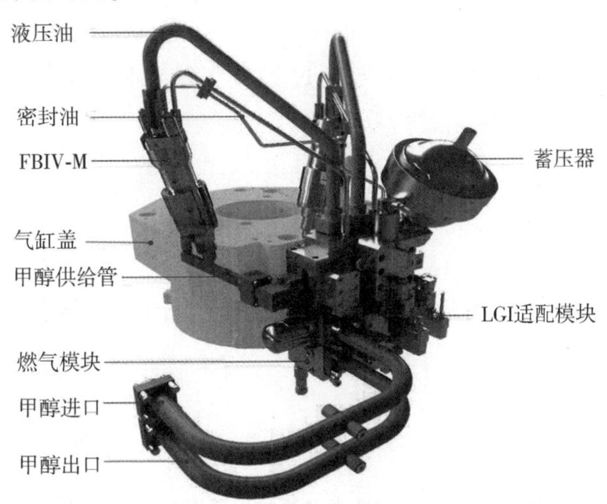

图 4-22　MAN ME-LGIM 发动机气缸盖（甲醇相关的部件）

甲醇加压喷射阀 FBIV-M 的结构和工作原理如图 4-23 所示。

甲醇供给系统确保供应到发动机燃气模块的甲醇压力约为 1.3 MPa，温度为 25～55 ℃，过滤精度达到 10 μm。液态甲醇经吸入阀（止回阀）进入 FBIV-M 的柱塞腔室，顶部进入的高压液压油（30 MPa）向下移动柱塞将甲醇加压到 60 MPa，即喷射压力。在 FBIV-M 内，液压油可能会混入甲醇，同样通过引入密封油可降低这种风险。用过的密封油循环回安装在发动机上的一个独立的密封油柜，并通过安全的方式处理潜在的甲醇污染。

2. 甲醇燃料供给系统

除了常规的燃油供给系统，作为双燃料发动机，ME-LGIM 发动机额外还有一套甲醇燃料供给系统，如图 4-24 所示。依据发动机负荷，通过调节温度，可使发动机获得恒压力、变流量的甲醇供应。此外，图中额外增加了一套水喷射单元，从而使得该系统适用于 ME-LGIMW 发

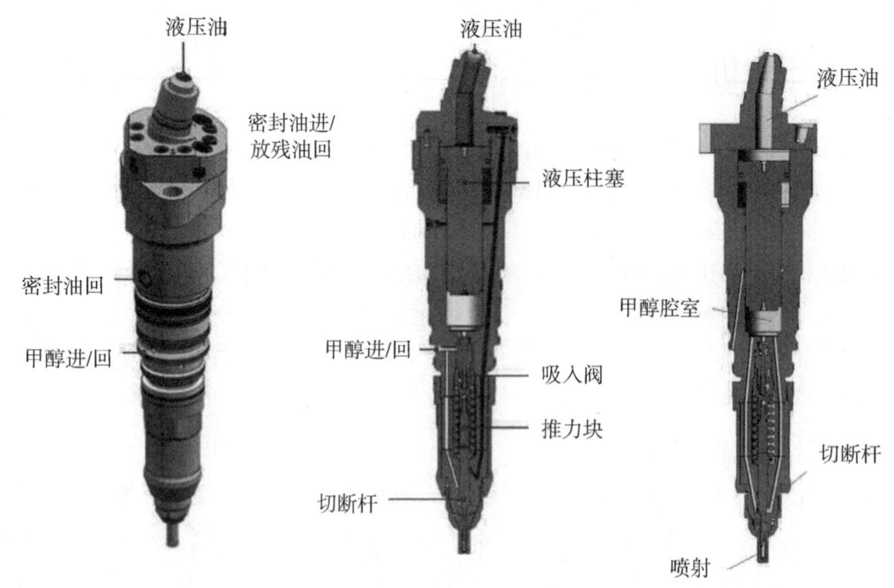

图 4-23　甲醇加压喷射阀 FBIV-M 结构和工作原理

动机。水喷射单元是用于向甲醇燃料中混入一定量的水，可以有效降低气缸内的燃烧温度和 NO_x 生成，从而满足 IMO Tier Ⅲ排放标准，而无须配备 SCR 或 EGR 装置。水喷射单元由技术水舱、泵、滤器、流量计、压力传感器等组成，通过 FVT 实现与水的混合，并通过 ECS 进行控制。

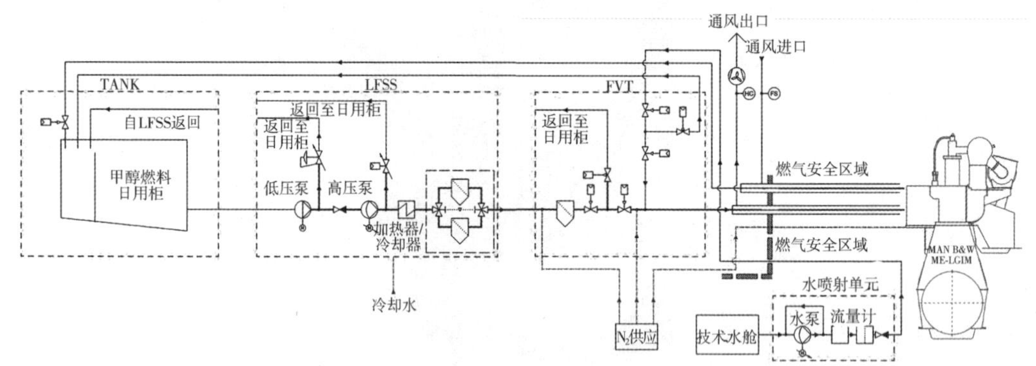

图 4-24　ME-LGIM 发动机的甲醇燃料供给系统

（1）甲醇燃料日用柜

甲醇燃料通常大气压力下储存，其日用柜被分为两个隔间：放残/吹扫隔间和供给隔间，通过溢流舱壁相连。

（2）低闪点燃料供给系统（LFSS）

LFSS 确保燃料供应的温度、压力和流量。甲醇 LFSS 系统设计同传统燃油供给系统，液态甲醇燃料自日用柜中抽出，分别经低压泵和高压泵加压，最终从高压泵中输出约 10 MPa 压力的甲醇，输出压力必须确保甲醇保持液态，从而避免在 FBIV 喷射之前由于温度的影响而出现穴蚀。为了确保适当的输送温度，系统回路中布置了一个加热器/冷却器，并与机舱低温冷却系统相连。

（3）燃料阀箱（FVT）

FVT 是 ME-LGIM 发动机与外部辅助系统的接口界面，通过布置为双重锁闭与泄放结构形式的主燃料阀将 LFSS 与发动机相连。为了吹扫,FVT 还连接到一个氮气系统,并通过双重锁闭与泄放结构进行隔离。此外,水喷射单元也连接到 FVT。

(4)吹扫返回系统

甲醇是低闪点燃料,因此在多个工作场景下需要对发动机和燃料管系进行清空和惰化。对于 ME-LGIM,发动机上燃料管系的布置应使得液体燃料能被吹扫回燃料日用柜。甲醇燃料返回日用柜后,双层壁管系应进行全面的吹扫和惰化。

彻底停用甲醇燃料后,所有管系内的甲醇应清空,LFSS 和通风系统关停。此外,整个 ME-LGIM 燃料系统,包括 FVT,起动之前应使用氮气进行压力测试。双燃料运行结束后,燃料管系内的甲醇燃料应使用加压的氮气吹扫干净。

第五章 碳捕集

第一节 碳捕集、利用与封存

一、碳捕集、利用与封存的基本概念

碳捕集、利用与封存(Carbon Capture, Utilization and Storage, CCUS)是指将二氧化碳从排放源中分离后捕集、直接加以利用或封存,以避免其直接进入地球大气,从而实现二氧化碳减排的过程。CCUS是近年来随着碳中和概念提出而逐渐兴起的技术和产业,是化石能源大规模低碳利用和实现近零排放的主要途径,是应对全球气候变化过程中最具应用前景的碳吸收或负碳技术之一。早期,业界主要采用碳捕集与封存(Carbon Capture and Storage, CCS)的概念,但随着二氧化碳的工业应用越来越广泛,可以实现循环再利用而不是简单地封存,实现二氧化碳资源化,进而能产生经济效益,因此现在已普遍发展为CCUS。CCUS的整个过程可分为二氧化碳捕集、二氧化碳运输、二氧化碳利用以及二氧化碳封存等四个环节,实际的应用可能表现为CCS或CCU。CCUS技术流程和分类示意如图5-1所示。当前,全球范围内的CCUS项目超过400个,其中40万t以上的大规模综合性项目超过40个,主要分布在北美洲、欧洲、澳大利亚和中国。

1.二氧化碳捕集

碳捕集是指将二氧化碳从能源利用、工业过程或地球大气中分离出来的过程。根据二氧化碳的来源,碳捕集方式主要包括三大类,即能源利用碳捕集、工业过程碳捕集以及直接空气碳捕集,而能源利用碳捕集又可进一步细分为燃烧前碳捕集、富氧燃烧和燃烧后碳捕集,如图5-2所示。适合开展碳捕集的主要是高浓度排放源,包括发电厂、钢铁厂、水泥厂、冶炼厂、化肥厂、合成燃料厂以及基于化石原料的制氢工厂等,其中化石燃料发电厂是二氧化碳捕集最主要的排放源。

(1)能源利用碳捕集

①燃烧前碳捕集:是指经过煤炭、生物质气化或天然气直接重整等方式,在燃烧前将初级能源燃料转变为H_2和CO_2,然后将H_2送入电力或热力过程进行燃烧,将CO_2分离、液化和储

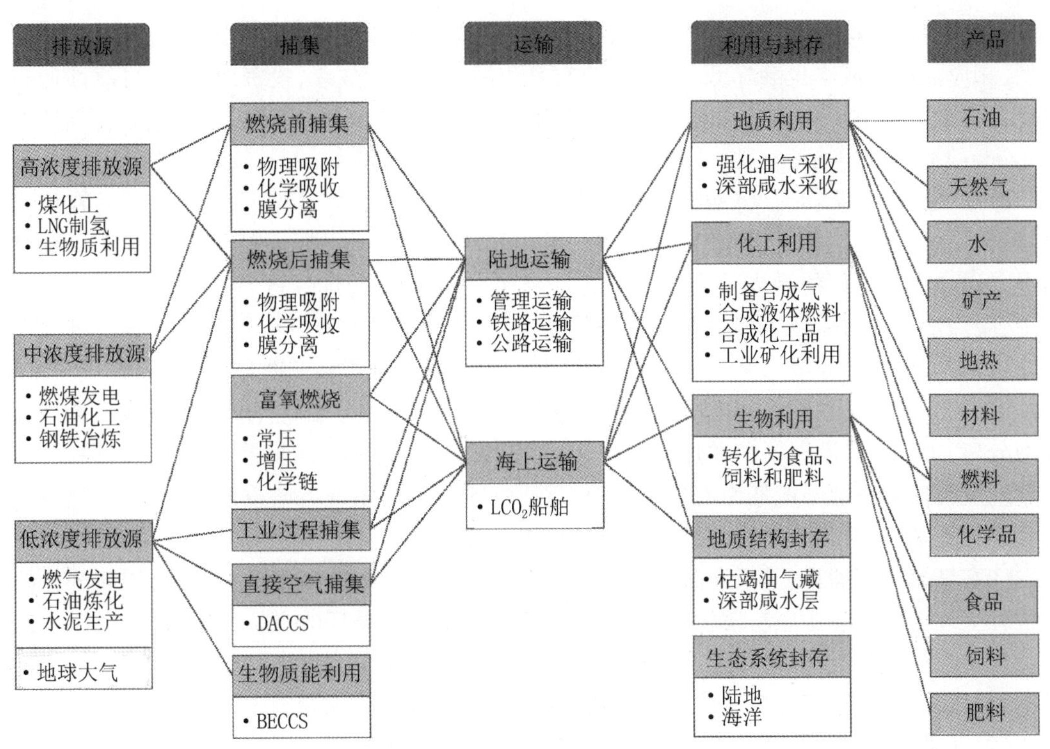

图 5-1　CCUS 技术流程和分类示意

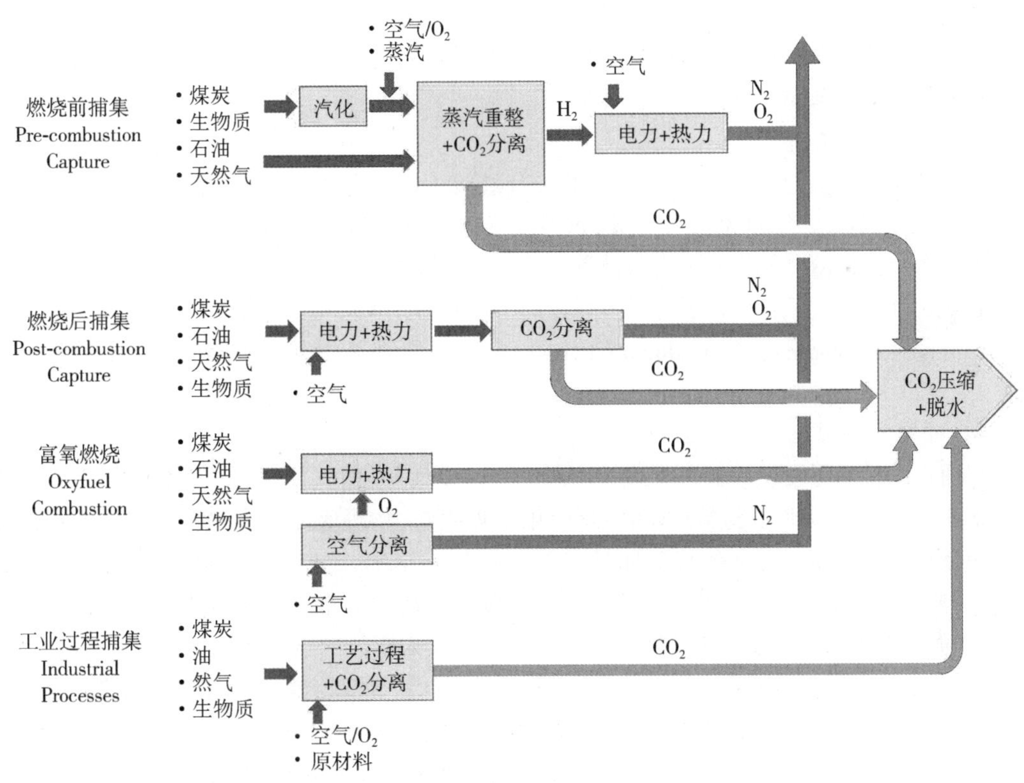

图 5-2　碳捕集过程

存,因此也就不对地球大气形成二氧化碳排放。燃烧前碳捕集系统小,CO_2浓度较高,分离难度低,相应能耗和成本也会降低,有较高的效率和污染物控制效果,投资成本高、可靠性低是难以大规模推广的主要障碍。目前该技术主要用于以煤气化为核心的集成煤气化联合循环电站(Integrated Gasification Combined Cycle, IGCC)。

②燃烧后碳捕集:是指将初级能源燃料直接送入电力或热力过程进行燃烧,然后在烟气中分离 CO_2。其系统主要由烟气预处理系统、吸收和再生系统、压缩干燥系统、制冷液化系统等组成。以火力发电厂的燃烧后碳捕集系统为例,首先对排放的烟气进行脱硝、除尘、脱硫等预处理,脱除烟气中对后续工艺过程有害的物质,然后复合溶液与烟气中的 CO_2在吸收塔内发生反应,将 CO_2与烟气分离。其后在一定条件下,在再生塔内将生成物分解,从而释放出 CO_2。CO_2再经过压缩、净化、液化处理,得到高纯度的液体 CO_2产品。燃烧后碳捕集直接从燃烧后烟气中分离 CO_2,虽然投资较少,但烟气中 CO_2分压较低,使得 CO_2捕集能耗和成本较高。但由于燃烧后碳捕集系统不改变原有燃烧布置,仅需在现有燃烧系统后增设二氧化碳捕集装置,对原有系统变动较少,是当前应用较为广泛且成熟的技术。

③富氧燃烧碳捕集:是指通过制氧技术将空气中大比例的氮气脱除,直接采用高浓度的氧气代替空气与初级能源燃料发生燃烧反应,同时辅以废气再循环的燃烧技术,这样可以得到高二氧化碳浓度的烟气,只需简单冷凝便可实现二氧化碳的完全分离,因此二氧化碳捕集能耗和成本相对较低。但空气分离制取纯氧过程的投资和能耗高,同样制约了该技术的推广。

(2)工业过程碳捕集

除了能源利用过程中的碳捕集,高炉炼铁过程中会产生包含二氧化碳成分的高炉煤气、煤或天然气制氢过程中产生大量的二氧化碳尾气、水泥生产过程中原料分解产生二氧化碳排放等诸多工业过程,都存在高能耗和高二氧化碳排放,针对工艺过程产生的二氧化碳进行捕集,也是碳捕集的重要领域之一。

(3)直接空气碳捕集

能源利用和工业过程中的碳吸收技术可有效减少向地球大气中排放二氧化碳,但地球大气中的二氧化碳浓度为0.03%~0.04%,直接空气捕集(Direct Air Capture, DAC)也是一种关键的负碳技术。而 DAC 与 CCS 的组合被称为直接空气碳捕集与封存(Direct Air Carbon Capture and Storage, DACCS),目前全球范围内开发的 DACCS 项目也多达数十个,瑞士 Climeworks、加拿大 Carbon Engineering、美国 Global Thermostat 等公司都是该领域全球领先的技术方案提供方。

(4)捕集和分离技术

碳捕集的核心是要实现将二氧化碳从烟气、合成气、天然气、空气等气流中分离出来。二氧化碳捕集和分离技术如表 5-1 所示,包括化学吸收法、物理吸附法等,而新兴的膜分离技术因在能耗和设备紧凑性方面的优势而具有较大的发展潜力。总体上,化学吸收法技术成熟,捕集率高,易获得高纯度二氧化碳产品气,是应用最为广泛的二氧化碳捕集技术,已成功应用于化肥、水泥以及发电等行业,但涉及工艺复杂。目前较为成熟的化学吸收法工艺多基于乙醇胺类水溶液,如乙醇胺(MEA)法、二乙醇胺(DEA)法、N-甲基二乙醇胺(MDEA)法等,近几年新发展的化学吸收法包括离子液体、相变溶液、酶吸收法以及高温熔盐碳捕集法等。物理吸附法处理大气量时具有设备占地面积大等缺点,其中溶剂吸收法和变压吸附法已实现工业化应用,也应用于中国 CCUS 示范项目中。膜分离法难以同时达到高捕集率和高纯度,但具有工艺简单等优点。对于不同捕集情景下具体工艺的选择,还需要考虑技术、经济和环保等多种因素的影响。

表 5-1　二氧化碳捕集和分离技术

类型	方法	原理	技术	优势	不足
物理吸附法	溶剂吸收法	基于亨利定律，二氧化碳在吸收剂中的溶解度会随压力或温度改变	Fluor 法、Rectisol 法、Selexol 法等	选择性强，吸收量大，操作简单	吸收或再生能耗和成本高
	固体吸附法	利用沸石、分子筛等固体吸附剂对二氧化碳进行选择性吸附，改变温度、压力实现二氧化碳释放	变温吸附法、变压吸附法、真空吸附法	工艺流程简单，能耗低，成本可控	吸附剂容量有限，选择性低
	膜分离法	利用膜材料对不同气体渗透速率的差异	无机膜、有机聚合物膜、混合基质膜	工艺简单，能耗低，投资小	二氧化碳纯度较低，膜材料耐久性差
	低温蒸馏法	经压缩和冷却，将二氧化碳液化或固化，以蒸馏方式分离二氧化碳	加压和制冷	简单易行，避免了物理或化学吸收剂的使用	效率较低，成本较高
化学吸收法	溶剂吸收法	二氧化碳与吸收剂发生化学反应形成不稳定的盐类，经加热重新释放二氧化碳	氨水溶液吸收法、热钾碱法、有机胺吸收法、锂盐吸收法	工艺成熟，选择性好，吸收效率高	吸收剂再生热耗较高，吸收剂损失较大，操作成本高，设备投资大
	吸附法	以固体材料的化学反应来分离和回收烟气中二氧化碳组分	金属氧化物吸附剂、氨基吸附剂、金属-有机骨架材料（MOFs）	工艺流程简单，吸附性好，去除效率较高	性能受吸附-释放次数、温度等因素影响较大
	膜吸收法	膜接触器与化学吸收相结合实现对二氧化碳的选择性分离	中空纤维膜接触器以及普通化学吸收过程采用的吸收液	装置简单，选择性较高	膜材料耐久性较差
	电化学法	采用电化学系统将二氧化碳捕集并进行分离	熔融盐电化学系统	电化学技术成熟，分离费用较低	熔融盐高温腐蚀性较强，电极材料选择不易
	水合物法	水和二氧化碳在一定温度和压力条件下形成二氧化碳水合物		工艺流程相对简单，能耗低，分离效果好，理论上无原料损耗	水合物容易腐蚀装置，对设备材料要求高

（5）生物质固碳

此外，除了通过工业技术实现碳捕集，生物质在生长过程中具有固碳作用，即便在生物质燃料燃烧过程中又重新变为二氧化碳释放，但这可以理解为并没有因为人类活动而额外向地球大气中排放二氧化碳。因此，生物质燃料被认为是一种碳中性燃料（Carbon-neutral Fuel），但这也取决于生物质原料采集、运输、燃料生产和配送过程中完全采用可再生能源，即应从全生命周期角度予以考量。将生物质能开发利用和二氧化碳捕集与封存相结合,生物质能结合碳捕集与封存(Bioenergy with Carbon Capture and Storage, BECCS)也是重要的负碳技术之一,目前仅有少量的项目分布在欧美地区。

2. 二氧化碳运输

(1)运输模式

二氧化碳运输是碳捕集与利用和封存环节之间的必要桥梁,将捕集到的二氧化碳运送到利用或封存地的运输方式主要包括管道、船舶、铁路和公路等,如图 5-3 所示。

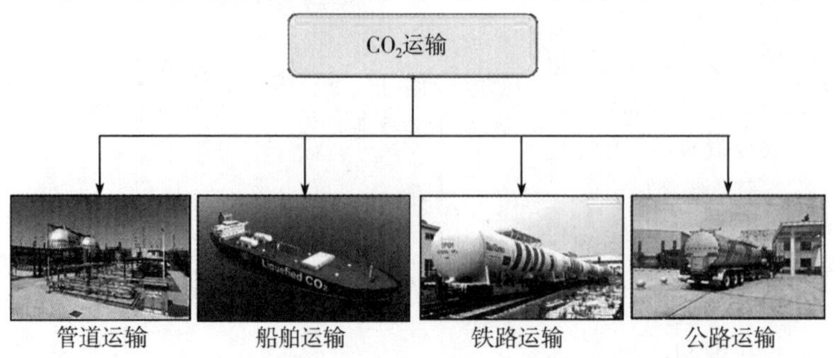

图 5-3　二氧化碳运输方式

现阶段,管道作为一种成熟的市场技术运行,是输送二氧化碳最常见的方法。气态二氧化碳通常被压缩到 8 MPa 以上的压力,以避免两相流动状态并增加二氧化碳的密度,从而使其更容易运输且成本更低。世界上第一条长距离二氧化碳管道于 20 世纪 70 年代初投入运营。在美国,超过 2 500 km 的管道每年从自然和人为来源输送超过 4000 万 t 二氧化碳,主要输送到得克萨斯州的现场,在那里二氧化碳被用于提高油气采收率。这些管道在环境温度和高压下以"Dense Phase"模式运行(从气体到液体的连续过程,没有明显的相变)。在大多数管道中,流量由上游端的压缩机驱动,也有些管道有中间(增压)压缩机站。

二氧化碳也可以作为液体在船、铁路或公路罐车中运输,这些运输工具通过远低于环境温度和较低压力的隔热罐运输二氧化碳。在某些情况或地方,船舶运输二氧化碳在经济上可能更具吸引力,尤其是当二氧化碳必须远距离或海外运输时。LNG、LPG 均由油船进行大规模商业运输。液化二氧化碳的性质与 LPG 的性质相似,因此二氧化碳可以以大致相同的方式通过船舶运输(通常在 0.7 MPa 的压力下),但由于需求有限,目前这种运输规模较小。

铁路和公路罐车在技术上也是可行的选择。这些系统在-20 ℃的温度和 2 MPa 的压力下输送二氧化碳。然而,与管道和船舶相比,它们是不经济的,除非规模很小,而且不太可能与大规模 CCUS 相关。

(2)运输风险

二氧化碳常温常压下是一种无色无味的气体,其沸点为-78.5 ℃,熔点为-56.6 ℃,密度比空气密度大(标准条件下),可以溶于水并和水反应生成碳酸。二氧化碳不可燃,具有一定的氧化性而无还原性,通常也不支持燃烧,低浓度时无毒性。针对二氧化碳的物理化学性质,二氧化碳运输需注意环境、安全方面的风险,减少运输过程中的二氧化碳漏泄是最主要的考量。

随着二氧化碳管道基础设施的进一步发展,二氧化碳管道质量的最低标准也应该出现。目前的标准主要是在强化油气采收应用的背景下制定的,不一定与 CCUS 所需的标准相同。低氮含量对强化油气采收很重要,但对 CCUS 则不那么重要。然而,穿过人口稠密地区的二氧化碳管道可能需要降低其硫化氢含量上限。通过人口稠密地区输送二氧化碳还需要详细的路线选择、过压保护、泄漏检测和其他设计因素。

二氧化碳在运输过程中可能泄漏到大气中,尽管管道的泄漏损失很小。干燥(无水分)的二氧化碳对通常用于管道的碳锰钢没有腐蚀性,即使二氧化碳含有氧气、硫化氢、硫或氮氧化物等污染物。另一方面,富含水分的二氧化碳具有高度腐蚀性,因此在这种情况下,二氧化碳管道必须由耐腐蚀合金制成,或者内部覆盖合金或连续聚合物涂层。一些管道是由耐腐蚀合金制成的,尽管材料成本是碳锰钢的几倍。对于船舶来说,每 1 000 km 对大气的总损失为 3%~4%,包括蒸发和船舶发动机的排气。通过捕集和再液化可以减少蒸发,再捕集可以将 1 000 km 损失减少到每 1%~2%。

二氧化碳运输过程中也可能发生事故。就现有的二氧化碳管道而言,这些管道大多位于人口密度低的地区,每年报告的事故不到一起(每年 0.000 3 起),没有人员伤亡。这与碳氢化合物管道的经验一致,其影响可能不会比天然气事故更严重。在海上运输中,碳氢化合物油船具有潜在的危险性,但公认的危险性导致了设计、施工和运营标准的制定,严重事故很少发生。

(3)运输成本

无论对于管道运输还是船舶运输,在任何情况下,成本都在很大程度上取决于运输的距离和数量。

就管道而言,成本取决于管道是在陆上还是在海上,该地区是否严重拥堵,以及路线上是否有山脉、大河或冻土。所有这些因素都可能使单位长度的成本翻倍,人口稠密地区的管道成本甚至会大幅增加。较长管道可能需要的再压缩(增压泵站)的任何额外成本都将被视为运输成本的一部分。有测算表明,250 km 标称距离的管道运输成本通常为 1~8 美元/t 二氧化碳,且与二氧化碳质量流量有关。

在船舶运输中,油船的体积和装卸系统的特性是决定整体运输成本的一些关键因素。对于超过 1 000 km 的距离和每年少于几百万吨二氧化碳的运输量,船舶运输通常比管道运输更便宜。对于海洋封存而言,最合适的运输方式取决于是从静止的浮式平台注入、从移动的船舶注入还是从岸上的管道注入等方法。

3.二氧化碳利用

二氧化碳的工业用途非常广泛。碳利用如图 5-4 所示。小规模的商业应用涵盖建筑业、食品业、农业到消防和制造业:机器铸造业添加剂,特别是优质钢、不锈钢、有色金属冶炼等金属冶炼业的质量稳定剂,陶瓷、搪瓷生产的固定剂,啤酒饮料业的消食开胃添加剂,酵母粉的促效剂,消防灭火剂等。

现阶段,二氧化碳利用主要表现在地质利用、化工利用、生物利用、矿化利用等领域。

(1)地质利用

把捕集的二氧化碳打入地下油井、气井,强化石油采收(Enhanced Oil Recovery, EOR)和煤层气采收(Enhanced Coal Bed Methane Recovery, ECBM),可以提高油气采收率。

(2)化工利用

以二氧化碳为原料,与其他物质发生化学转化,产出附加值较高的化工产品,这是真正消耗二氧化碳的过程。在传统化学工业中,二氧化碳大量用于生产纯碱、小苏打、白炭黑、硼砂以及各种金属碳酸盐等大宗无机化工产品,这些无机化工产品大多主要用作基本化工原料。另外合成尿素和水杨酸是最典型的二氧化碳资源化利用,其中尿素生产是最大规模的利用;有研究采用浓氨水喷淋烟气吸收二氧化碳并生产碳酸氢铵肥料,同时实现二氧化碳的捕集和利用。

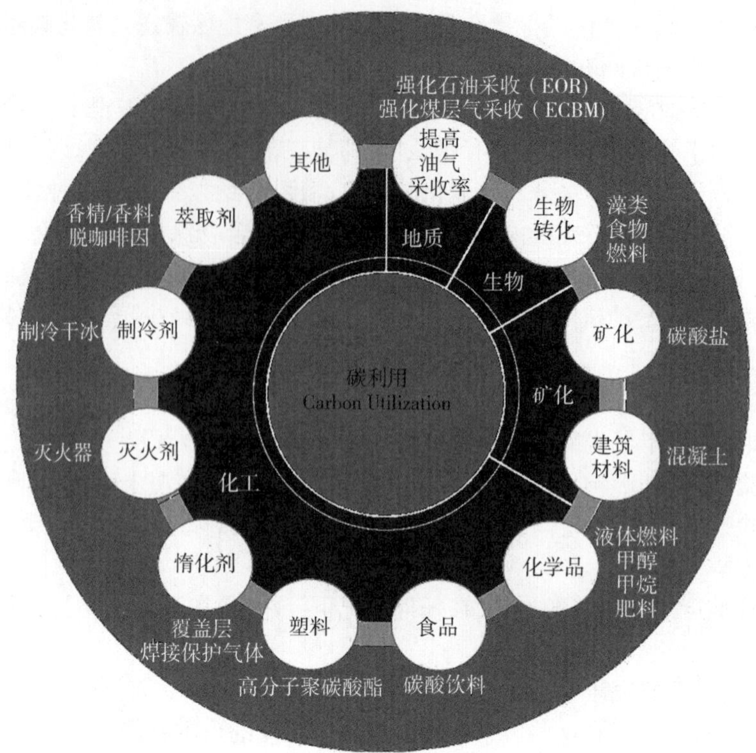

图 5-4　碳利用

在有机化工利用方面，各种有机化工产品的开发研究也十分迅速，主要聚焦在能源、燃料以及大分子聚合物等高附加值含碳化学品。具体包括：合成气（Syngas，$CO+H_2$），CO_2与甲烷在催化剂作用下重整制备合成气，其中 H_2/CO 比值为 1，更适合费托合成（Fischer - Tropsch Process，F-T）与烯烃生产等用途，目前研究主要集中在催化剂的选择上，以提高 CO_2的转化率和目标产物的选择性；低碳烃，CO_2与 H_2在催化剂的作用下可制取低碳烃，主要挑战在于催化剂的选择；各种含氧有机化合物单体，以 H_2与 CO_2为原料，在一定温度、压力下，通过不同催化剂作用，可合成不同的醇类、醚类以及有机酸等，另外 CO_2与环氧烷烃反应可合成碳酸乙烯酯和碳酸丙烯酯（锂电池电解液主要成分），碳酸乙烯酯可与甲醇反应可得到碳酸二甲酯，与 H_2反应制成乙二醇、甲醇等高附加值化工产品；高分子聚合物，在特定催化剂存在下，二氧化碳与环氧化物共聚合成高分子量聚碳酸酯，脂肪族聚碳酸酯具有资源循环利用和环境保护的双重优势，另外以二氧化碳为原材料制成聚氨酯的技术条件也基本成熟。

（3）生物利用

生态系统中植物的光合作用是吸收二氧化碳的主要手段，因此利用植物吸收二氧化碳是最直接的一种手段，并具有固有的有效性和可持续性。由于微藻生长季周期短、光合效率高，目前研究主要集中在微藻固碳和二氧化碳气肥使用上。目前微藻固碳技术主要以微藻固定二氧化碳转化为液体燃料和化学品，生物肥料、食品和饲料添加剂等；二氧化碳气肥技术是将来自能源和工业生产过程中捕集的二氧化碳调节到一定浓度注入温室，来提升作物光合作用速率，以提高作物产量。此外，受天然生物固碳的启发，解析天然生物固碳酶的催化作用机理，创建全新的人工固碳酶和固碳途径，实现高效的人工生物固碳，如重组固氮酶催化 CO_2甲烷化、催化 CO_2还原为 CO 和甲酸，以及甲酸脱氢酶在辅因子 NADH 作用下催化 CO_2还原并转化为甲酸。此外，在常温常压下，将太阳能、电催化与生物固碳技术相结合，建立一个微生物电合成系统,培养混合微生物在阴极表面形成生物膜,包括孢子菌和梭状芽孢杆菌这两种生物电化学产乙酸菌,通过生物电化学提供电子,还原 CO_2 为乙酸等产物。

(4)矿化利用

二氧化碳矿化利用主要是指模仿自然界二氧化碳矿物吸收过程,利用天然硅酸盐矿石或固体废渣中的碱性氧化物,如 CaO、MgO 等将二氧化碳化学吸收转化成稳定的无机碳酸盐的过程。而二氧化碳矿化利用是指利用富含钙、镁的大宗固体废弃物(如炼钢废渣、水泥窑灰、粉煤灰、磷石膏等)矿化二氧化碳联产化工产品,在实现二氧化碳减排的同时得到具有一定价值的无机化工产物,以废治废、提高二氧化碳和固体废弃物资源化利用的经济性,是一种非常有前景的大规模固定二氧化碳利用路线。

二氧化碳利用正成为碳管理的一个越来越重要的组成部分,尤其是对于那些生产二氧化碳但位置不理想、靠近固存点或碳中心的行业,或者没有足够大的规模生产二氧化碳以实现与碳中心的成本效益连接的行业。在这些情况下,工业界可能会选择通过使用氢气将二氧化碳化学"升级"为有价值的产品,例如注入天然气分配系统的甲烷或用作燃料的甲醇和许多其他生物产品;取代化石燃料产品。研发重点将是通过改进工艺中使用的系统的工程设计和操作,大幅降低用二氧化碳生产碳中和的工业品的成本,包括热管理、催化开发以及通过工艺集成的综合二氧化碳捕集和二氧化碳转化。

4. 二氧化碳封存

碳封存是以捕集并安全存储的方式来取代直接向大气中排放二氧化碳的技术。碳封存主要有三种方式:

(1)生态系统封存

由于光合作用,植物生长过程中在特定的浓度范围内能吸收二氧化碳合成有机物质。因此,地球生态系统对二氧化碳的吸收就是自然封存过程。生态系统吸收二氧化碳还节省了将其从空气中分离、提纯等花费,因此,植树造林、限制森林砍伐就是实现碳封存最具经济效益的方式,保护和优化地球生态系统则有利于碳封存的维持和扩增。除了陆地植物,海洋生态系统也是重要的碳封存库。通过向海洋投放微量营养元素(如铁)和常量营养元素(如氮和磷),加速浮游生物生长和海洋生态系统发展,增加海洋对大气中二氧化碳的吸收,加快二氧化碳向有机碳的转化,再通过有机碳的重力沉降、矿化等机理来实现碳封存;此外,大范围的海洋增肥还能够增加渔业产量。

(2)地质封存

二氧化碳地质封存是指通过工程技术手段将捕集的二氧化碳注入深部地质储层,实现二氧化碳与大气长期隔绝的过程,同时还可利用地下矿物或地质条件生产或强化有利用价值的产品(二氧化碳矿化封存和利用),对地表生态环境影响很小,具有较高的安全性和可行性。按照封存位置不同,可分为陆地地质封存和近岸地质封存;按照地质封存体的不同,可分为深部咸水层封存、枯竭油气藏封存、深部不可采煤层封存等,如图 5-5 所示。长期安全性和可靠性是二氧化碳地质封存技术发展所面临的主要障碍。全球陆上理论封存容量为 6 万亿~42 万亿 t,海底理论封存容量为 2 万亿~13 万亿 t。中国理论地质封存潜力为 1.21 万亿~4.13 万亿 t,容量较高。

在二氧化碳地质封存利用技术中,CO_2-EOR 技术成熟,已有几十年的应用历史,是目前唯一达到了商业化利用水平,同时实现二氧化碳封存和经济收益的有效办法。正常情况下,在二氧化碳强化采油及封存过程中,二氧化碳发生大量泄漏的可能性很小,不会对油田及周边环境

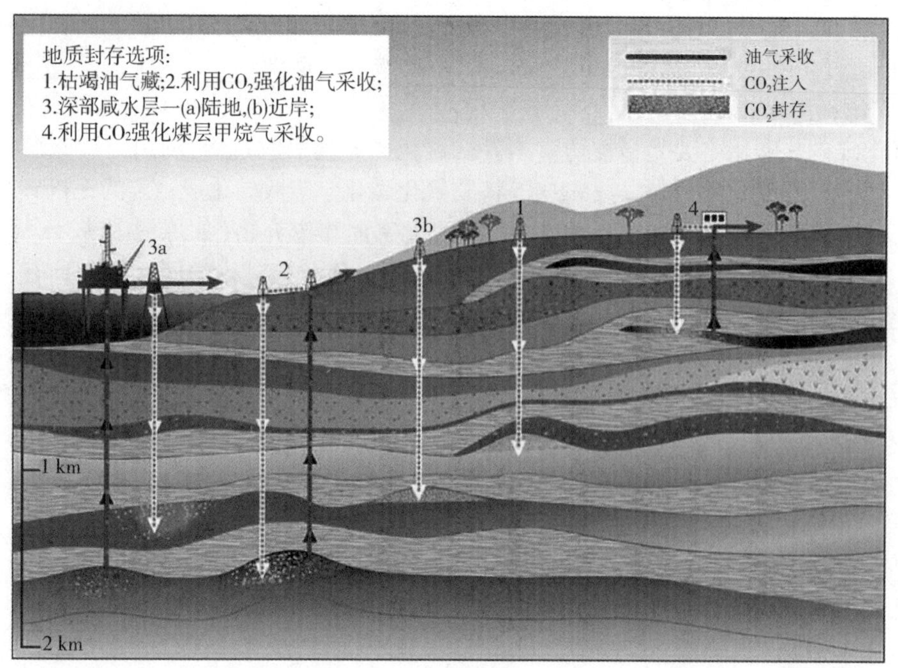

图 5-5　地质封存

产生负面影响。

(3)海洋封存

除了上述通过陆地或近岸地质体封存二氧化碳外,海洋是全球最大的二氧化碳贮库,在全球碳循环中扮演了重要角色。关于海洋封存,广义上包含前述海洋生态系统封存、近岸海底地质封存、利用二氧化碳强化海底天然气水合物采收等。这里将其狭义的定义为,将压缩或液化的二氧化碳直接注入深海 1 500 m 以下,以气态、液态或者固态的形式封存在海洋水柱之下。与之相伴随的,液化二氧化碳运输船、海上二氧化碳注入平台都是不可或缺的二氧化碳海洋封存装备,可以预期,相应的船舶和近岸工程、海洋运输工程领域又将迎来新的业务模块。从长远角度看,由于洋流的影响,注入深海的液态二氧化碳可能会导致海水酸化,危及海洋生态系统的平衡。目前虽然深海封存理论上潜力巨大,但仍处于理论研究和模拟阶段,不仅封存成本很高,在技术可行性和对海洋生物的影响上还需要更进一步的研究。

第二节　船上碳捕集与储存

一、船上碳捕集的发展现状

CCUS 装置包含碳的预处理、捕集、分离、压缩、液化等多个工艺环节,体积、重量较大,且并不能实现完全近零排放,对于飞机、船舶等依赖提升收费运载量(Payload)而赢得营运经济性和市场竞争力的载运工具应用而言,并不理想。此外,对于船舶而言,还要额外设置收集捕集到的二氧化碳的储存舱,通常在燃料舱之外还需布置超过 3 倍容积的液化二氧化碳储罐,以便于抵港之后送岸回收，进一步侵占了有效载货容积。但目前国际海事行业有由 EEDI、EEXI、CII 等组成的船舶能效监管框架，在要求船舶实现净零排放之前，船上碳捕集与储存(Onboard Carbon Capture and Storage, OCCS)装置仍不失为提升船舶能效表现的有效的过渡期手段；即便长远看，航运业会大面积推广低/零碳可再生燃料，OCCS 届时作为负碳技术措施，仍有一定的应用前景。因此，现阶段 OCCS 装置开发仍受到业界追捧，其基本概念如图 5-6 所示。

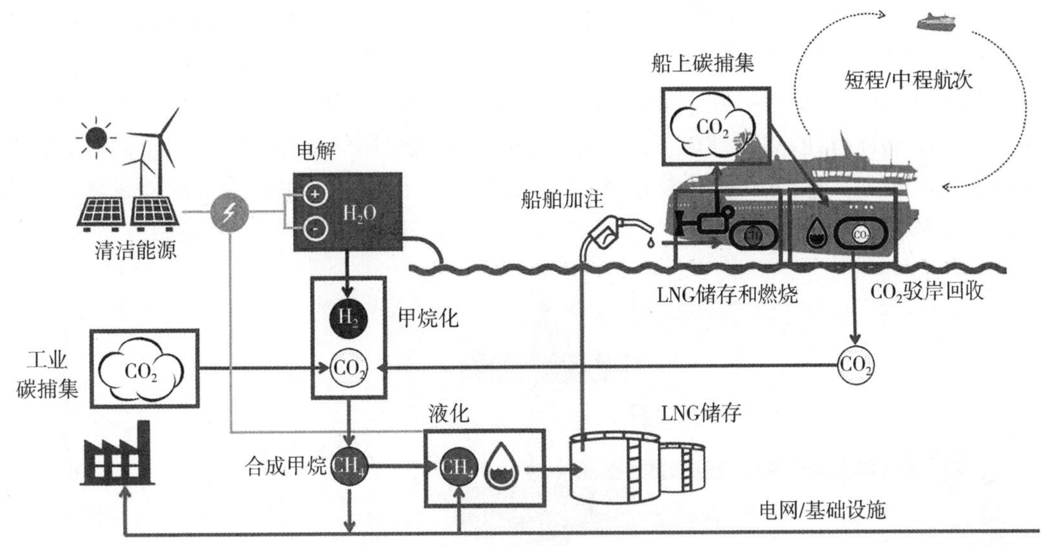

图 5-6　船上碳捕集与储存(OCCS)概念

海事行业目前也已经有多个关于 OCCS 的研发和验证项目，例如：欧盟 Horizon 2020 研发创新计划资助的 HyMethShip 项目；日本川崎汽船(K Line)、三菱重工(MHI)、日本船级社(Class NK)等联合开展的 CC-OCEAN(Carbon Capture on the Ocean)项目；挪威船级社(DNV)与 Deltamarin、Minerva Marine 和道达尔(Total)联合开展的零排放油船项目，以及随后 Deltamarin 与 Wärtsilä 联合开展的在 Ro-pax 渡船上应用该 CCUS 系统的项目；全球海事脱碳中心(GCMD)、油气行业气候倡议组织(OGCI)、Stena Bulk、Alfa Laval 以及其他来自能源与航运业的企业/组织共 7 家成员单位联合发起的 ReMarCCAbLE 项目；荷兰 VALUE MARITIME 公司的"CO_2电池"实船验证项目；等等。

OCCS 技术在航运业脱碳的背景下显示出了较大的应用潜力。在碳捕集领域的各种方法中，基于化学吸收的燃烧前碳捕集和燃烧后碳捕集技术受到了更多的学术关注。世界各地的船级社和大公司合作开展了 OCCS 技术操作船舶的试点项目，并进行了原理验证和技术可行性分析，目的是提高捕集效率和控制总体成本。尽管完整的供应链和基于市场的运营模式尚未形成，但 OCCS 技术探索已成为航运技术转型中不可忽视的方向，而在区域和全球范围内，关于 OCCS 试点和运营的规则和指南仍然几乎空白。二氧化碳在船捕集、液化、储存，并最终输送到岸上供永久储存或进一步使用，其技术可行性是得到充分验证的，对于提升船舶能效也具有一定的前景，但捕集率、经济性、系统运维等方面的考量使得 OCCS 技术似乎无法成为航运脱碳的终极解决方案。

现有的研发或验证项目中，燃烧前碳捕集技术或燃烧后碳捕集技术均有应用，这里分别以 HyMethShip 项目和 CC-OCEAN 项目举例作简要说明。

二、基于燃烧前碳捕集技术的 OCCS

燃烧前碳捕集技术是一种在燃料燃烧前分离二氧化碳的技术，应用该系统的船舶主要是那些通过氢气燃烧推进的船舶，与之相伴随的是氢内燃机或氢燃料电池的发展和应用。HyMethShip 项目概念是展示该系统结构的一个示例，如图 5-7 所示。清洁能源为电解槽提供能源，从水中生产 H_2。H_2 与 CO_2 反应生成可再生的电制甲醇，电制甲醇作为氢的载体储存在船上。必要时，重整器将甲醇分解为 H_2 和 CO_2，氢气燃烧用于船舶推进；而产生的 CO_2 被捕集并储存在船上，以便送至港口接收。卸载的 CO_2 可循环用于电制甲醇生产。由于 CO_2 捕集过程在燃料燃烧之前进行，收集的气体还没有被 N_2 稀释，并且燃料气体中的 CO_2 浓度高，因此捕集效率高并且成本低。然而，由于燃烧前碳捕集概念仅适用于 LNG、甲醇等特定能源动力船舶，推广前景仍然未知。

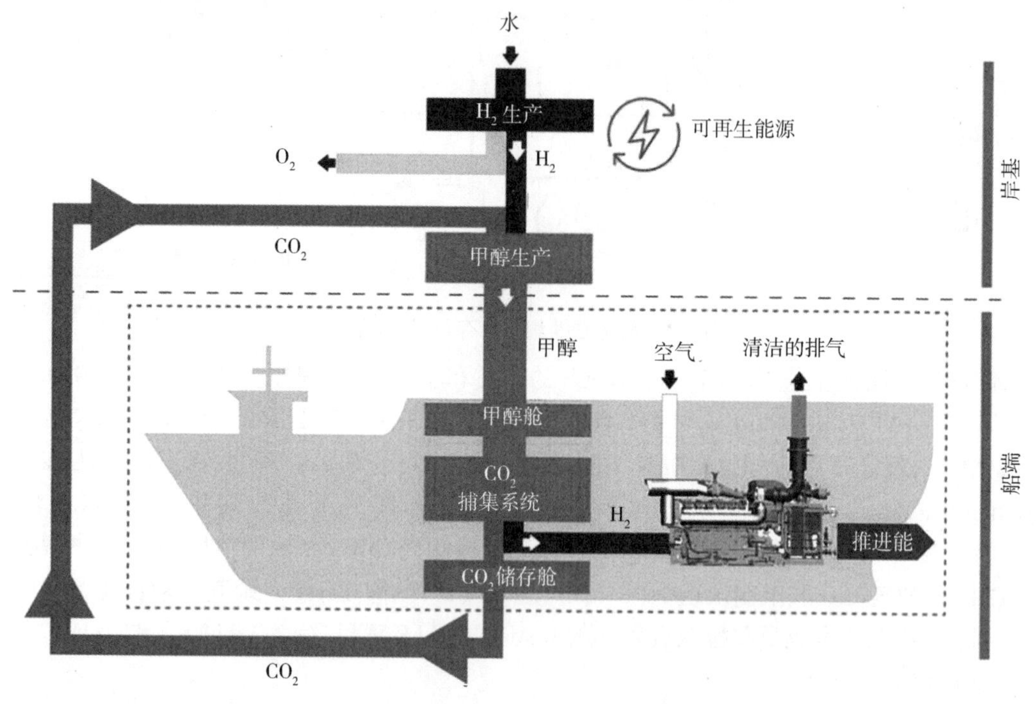

图 5-7　燃烧前碳捕集系统——HyMethShip 项目

三、基于燃烧后碳捕集技术的 OCCS

燃烧后碳捕集技术相对成熟，是船上碳捕集技术研究的热点方向。燃烧后碳捕集技术可能涉及化学吸附、低温碳捕集、物理吸收和基于膜的技术。这种捕集方法在结构上类似于废气减排设备，可以在现有船舶上进行改装，也可以纳入新的船舶设计中。然而，由于二氧化碳的储存特性，OCCS 设备面临着结构更复杂、设备体积更大、船舶结构和能耗变化以及安全问题等挑战。

当采用燃烧后碳捕集方法时，二氧化碳会从船上的废气中去除，然后液化并集中储存在船上。以 2021 年在日本启动的 CC-OCEAN 项目中使用的技术为例，研究了基于化学吸收的燃烧后捕集系统的结构,该装置应用的技术概念如图 5-8 所示。化学吸收法不仅在陆地上得到了很好的发展,而且适用于二氧化碳分压较低的船舶废气,是最具市场潜力的 OCCS 结构。在 CC-OCEAN 项目中,设计了一个以液态胺为吸收剂的燃烧后碳捕集系统。该装置采用船上结构设计,包括一个捕集装置、一个液化装置和一个储存装置。废气首先由冷却器冷却,然后进入吸收塔,吸收塔将废气中的二氧化碳捕集到溶液中。吸收塔释放剩余的废气,这些废气经过清洁装置的进一步处理,然后排放到空气中。而富含二氧化碳的溶液被送往再生塔,在那里通过加热释放溶解的二氧化碳,分离出的溶剂可以再循环到吸收塔中。从塔中释放的高浓度二氧化碳随后通过回流罐沉淀并进入液化单元。捕集的二氧化碳在液化装置中被压缩和冷凝,最后进入储罐进行转移和处理。

燃烧后碳捕集技术的挑战之一是系统的尺寸。捕集装置的功能要求它必须安装在相当高的高度,并且二氧化碳的储存通常需要侵占货物区域。这些对由于这种系统造成的货物空间损失的成本和安全风险提出了挑战。

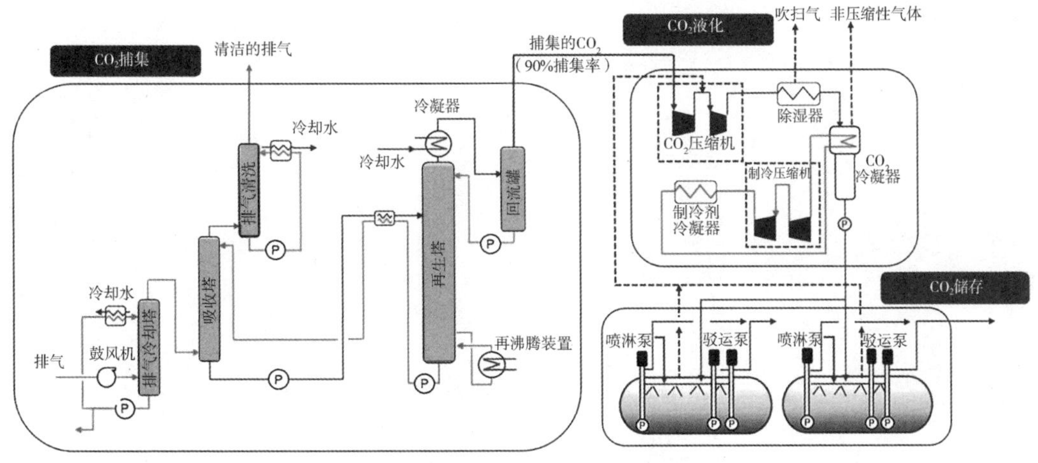

图 5-8　燃烧后碳捕集系统——CC-OCEAN 项目

四、OCCS 推广应用面临的挑战

1. OCCS 系统安装、改造困难

船舶空间相对有限,特别是船舶机舱,没有太多的空间去加装 OCCS 系统。以应用较成熟的醇氨法燃烧后捕集系统为例,其工作流程包括二氧化碳的吸收、再生及冷却,如果要在现有的船舶废气处理装置上进行改造,需要加装吸收塔、再生塔、冷却器、泵等装置,因船舶空间所限,实现起来有一定的困难。另外,二氧化碳的储存需要加装大功率二氧化碳压缩机和冷凝器,以便高压气态或液态储存,气态储存又会占据较大的船舶空间。

2.较高的船舶碳捕集与储存成本加重船东负担

OCCS 系统安装需要较高的初始成本,系统的运行又增加了船舶能耗及运营成本。

船舶碳捕集及储存成本较高的原因主要有:

(1)船舶废气中二氧化碳浓度较低,吸收剂的再生能耗较高、损失较大。

(2)集成碳捕集工艺后发动机效率及船舶动力会受一定的影响。

(3)二氧化碳储存所牺牲掉的船舶空间会导致货物运输能力的减小。

(4)相比陆上封存与驱油,海上封存与驱油难度更大,投资成本更高。

3.二氧化碳船上储存与运输的安全性值得关注

船舶捕集的二氧化碳需要在船上暂时储存并运输一定的距离,无论气态或液态的二氧化碳储运都有一定的安全隐患。液态储存的二氧化碳一旦发生泄漏,骤冷的低温气体可能会造成船体结构或人员伤害;相反,液罐如遇高温,汽化会使容器内压增大,有漏泄甚至爆炸风险。二氧化碳常温下是一种无色无味气体,过量吸入二氧化碳会对人体造成伤害,甚至有窒息风险。另外,液态二氧化碳储运会对船舶稳性造成一些影响,也应给予充分的重视。目前在航运界二氧化碳运输船和二氧化碳储运还属于新生事物,缺乏二氧化碳储运专门的规范指南,其技术要求只能参考《IGC 规则》、LPG 运输船技术要求和二氧化碳储罐相关标准等。

第六章　基于市场的措施

现阶段，利用清洁能源进行生产生活的成本比利用传统的化石能源进行生产生活的成本往往要高出很多。为了满足碳排放要求而采用新技术、新材料以替代原有技术和材料或为了满足碳排放标准所额外付出的费用，称之为绿色溢价。绿色溢价产生的原因是之前并没有将化石能源对环境造成的负面影响计算到成本中。绿色溢价对于不同的产品和服务并不相同，其高低取决于替代什么以及用什么来替代。降低绿色溢价的方式很多，例如，通过科技创新、技术进步降低清洁能源、绿色材料的使用成本；通过碳价格、碳税来增加化石能源的使用成本等。因此，绿色溢价是一种系统性的调节机制，在技术措施之外也催生了基于市场措施的发展。

第一节　碳管理、碳市场与碳金融

一、碳管理

1997 年 12 月，在日本京都召开的 COP3 次会议上通过了具有量化目标和法律约束力的《京都议定书》。《京都议定书》规定了发达国家缔约方（并非所有的发达国家都签署了该议定书）的强制减排义务，如果不履行这个义务，将面临高额罚款。为了经济有效地实现其温室气体减排目标，发达国家缔约方可以采用两种方式：一是直接开展减排活动，通过技术和市场手段，使自己国内的碳排放降到目标值；二是购买减排量，通过技术或资金手段，帮助其他国家实现减排，产生的减排量可记为本国的减排量。对于后一种方法，因发展中国家技术水平落后、能源效率较低、减排成本更低、减排空间更大，同样的减排资金能实现更大的减排效果，但全球范围内任何一个地方的温室气体减排对缓解全球变暖的效果是一样的。因此，《京都议定书》设立了三种灵活的市场机制：清洁发展机制（CDM）；联合履约（JI）；国际排放交易（IET）。在市场机制之下，针对国家、行业、企业等多个层面开展的温室气体排放监测、核算、核查、交易、咨询等活动，都可以归结为碳管理。2005 年，《京都议定书》正式生效，自此碳排放成为可交易的标的资产，碳交易、碳市场、碳管理行业也就应运而生。

《京都议定书》规定的发达国家强制减排义务有效期截至 2012 年，2009 年哥本哈根气候大会上,主要西方国家无意续期该机制,最终谈判的结果是 2012 年以后只允许最不发达国家(Least Developed Countries, LDCs)的 CDM 项目可用于有强制减排义务国家的履约。中国不属于 LDCs,随着 CDM 在中国的终结,碳管理行业也就逐渐萎缩。但 2011 年中国宣布建立自己的碳排放交易市场,2012 年中国发布了《温室气体自愿减排交易管理暂行办法》,开始建立属于自己的清洁发展机制,即国家核证自愿减排量(China Certified Emission Reduction, CCER)。自此,碳管理的业务逐渐发展和丰富,包括企业的碳核算、一级市场的 CCER、二级市场的碳交易,甚至碳抵押、碳回购等碳金融业务。

2021 年,人力资源和社会保障部发布了《碳排放管理员国家职业技能标准》(征求意见稿),碳排放管理员自此成为一个新兴的、高级综合型的正式职业,其主要工作任务是包括:监测企事业单位碳排放现状;统计核算企事业单位碳排放数据;核查企事业单位碳排放情况;购买、出售、抵押企事业单位碳排放权;提供企事业单位碳排放咨询服务。碳排放管理员主要服务于政府部门以及电力、钢铁、水泥、造纸、化工、石化、有色金属、航空等重点控制排放行业,目前市场需求庞大、人才缺口巨大。

二、碳核算

1.概念和类型

实现碳中和,首要的是要知道排放了多少温室气体,以及它们分别来自哪些排放源。碳排放的量化,即碳核算,是碳管理最基本的业务。根据适用范围和对象的差异,碳核算大致可按区域、组织、产品三个层面或三种方式进行。

(1)区域层面的碳排放:一般具有空间和时间边界,空间边界按行政区划可分为国家、地区、省市等,时间边界通常为一年,即指一年范围内区域边界内的碳排放。

(2)组织层面的碳排放:同样具有空间和时间边界,空间边界按组织属性可分为部门、行业、企业等,时间边界通常为一年,即指一年范围内组织边界内的碳排放。

(3)产品层面的碳排放:通常用碳足迹(Carbon Footprint)来表示,是指某个产品在从原材料开采到最终拆解或回收再利用整个生命周期内的碳排放。ISO 14067 产品碳足迹(Carbon Footprint of A Product, CFP)主要为量化商品或服务(统称为产品)生命周期中,因直接及间接活动累积于商品或服务的温室气体排放量。基于生命周期评价(ISO 14040 和 ISO 14044)方法,产品生命周期内各阶段的温室气体排放量,主要涉及的温室气体除包括《京都议定书》规定的 CO_2、CH_4、N_2O、SF_6、PFCs 以及 HFCs 等 6 种气体外,也包含蒙特利尔议定书中管制的气体,共 63 种。

比较复杂的碳核算方式设计,是为了比较准确地量化碳排放,而更重要的是为了落实碳排放的主体责任。碳排放涉及三个主体,国家(或地区)、企业和消费者,因此减排责任也相应地要落实到这三个主体上。三个主体从不同的维度落实碳减排,也就相应的需要适合各个主体各自减排策略的核算方式。航运业是一个覆盖全球的行业概念,讨论空间边界及其划分并无意义。因此,关于碳核算,本节后续仅就组织层面和产品层面的碳核算进行探讨。

对于国家、地区等区域层面来说,通过产业政策的制定来实现碳减排是主要任务,所以国家层面的碳排放是分产业领域来核算的。对于企业等组织层面来说,碳减排的主要任务是控制组织边界内的排放,包括直接排放和间接排放(可参考组织层面碳核算标准 ISO 14064-1:2018),间接排放并非物理意义上的碳排放,而可以理解为企业对碳排放"责任"的量化。对于产品层面的碳排放,不生产出来就是最佳减排措施,但这也取决于消费者根据产品碳排放信息是否愿意为其付费,涉及产品在其整个生命周期内的碳排放信息,而不去考虑生产这个产品的区域边界和组织边界。各层面的碳核算指南或标准及其核算路径如表 6-1 所示。

表 6-1　各层面的碳核算指南或标准以及核算路径

层面	核算指南或标准	核算路径
区域层面	IPCC 2006:《国家温室气体清单指南》 国家发展和改革委员会:《省级温室气体清单指南》 WRI:《城市温室气体核算工具指南》	能源活动排放 工业过程排放 农业活动排放 土地利用变化和林业排放及吸收 废弃物处理排放
组织层面	WRI 和 WBCSD:《温室气体核算体系》 ISO 14064-1:《温室气体 第一部分:组织层面对温室气体排放和清除的量化和报告的规范及指南》 国家发展和改革委员会:《企业温室气体排放核算方法与报告指南》 GB/T 32150-2015:《工业企业温室气体排放核算和报告通则》	直接排放 间接排放
产品层面	PAS2050—2011:《商品和服务在生命周期内的温室气体排放评价规范》 ISO 14067—2018:《温室气体 产品碳足迹 量化要求和指南》 欧盟:《产品环境足迹指南》 WRI 和 WBCSD:《产品生命周期核算与报告标准》	产品上游企业排放 产品生产阶段排放 产品使用阶段排放 产品废弃阶段排放

2. 基本原则

在制定碳核算指南或标准的过程中就提出了以下几个指导原则,这也是在进行碳核算时重要的遵循。

(1)相关性:应确保碳排放报告适当反映核算边界内的碳排放量,服务于行业或企业内部与外部碳排放数据采用者的决策需要。

(2)完整性:应计入并报告碳排放报告核算边界内的所有温室气体排放源和活动,披露任何没有计入的排放量并说明理由。

(3)一致性:采用一致的方法,可以对不同时间产生的排放量进行有意义的比较;明确记录数据、核算边界、核算方法或任何其他有关因素在时间序列中的变化。

(4)准确性:在能够判断的范围内,应尽量保证计算出的温室气体排放量不会系统性地高于或低于实际排放量,并且尽可能减少不确定性,达到足够的准确度,使采用者在决策时对报告信息的完整性有合理的确信。

(5)透明性:应按照明确的审计线索以实际和连贯的方式处理所有问题,对碳核算中的所有假设情况进行说明,并说明核算方法及所采用数据的来源。

3. 组织层面碳核算

碳核算的本质是计算和量化,所用到的是最简单的加减乘除的数学知识,但其难点在于获取计算公式中的数据并确保其准确性。世界资源研究所(World Resources Institute, WRI)和世界可持续发展工商理事会(World Business Council for Sustainable Development, WBCSD)发布的《温室气体核算体系》(*GHG Protocol*)是重要的入门读物。

(1)组织边界的设定

组织边界指在进行碳核算时所划定的核算边界。以企业的组织边界为例,一些大型企业的组织结构十分复杂,且与其他企业有千丝万缕的关系,在这种情况下,为了避免企业间在进行碳核算时重复计算或遗漏,需要界定企业作为一个组织核算碳排放的边界。为了进行财务核算,要根据组织结构及各方之间的关系,按照既定的规则设定企业的组织边界。在设定企业的组织边界时,首先选择一个合并下属组织温室气体排放量的办法,然后采用选择的办法一致地设定构成这家企业的业务和运营单位,从而核算并报告碳排放。企业可以采用股权比例法或控制权法来设定自己的组织边界。但计算股权比例对应的碳排放量,因为工作范围较大且并不能有效指导减排措施的制定(拥有股权可能并不介入排放设施的实际运营),因此股权比例法较少被采用。在采用控制权法的情况下,企业只计算受其控制的业务的碳排放量,并不计算其持有股权但不享有控制权业务的碳排放量。通常,编制对外披露的碳排放报告时都采用控制权法。

(2)运营边界的设定

为了更加准确地核算企业的碳排放,还需要设定企业的运营边界,即确定属于公司运营产生的碳排放部分的排放源。在《温室气体 第一部分:组织层面对温室气体排放和清除的量化和报告的规范及指南》(ISO 14064-1:2018)标准中,运营边界的概念由报告边界所替代,他们都用于制定在组织边界范围内,营企业运营产生的碳排放部分的排放源,哪些需要报告,哪些不需要报告。

设定企业的运营边界主要考虑两项内容:一是确定温室气体种类,通常包括 CO_2、CH_4、N_2O、HFCs、PFCs、SF_6、三氟化氮(NF_3)等七大类;二是确定运营边界的范围。运营边界定义为企业运营产生的碳排放,但这个定义过于宽泛。在《温室气体核算体系》(*GHG Protocol*)中,运营边界的设定根据企业对温室气体排放的控制能力划分为范围一排放(直接排放)、范围二排放(能源间接排放)、范围三排放(其他间接排放),如图 6-1 所示。

①范围一排放(直接排放)。企业的组织边界内营企业运营直接向大气中排放的温室气体,主要包括:发电机组、锅炉等固定燃烧排放;所拥有的乘用车、货车等交通运输工具的移动燃烧排放;水泥、钢铁、石化等生产工艺中的过程排放;制冷装置、天然气储运等造成的逸散排放。

②范围二排放(能源间接排放)。企业生产经营所需的外购电力和热力产生的排放。

③范围三排放(其他间接排放)。范围三排放早期定义为除能源间接排放外的所有其他间接排放,但过于宽泛,ISO 14064-1:2018 标准对其进行了更具体的描述,主要包括:组织边界外的运输排放,如上下游企业货物运输、员工通勤、客户拜访等产生的交通排放;产品使用产生的排放,如外购原材料、外购服务、租用固定资产等产生的排放;组织生产的产品在使用过程中产生的排放,如能耗产品、投资项目等产生排放;上述未包含的其他排放。需要注意的是,范围三排放应考虑从生命周期的角度进行核算。

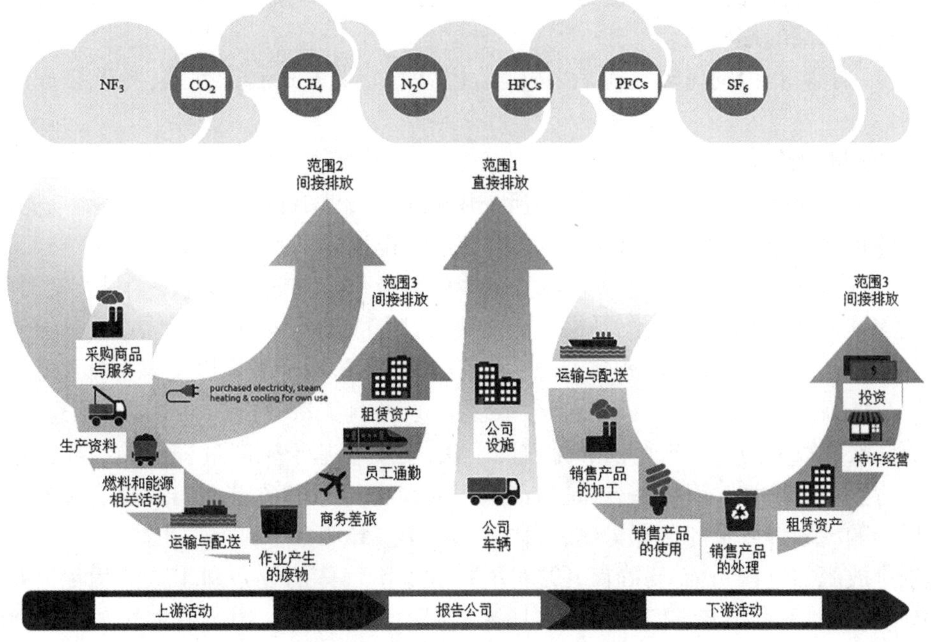

图 6-1 全价值链范围和排放

来源:World Resources Institute.

(3)基准年的设定

实施碳减排、实现碳中和是一项长期的任务,往往需要制定一个可以参照的基准,以便判定今后每年的碳减排是否取得了成果。例如,中国提交至联合国的国家自主贡献减排目标是,到 2030 年单位 GDP 碳排放量相比 2005 年下降 65%以上;2018 年 4 月 13 日,IMO 以 MEPC.304(72)号决议通过了《IMO 船舶温室气体减排初步战略》,设定的减排目标为相比 2008 年,国际航运二氧化碳排放强度到 2030 年下降至少 40%,到 2050 年努力下降 70%,国际航运温室气体排放总量到 2050 年至少下降 70%;2021 年 7 月 14 日,欧盟通过的“Fit for 55”一揽子立法计划提出的温室气体减排目标为 2030 年排放比 1990 年降低 55%。这里的 1990 年、2005 年和 2008 年就是所谓的基准年。

基准年的设定,首先要考虑的就是数据的可获得性,也就是要有基准年的碳排放数据,而且最好有凭证资料;其次,要选择最能如实反映企业经营情况的年份,例如,排放设施的停工或重大改造、因为不可抗力导致显著的市场波动,对应的年份就不宜作为基准年。企业的组织边界、运营边界以及计算方式发生变更,可能涉及基准年的变更。此外,设定基准年也并不是核算碳排放的必要过程。

(4)排放源的识别

在确定了企业的组织边界后,下一步要做的就是在这个边界范围内找到那些产生排放的设施,并按照运营边界的分类方式进行分类和记录。为了避免遗漏排放源,可按下列步骤进行:

第一步,获取重点用能设备清单:绝大部分碳排放都来自能源的消耗,有了这个清单基本上就能识别出大部分排放源。

第二步,交流工艺过程:跟技术人员交流企业的主要工艺流程,以及每个流程涉及的化学反应过程。

第三步,巡场:去现场按工艺流程顺序或工厂建筑的布局挨个确认排放源,顺便识别在前期交流过程中遗漏的排放源。

第四步,列清单:识别完排放源后,按运营边界的分类方式制作列表,为碳排放量计算做准备。

(5)排放量的计算

碳排放的量化是碳管理的核心,目前所采用的量化方法有两种:直接测量法和核算法。

直接测量法,又称连续在线监测法,是借助连续排放监测系统(Continuous Emission Monitoring System, CEMS)对排放主体所排放气体中的二氧化碳浓度和烟气流量进行实时的测量,从而得到连续、实时的碳排放监测结果。直接测量法能实现数据采集、评估、质量控制和报送自动化,能实现主管部门远程校核和溯源,适用于多种燃料混合燃烧以及集中排放源。其缺点是:安装 CEMS 将增加设备成本;不适合分散性排放源;且无法分析烟气中成分信息。

核算法又可以分为质量平衡法和排放因子法,主要是基于生产过程中的物质使用量和能源消耗进行测算。核算法简单易行,是目前通用的方法,但测算结果的准确性存在较大的不确定性。以船舶废气排放量的核算为例,具体可参考第二章第一节。

识别排放源的过程中,需要确保凡是可能排放温室气体的设备和工艺流程都需要被识别出来并列表,但并不意味着它们都需要在计算过程中纳入计算。因为有些排放源的排放量占比非常小,或数据特别难以获得,或减排措施的实施效果有限,往往可以忽略不计。

不确定性分析或误差分析,也是排放量计算重要的组成部分。不确定性分析旨在分析和说明碳排放量计算过程中存在哪些不确定性,这些不确定性对排放量的准确度有多大影响。不确定性分析有定性分析和定量分析之分。所谓定性分析,是指将存在不确定性的活动数据及排放因子一一列出,并说明为什么存在不确定性,以及定性说明其影响。定量分析取决于碳排放测算数据是否基于在线监测方式获得的。

(6)监测计划编写

监测计划是指对影响企业碳排放量计算的所有相关信息,包括排放源、排放设施、排放数据、排放因子、计量仪器等相关信息进行录入和更新,它是保证企业碳排放量计算的相关性、完整性、一致性、准确性和透明性最重要的指导文件。此后的碳排放数据监测、记录、统计和报告都应当严格按照监测计划来执行。

4.产品层面碳核算

产品碳足迹核算是伴随着欧盟对进口产品的环境政策和下游客户的要求而逐渐发展起来的。一个产品的碳足迹涉及上游所有企业,具有很强的连锁效应。例如,2023 年 8 月 17 日,欧盟动力电池法案正式生效,适用于电动汽车电池、轻型交通工具和可充电工业电池,并于 2024 年 2 月 18 日开始实施。该法案对进口的电池产品强制报告碳足迹信息,届时出口欧洲的电池上下游所有企业都将涉及碳足迹核算。此外,终端消费品的碳足迹披露(碳标签)及碳中和产品的打造,以彰显自己的社会责任和碳减排决心,也是企业开展产品碳足迹核算的现实需求。就航运业而言,随着欧盟可持续海运燃料条例(*Fuel EU Maritime*)、IMO《船用燃料全生命周期温室气体强度导则》(LCA 导则)等相关法规的制定和生效,船用燃料的碳足迹核算也将成为重要的业务领域。

关于产品碳足迹核算方法,国际上具有参考性的指南包括英国标准协会(British Standards Institution, BSI)发布的《商品和服务在生命周期内的温室气体排放评价规范》(PAS 2050)、国际标准化组织(International Organization for Standardization, ISO)发布的《温室气体产品碳足迹量化的要求和指南》(ISO 14067)、欧盟发布的《产品环境足迹指南》(Product Environmental Footprint, PEF)以及 WRI 和 WBCSD 发布的《产品生命周期核算与报告标准》等。其中,生命周期评价(Life Cycle Assessment, LCA)是产品碳足迹核算的基本工具。

(1)生命周期评价

生命周期评价是 20 世纪 60 年代发展起来的重要的环境管理工具。生命周期是指某一产品(或服务)从取得原材料开始,经生产、使用直至废弃的整个过程,即从摇篮到坟墓的过程。

在 1993 年国际环境毒理与环境化学学会(Society of Environmental Toxicology and Chemistry, SETAC)对生命周期评价的定义中,生命周期评价被描述成这样的一种评价方法:

①通过确定和量化与评估对象相关的能源、物质消耗和废弃物排放,评估其造成的环境负担;

②评价这些能源、物质消耗和废弃物排放所造成的环境影响;

辨别和评估改善环境的机会。

生命周期评价的评估对象可以是一个产品、处理过程或活动,并且涵盖了评估对象的整个生命周期,包括原材料的提取与加工、运输和配送、使用、再利用、维护、循环回收,直至最终的拆解或废弃。

在 1997 年 ISO 制定的生命周期评价标准(ISO 14040)中也给出了一系列相关概念的定义:生命周期评价是对产品系统在整个生命周期中的(能量和物质的)输入和潜在的环境影响评价。这里的产品系统是指具有特定功能的、与物质和能量相关的操作过程单元的集合。

在通过生命周期评价方法评价某个产品或服务对环境造成的影响中,其中的一项影响为全球增温潜势(GWP)。如果单独把这个影响因子拿出来计算,那么算出来的结果就是这个产品的碳足迹。总的来说,产品碳足迹源于生命周期评价方法中的一个评价因子。

根据 PAS 2050,产品碳足迹核算方法主要包括以下步骤:

第一步,确定功能单位。其主要目的是确定碳足迹计算的对象单位,如 1 t 电制甲醇燃料、一台 1 000 kW 的柴油机等。

第二步,过程图绘制和系统边界确定。其主要目的有两个:一是通过过程图绘制来描绘产品整个生命周期经历了哪些过程,以及这些过程分别都排放了哪些温室气体;二是确定数据核算的边界。过程图在绘制过程中理论上是可以无限延伸的,为了计算的可操作性,需要明确计算的边界,这个边界最终也是通过过程图来体现的。

第三步,数据收集。在完成过程图的绘制和系统边界的确定之后,为了确定每个过程的碳排放,需要进行每个过程的活动水平数据收集。产品碳足迹的数据收集方式与组织层面碳排放的数据收集方式有较大差别。它以过程图中每个单元过程为数据收集的最小单位,然后收集每个过程的所有物质、能量及排放的输入项和输出项的所有数据。

第四步,碳足迹计算。整个过程图的每个过程并非只有一个输出项,可能涉及副产物或者循环的过程,所以产品碳足迹的计算并非像组织层面的碳排放计算一样对每个过程做简单的相加。通常情况下,产品碳足迹的计算需要借助专门的计算软件来进行。

第五步,数据质量及不确定性分析。通过不确定性分析来评价计算出来的产品碳足迹的准确性。

(2)确定功能单位

在 PAS 2050 的定义中,功能单位用作基准单位来量化产品系统性能,如 1 瓶 330 mL 的矿泉水。而 ISO 14067 则明确强调功能单位的主要目的是提供输入和输出相关的参考。为了保证 LCA 结果的可比性,必须以功能单位作为参考。在评估不同系统时,LCA 结果的可比性尤其重要,要确保这种比较是在共同的基础上进行的。例如,1 瓶 250 mL 的 A 矿泉水的碳足迹为 100 g,1 瓶 500 mL 的 B 矿泉水的碳足迹为 150 g,单纯依据其所披露的碳足迹,似乎选择 A 比 B 更低碳;但为了解渴需要喝掉 500 mL 矿泉水,显然选择 B 更低碳。再譬如,C 球鞋碳足迹 100 g,D 球鞋碳足迹 200 g,但 C 球鞋穿 1 年就破损淘汰了,D 球鞋穿了 4 年才破损淘汰,因此并不能就说 C 球鞋比 D 球鞋更低碳。由此可见,产品在碳足迹信息披露时,通常都是以产品自身为功能单位而不是以产品的目的为功能单位,这导致用户在进行横向比较时容易出现偏差。因此,用户在进行产品碳足迹的横向比较时,不能简单比较两个产品全生命周期的碳排放,而要比较两个相似产品在实现同一功能时全生命周期的碳排放。

(3)过程图绘制和系统边界确定

在产品生产过程中会有多道工序,每道工序都会有许多输入项,如各种原材料、能源等;每道工序也会有一个或多个输出项,至少会有目标产品和中间产品,此外还可能有副产品、废水、废气或者固体废弃物。将所有工序的输入项和输出项全部画出来,就得到产品的过程图。在绘制过程图时,对于非终端消费的产品,如各种原材料、零部件,产品生产过程通常采用摇篮到大门的计算方式,即产品的碳排放计算到该产品走出工厂为止;对于终端消费的产品,如手机、电脑、汽车等,产品生产过程通常采用摇篮到坟墓的计算方式,即产品的碳核算既要考虑原材料生产和运输阶段排放,还要考虑产品使用和废弃阶段的排放。过程图的绘制,涉及某个产品及其上游原材料生产过程的分解以及下游使用和废弃物处理的过程。因此,产品生产方要绘制自己的过程图,还需要供应商提供过程图。对于过于繁杂的过程图,应采取抓大放小的原则。

在过程图绘制过程中,往上游追溯的过程可能是无限延伸的。例如,产品中含有大量钢材,那么需要绘制钢材生产的过程图;而钢材生产过程中会用到大量煤炭,还需要绘制煤炭生产的过程图;而煤炭开采、运输过程中,会用到大量工程机械或载运工具,又需要进一步绘制这些机械设备的过程图;而机械设备的生产过程又会用到大量钢材——最终陷入了无限循环。为了避免这种情况的发生,需要考虑为整个过程图设立边界。在边界以内的产品和原材料,绘制过程图,边界以外的则不需要考虑。基于以上分析,一个产品的生命周期的系统边界对该产品的碳排放计算影响很大,系统边界需要审慎划定。根据 PAS 2050 关于系统边界的介绍,应当首先考虑以 ISO 14025 制定的产品种类规则(Product Category Rules, PCR)的系统边界为产品的主要边界。此外,对于一些强制性的产品碳足迹规则,如欧盟《产品环境足迹指南》,通常会给出特定产品的系统边界(Product Environmental Footprint Category Rules, PEFCR),如动力电池、光伏产品等。

(4)活动数据收集

绘制完过程图并确定碳核算的系统边界之后,将过程图上每一道工序或者单元过程的输入项和输出项产生的碳排放数据输入,就可以计算出产品的碳足迹。但一个产品从原材料开采到最终废弃,整个过程可多达数十层,每个环节都去厂家收集数据,显然是不切实际的。因此,数据收集之前,需先引入两个概念:初级活动水平数据,又称为初级数据、一级数据或现场数据,来自组织所拥有、运行或控制的那些过程中实际产生的数据;次级活动水平数据,又称为次级数据、二级数据或背景数据,凡是不是来自特定现场的数据,如文献数据、估算数据等,都可以称之为次级数据。实际计算过程中,次级数据通常来自权威机构的数据库,常用的 LCA 数据库包括瑞士 Ecoinvent、欧盟 ELCD、德国 GaBi、美国 U.S.LCI、韩国 KCLD、日本 IDEA、中国

CLCD 和 CALCD 等。

(5)碳足迹的计算和数据质量

在收集完成所有的初级数据并确定了次级数据之后,就可以正式进入碳排放的计算环节。产品碳足迹过程图并非线性的,每一个过程并非只对应一个前过程或者后过程,而且对于同一个单元过程,可能会出现多个共生产品的情况,所以单纯依赖人工计算非常费时费力,多家机构或企业开发了专门的产品碳足迹计算软件,如德国 GaBi、Open LCA、SimaPro 以及中国碳云、碳擎、吉碳云等。通过软件计算碳足迹时,首先需要录入产品的功能单位,然后需要绘制产品的过程图并划定系统边界。

(6)产品碳标签

在完成产品碳足迹计算后,通常需要将计算结果报告给利益相关方,报告的方式有两种:一是出具一份完整的碳足迹报告,然后公开披露或发送给需要它的利益相关方;另一种是直接在产品上贴上碳足迹标签。对于原材料或半成品,一般选择前者;而对于终端消费品,往往采用产品碳标签的形式,如图 6-2 所示。

(a)中国　(b)韩国　(c)德国

图 6-2　部分国家的碳标签样式

三、碳市场

1. 碳市场概念和类型

碳市场是指将温室气体排放量作为标的资产进行交易的市场,是一个由政府政策主导的,旨在通过市场机制有效减少温室气体排放,实现经济的可持续发展和人类生存环境优化的人为市场。政府首先按照特定的分配方式将碳排放配额发放给控排企业并规定履约期限,控排企业在保证自己能够按时履约的情况下可自主出售手中富余的碳排放配额,配额不足的企业可在碳市场上购买。在此过程中,高耗能企业受到激励实现自身减排目标,承担自身的社会责任,投资机构和个人投资者的碳交易行为也促进了这一市场目标的实现。这种通过交易实现碳定价的方式是低碳经济的产物,是目前减排成本最低、效率最高、最具有可操作性的减排方式,这种方式正被越来越多的国家所接受。

全球碳市场主要由配额市场和基于项目的市场两部分组成。配额市场基于总量控制与交易机制(Cap-and-Trade System),即市场内的每一成员都有温室气体排放量上限,某一成员可根据单位减排成本用自己的排放配额与其他成员进行交易。具有代表性的市场如欧盟碳排放交易体系(EU ETS)、美国加利福尼亚州碳排放交易体系(CAT-ETSC)、韩国碳市场、中国全国碳市场和地方试点碳市场等。基于项目的市场是将某一项目产生的温室气体排放量用于交易,如 CDM(在发达国家与发展中国家之间进行)和 JI(在发达国家与中东欧经济转型国家之间进行)。

在交易环节当中,碳市场包括一级市场和二级市场。碳交易运行如图 6-3 所示。一级市场是指配额被政府或监管当局创造并引入市场,政府以免费分配或拍卖的方式在市场中将配额出售。二级市场是指不同的市场参与者,以不同的交易方式,对不同的碳排放产品进行交易。二级市场的主要参与者包括履约企业、中介机构以及个人投资者等。交易产品包括配额本身以及配额衍生产品。

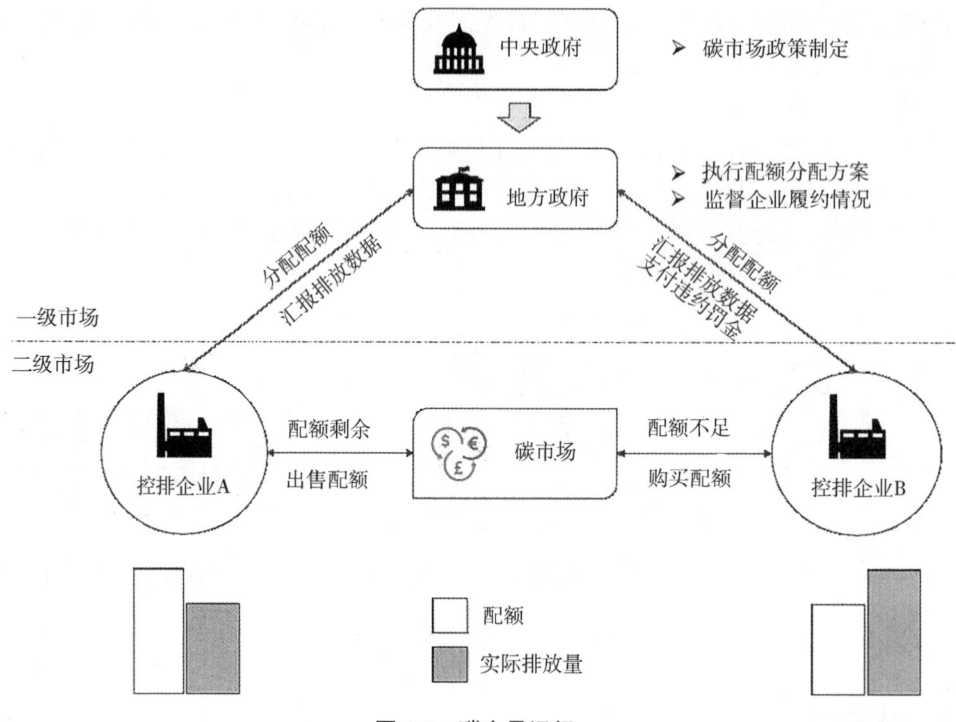

图 6-3 碳交易运行

根据交易产品的不同,碳市场又可以分为配额现货交易市场和配额衍生品市场。配额一般是在现货交易市场根据现货买卖价格进行交易,企业或个人通过经纪商或碳交易所进行间接相互买卖,或者通过场外市场进行直接相互买卖。配额衍生产品则以碳配额期货、期权、远期合约和互换掉期产品等形式在碳交易所或场外市场进行交易,并由清算机构负责交割和清算。

2. 全球碳市场概览

2005 年启动的欧盟碳排放交易体系(EU ETS)是全球最早、发展最成熟的碳排放交易体系,由于碳排放交易体系的灵活性较高、减排成本较低,此后被多个国家和地区所采用。据国际碳行动伙伴组织(International Carbon Action Partnership, ICAP)发布的《全球碳市场进展:2023 年度报告》(*Emissions Trading Worldwide*: 2023 *ICAP Status Report*),截至 2023 年 1 月,全球有 37 个不同级别的行政区域实际运行的碳市场数量达到 28 个,碳市场体系覆盖的排放量占全球温室气体排放总量的 17%,目前已达到 90 亿 t。

3. EU ETS

EU ETS 是全球首个也是世界最大的碳排放交易体系,占国际碳排放交易总量的 3/4 以上,目前在包括欧盟 27 国加上冰岛、列支敦士登和挪威组成的欧洲经济区运行,限制了超过

11 000 座高能耗设施以及在上述国家内运营的航空公司的温室气体排放，覆盖欧盟约 45%的温室气体排放。EU ETS 采取总量控制与交易机制：确定纳入控排名单的企业根据一定标准免费获得或者通过拍卖有偿获得碳排放配额（European Union allowances，EUAs），实际排放低于所得配额的企业可以在碳市场出售 EUA，超过则必须购买 EUA，否则会受到严厉的惩罚。

2003 年 10 月 13 日，欧盟以 DIRECTIVE 2003/87/EC 号指令发布建立温室气体排放配额交易机制，为碳交易提供了法律保障，并自 2005 年 1 月 1 日正式开始实施。欧盟碳市场的建立旨在将环境成本化，借助市场力量将环境转化为一种有偿使用的生产要素，通过建立碳排放配额交易市场，有效地配置环境资源，鼓励节能减排技术发展，实现在气候环境受到保护的情况下，使企业经营成本最小化。

EU ETS 的发展历程可分为四个阶段，各阶段的主要内容及特点如表 6-2 所示。在 EU ETS 的四个发展阶段中，交易覆盖的国家、行业和企业范围逐渐扩大，配额分配过程中拍卖的比例越来越高，免费配额的分配方式也从历史法过渡到基线法，体现了 EU ETS 的不断完善。

表 6-2　EU ETS 的四个发展阶段及其主要内容和特点

发展阶段	减排目标	总量设定	拍卖比例	分配方法	覆盖范围	主要特点
第一阶段 2005—2007 年	试验《京都议定书》的目标	22.36 亿 t/年	≤5%	历史法	二氧化碳 行业包括电力、炼油、炼焦、钢铁、水泥、玻璃、陶瓷、造纸等	免费分配，供大于求
第二阶段 2008—2012 年	在 2005 年基础上减排 6.5%	20.98 亿 t/年	≤10%	历史法	2012 年行业新增航空业	跨期结转，需求减少
第三阶段 2013—2020 年	在 1990 年基础上减排 20%	2013 年上限为 20.8 亿 t/年，此后每年下调 1.74%	≥30%，2020 年 70%	基线法	温室气体新增氧化亚氮、六氟化硫、全氟碳化合物等 行业新增化工、石化、合成氨、有色和炼铝、己二酸等	配额拍卖，稳定储备
第四阶段 2021—2030 年	2030 年排放比 2005 年降低 43%*	配额上限每年下调 2.2%	57%	基线法	2023 年行业新增航运业*	收紧上限，创新融资

注：* 2021 年 7 月，减排目标修正为 2030 年排放比 1990 年降低 55%.

4.MRV 机制

MRV 机制就是碳市场相关数据的监测（Monitoring）、报告（Reporting）与核查（Verification）机制的总称。M 是指对企业（或排放设施）碳排放相关数据及信息进行监测，以保证碳排放数据的来源真实、可靠；R 是指企业（或排放设施）将其排放数据提交至第三方核查机构或政府主管部门；V 是指第三方核查机构对企业（或排放设施）报告的数据进行真实性、准确性和完整性核查。碳排放相关数据的质量是碳市场运行成败的关键，而 MRV 机制能为数据质量提供重要的保障。为达成此目的，MRV 机制需在准确性、一致性、透明性方面保证碳排放相关数据的质量。

5. 配额分配规则

参与碳市场的控排企业最关心的数据有两个：一是自身的碳排放数据；二是分配到手的配额。为实现碳排放履约成本最小化、碳交易收益最大化的目标，企业都希望自己的碳排放越少越好，配额则是越多越好，但配额的多少受配额分配规则的约束。不难理解，所分配的总配额要低于总碳排放量才能促进减排。但落实到具体操作上，配额到底应该低于总碳排放量多少，是免费发放还是有偿发放，是一次性发放还是分阶段发放，每个企业按照企业自身比例发放还是按照行业平均比例发放，这些都将直接影响到整个市场的表现。目前，主流的配额分配方法有两种：历史法和基线法。

(1)历史法

历史法是根据企业的历史排放量来分配配额。例如，某航运企业上一年碳排放为 500 万 t，如果希望这家企业今年能减排 50 万 t，那么可以给这个企业分配 450 万 t 配额。历史法简单易操作，早期的碳市场基本采用这种方法。但历史法的缺点在于，对节能减排做得好的企业不公平，历史上不重视碳减排的企业反而获益。这是因为，节能减排做到极致之后，减排难度越来越大，减排空间非常有限。给企业以相同的减排比例分配配额，节能减排做得越好的企业可能还需要向节能减排做得不好企业购买配额，因为后者更容易实现减排。

(2)基线法

基线法就是让企业不跟自己的历史碳排放量比，而是跟整个行业的排放水平比。例如，运输铁矿石的行业平均碳排放为 10 g/(t·n mile)，以此为基准，通过前期减排努力实际碳排放低于基准线的企业，将会有富余配额可供出售，而排放水平高的就必须得购买配额，这样也就促进了全行业的减排行为。

无论是历史法还是基线法，最终都是为了实现总量控制。最初的配额分配是将整个人类社会可以向地球大气排放的温室气体总量按照国别来进行分配的；然后国家建立碳市场，并对纳入碳市场的行业、区域或控排企业进行配额分配。然而，根据《巴黎协定》设定的 1.5 ℃温升控制目标，反推得到人类社会可以向地球大气排放的温室气体总量大约为 4 000 亿 t 二氧化碳当量。但在全球范围内，如何公平、合理、让大多数国家同意的配额分配方案成为解决问题的关键。截至目前，也并没有一个能实现国家之间、地区之间、行业之间、企业之间公平分配配额的方案。

四、碳金融

要想实现绿色、低碳、可持续发展，无论是发达国家还是发展中国家，都需要进行大量的投资。随着全球各地碳市场的发展，以碳交易为牵引的碳金融也迎来了迅速的发展，并日益在碳达峰碳中和目标实现中发挥服务和引领作用。从这个意义上看，碳交易市场本质上是金融市场，不仅要具备满足当前大型交易需要的基本功能，更需要通过碳价格信号来实现对投资的引导。因此，碳中和目标的实现充满了挑战，这不仅是一场能源革命，是一场广泛而深刻的经济社会系统性变革，也是一场深刻的金融革命。

关于碳金融，目前尚无统一的概念或定义。一般而言，碳金融是指所有服务于限制温室气体排放的金融活动，包括直接投融资、碳指标交易和银行贷款等。世界银行在《2006 年碳金融发展年度报告》中首次界定了碳金融的含义，即“以购买减排量的方式为产生或者能够产生温室气体减排量的项目提供的资源”；2011 年，在其《碳金融十年》报告中，碳金融被定义为“出售基于项目的温室气体减排量或者交易碳排放许可证所获得的一系列现金流的统称”。中国人民银行研究局与中国金融学会绿色金融专业委员会发布的《绿色金融术语手册》(2018 年版)提出:狭义的碳金融是指以碳配额、碳信用等碳排放权为媒介或标的的资金融通活动;广义的碳金融是指服务于减少温室气体排放或者增强碳汇能力的商业活动而产生的金融交易或资金融通活动,包括以碳配额、碳信用为标的的交易行为,以及由此衍生出来的其他资金融通活动。北京绿色金融与可持续发展研究院院长马骏在其《中国绿色金融发展与案例研究》中将碳金融定义为:为减少温室气体排放、减缓和适应气候变化相关的金融交易活动和各种金融制度安排,包括碳排放权及其衍生品的交易,基于温室气体排放的低碳技术和低碳项目开发投融资活动,以及与应对气候变化、减少温室气体排放有关的担保、咨询和其他中介服务等。随着碳中和事业的发展,预期碳金融的概念将进一步泛化为所有为节能环保、清洁能源、绿色交通、绿色建筑等领域项目投融资、项目运营、风险管理等活动所提供的金融服务。

碳交易与碳金融有着千丝万缕的联系:碳交易是碳金融发展的前提和基础,排放配额和国家核证自愿减排量是碳金融的基础资产;碳金融产品是主流金融产品在碳市场的映射,只是金融资产的锚定物发生了变化;与传统金融市场和金融产品类似,碳金融也会出现以碳排放权为标的的金融现货、期货和期权交易;碳金融不仅仅局限在碳市场内,也有场外市场;排放权交易金融化是碳交易发展的必然趋势。碳交易的发展离不开碳金融的支持,碳金融与碳交易相互依存、相互促进。2021 年 1 月,国家设立广州期货交易所,并推出碳交易权期货产品。近年来,中国碳金融产品在不断丰富,其主要类型大体分为三类,如图 6-4 所示。

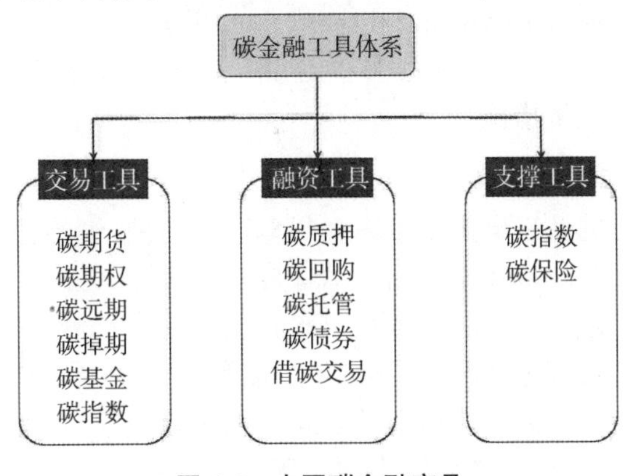

图 6-4　中国碳金融产品

第二节　航运碳排放市场机制

一、基本背景

1. 发展历程

IMO 海洋环境保护委员会(MEPC)自 1996 年就开始负责减少船舶温室气体排放政策选项的识别和开发。随着 UNFCCC 以及《京都议定书》的生效,航运也一直因为其属于全球范围的移动源排放,且是能源效率最优、环境最友好的运输模式,而未曾被纳入《京都议定书》的监管之中。通过技术措施和营运措施提升能效、降低成本一直是航运企业的内生动力,但自2006年开始,国际海事行业也开始讨论在技术措施和营运措施之外,增加基于市场的措施(Market-Based Measures, MBMs)。

2009年,《IMO第二次温室气体研究》(*The second IMO GHG study* 2009)报告发布,世界航运温室气体排放被指达到全球人为源温室气体排放的3%左右;并指出基于市场的措施具有很高的环境效益和成本效益,它们既促进技术措施和营运措施的采用,也允许抵消其他行业的排放。同年,在哥本哈根召开的UNFCCC第15次缔约方大会(Conference of Parties, COP)上,国际海事行业被要求设定行业性的减排目标;并在IMO框架下推进基于市场的措施,以协调UNFCCC"共同但有区别原则"(Common But Differentiated Responsibilities, CBDR)与国际海事行业"不予优惠待遇原则"(No More Favorable Treatment)之间的冲突。此后,虽然多个航运MBMs方案被提出,但始终都处于桌面讨论阶段。

2018年4月13日,IMO以MEPC.304(72)号决议通过了《IMO船舶温室气体减排初步战略》(*Initial IMO Strategy on Reduction of GHG Emissions from Ships*),设定了到2050年国际航运温室气体排放总量相比2008年减少50%等一系列目标,以履行海事行业承担《巴黎协定》温升控制目标的责任,并为此安排了一系列的短期(2018—2023年)、中期(2023—2030年)和长期(2030—2100年)减排措施,其中的中期措施主要包括低碳燃料的应用和市场机制的构建。2023年7月7日,IMO以MEPC.377(80)号决议通过了《IMO船舶温室气体减排战略2023》(2023 *IMO Strategy on Reduction of GHG Emissions from Ships*),提出了到2050年左右国际海事行业实现净零排放的战略雄心,拟于2025年通过的一揽子中期措施中依然包括以船舶温室气体排放定价机制为基础的经济措施。

2. 主要类型

国际海事社区讨论过的航运碳排放市场机制多达十几种,主要包括国际船舶温室气体排放基金(The International Fund for Greenhouse Gas emissions from ships, GHG Fund)、高能效船舶激励计划(The Leveraged Incentive Scheme, LIS)、港口国对抵港船舶征税,船舶效率和信用交易(Ship Efficiency and Credit Trading, SECT)、船舶效率体系(Vessel Efficiency System , VES)、全球排放交易体系(Global Emission Trading System)、罚金、返还等。各方案的具体细节本书不做探讨,感兴趣的读者可参考IMO各成员国历年的提案文件。

总体而言,航运碳排放市场机制主要可分为三种类型:

(1)总量控制方法(Quantity-Control Approach)。其中的典型代表是基于总量控制与交易机制的排放交易体系(Emission Trading System),如欧盟EU ETS。

(2)价格控制方法(Price-Control Approach)。其中的典型代表是基于污染者付费原则(Polluters Pay Principle)、与征税相关的燃油税(Levy on Fuel)或碳税(Carbon Tax),如欧盟FuelEU Maritime。

(3)减排基金方法(Emission Reduction Fund)。海事行业前期有运作、管理"国际油污损害赔偿基金"的经验,设立旨在减少船舶温室气体排放的基金也成为一种当然的市场机制。船舶温室气体减排基金的主要目标是通过投资和支持减排技术、减排项目来减少航运温室气体排放,这些技术或项目可能涉及能源效率改进、可再生能源开发、替代燃料应用、碳捕集与储存等;基金同时也可以用于激励能效表现优良的船舶或企业;基金还可以用于支持发展中国家,尤其是最不发达国家(Least Developed Countries, LDCs)和小岛屿发展中国家(Small Island

Developing States, SIDS)，在应对气候变化方面的努力，包括能力建设、基础设施建设和采取适应性措施。

二、航运碳排放市场机制实践

目前，IMO 框架下的市场机制还在讨论当中，付诸实践的主要是欧盟框架下的 EU ETS、FuelEU Maritime 两项措施。这里就其发展历程做一简单介绍，具体规定可参阅欧盟发布的相关法规文件。

2005 年，欧盟开始实施欧盟碳排放交易体系（EU ETS）。2012 年，欧盟将航空业纳入 EU ETS 时便在讨论将海运业也纳入其中。

2015 年，UNFCCC 第 21 次缔约方大会签署的《巴黎协定》并未对航运业进行单独的提及，但是欧盟认为根据《巴黎协定》的温度目标，航运业对减排的贡献仍然是欧盟的一个重要议题。2018 年，欧盟提出对 EU ETS 进行修订，并在此次修订中强调了对航运业碳排放采取限制措施的必要性。

2019 年 12 月，新一届欧盟委员会推出了《欧洲绿色协议》（*The European Green Deal*），旨在通过绿色转型减少欧盟国家的温室气体排放来应对全球气候变化，确保欧盟国家在 2050 年实现气候中性。2021 年 7 月 14 日，为实现欧盟（European Union, EU）2030 年温室气体排放（Greenhouse Gases, GHG）比 1990 年降低 55%的目标，欧盟委员会提出了将航运业纳入 EU ETS、可持续海运燃料（FuelEU Maritime）等在内的一揽子能源和气候立法提案“Fit for 55”。经过将近两年的磋商和谈判，2023 年 4 月 25 日，欧洲理事会正式通过了实现 2030 年气候目标的 5 项关键立法，包括将航运排放将首次纳入欧盟排放交易体系的范围；2023 年 7 月 25 日，欧洲理事会正式通过了 FuelEU Maritime 法案。

将航运业纳入 EU ETS 以及 FuelEU Maritime 两项条例已分别于 2023 年 5 月 10 日和 2023 年 9 月 22 日在欧盟官方公报正式公布，并分别于 2023 年 6 月 5 日和 2023 年 10 月 12 日正式生效。

在此背景之下，对于航运公司而言，下列应对措施值得参考：

（1）对于运营欧盟航线，或者计划拓展欧盟航线的船东公司应该组建一个专门应对 EU ETS 和 FuelEU Maritime 的工作组，或者单独的部门，需要能够同时协调船舶管理部门、租船部门、操作部门、财务部门、战略发展（企划）部门。后续欧盟委员会的履约细则可能也会规定航运公司对于每个船队设置指定人员。

（2）积极进行碳资产的管理，利用二级市场交易使得碳配额的获取成本最小。

（3）对于中小型规模的船东公司，探索与 ETS 经纪人或者 ETS 交易、管理平台的接触与合作，或者寻求有能力的第三方船舶管理公司的支持。

（4）在充分考虑欧盟影响的情况下，评估 EU ETS 和 FuelEU Maritime 对公司运营成本的影响，制定公司整理的脱碳减排战略或者应对方案。

（5）船东公司应该形成成熟的 EU ETS 碳配额租船条款，加强对租船部门的培训，在租船谈判中，将碳配额的成本合理转嫁给租家。

第三节 航运公司 ESG 实践

一、ESG 概念

1. ESG 基本内涵

ESG 概念最早出现于 20 世纪 80 年代，是一种关注企业环境、社会、治理绩效而非财务绩效的投资理念和企业评价标准。ESG 是环境（Environmental）、社会（Social）责任、治理（Governance）的缩写，用来衡量企业/组织发展的可持续性。

根据 UNEP 的定义，E 涉及自然环境和自然系统的质量和功能，包括生物多样性丧失、温室气体排放、可再生能源、能源效率、自然资源消耗或污染、废物管理、臭氧消耗、土地利用变化、海洋酸化与氮磷循环的变化。S 涉及人民和社区的权利、福利和利益，包括人权、劳工标准、健康和安全、与当地社区的关系、冲突地区的活动、健康和药品的可获得性、消费者保护以及有争议的武器。G 指与被投资单位管理相关的治理问题，包括董事会结构、规模、多样性、技能和独立性、高管薪酬、股东权利、利益相关者互动、信息披露、商业道德、贿赂和腐败、内部控制和风向管理、股东和其他利益相关者以及在一般情况下处理公司管理层与董事会之间关系的问题。而国际货币基金组织（International Monetary Fund, IMF）从环境、社会、治理三个方面考虑了 ESG 的基本内涵，具体如表 6-3 所示。

统一而明确的 ESG 问题清单并不存在，市场上有多种不同的、更具体的定义，而且看起来不可能就其定义达成一致。市场、技术、政策、价值观和社会偏好无时无刻不在发生着变化，而且在不同地区、不同国家甚至国家内部都有所不同。因此，将 ESG 因素纳入固定收益投资，正日益在主流金融市场占有一席之地。ESG 作为一种理念，主要包括 ESG 投资（可持续投资）、ESG 风险、ESG 信息披露、ESG 评价评级等概念。ESG 理念作为可持续金融实践中的重要概念，在金融机构、公司和政府部门中形成了广泛共识，不同的机构均在进行着目标相同但实际内容可能有所不同的 ESG 实践。

表 6-3 IMF 定义 ESG 内涵

ESG	关键主题	主要议题
环境	气候变化	碳足迹，气候变化事件的脆弱性
	自然资源	能源效率，用水效率，原材料采购，土地使用
	污染物与废弃物	有毒物质排放，废水管理，危险品管理，空气质量，电子废弃物管理
	机遇与政策	可再生能源，清洁技术，绿色建筑，环境和生物多样性目标与投资
社会	人力资本	工作场所的健康与安全，发展机会，员工参与，多样性和包容性，薪酬和工作条件
	产品责任	产品质量和安全，销售实践和产品标签，客户隐私和数据安全，对产品的评估
	关系	政府，社区，公民社会

续表

ESG	关键主题	主要议题
治理	公司治理	董事会结构和问责机制，会计和信息披露实践，高管组成和管理层效率，所有权和股东权利
	公司行为	腐败管理，系统性风险管理，收益质量，竞争行为，商业环境管理，税收和关联方交易的透明度

2. ESG 投资

近年来，高温、森林火灾和洪水等极端天气事件同时出现在世界各地。环境挑战，包括气候变化和生物多样性丧失在内，会对人类的长远利益造成影响。这些风险不仅会影响到个人、社区或公司，甚至会影响整个全球经济。这涉及经济学中的环境外部性（Environmental Externality）概念，来源于经济学家庇古发现并提出的外部性理论。外部性分为正负两种：当一个生产者或消费者的行为对社会其他成员造成危害，而自己却没有为此付出代价去补偿该损害时，便产生了负的外部性；反之，则为正的外部性。无论是正的外部性还是负的外部性，都会导致市场失灵，影响市场对资源的配置。环境污染就是一种典型的负外部性。环境污染的负外部性是指市场主体对环境所造成的不利影响通常转嫁给全社会，自身并不承担相应的责任。譬如像空气、河流和海洋等公共资源没有明确的财产权，当市场中的经济主体的生产行为给公共产品带来污染时，这事实上存在因污染而带来的社会成本。但因公共资源财产权的模糊，经济主体在生产活动中只考虑私人成本，不考虑社会成本，其生产成本小于总成本，把环境污染的社会成本转嫁给全社会，由社会共同承担。由此可见环境污染的负外部性引起环境污染。并且一些对环境有益的正外部性活动因得不到补偿而受到抑制，改变环境污染状况的进程就非常缓慢。

大型机构投资者——尤其是那些在不同资产类别和不同地区拥有资本的投资者——有明确的动力来考量和应对这些风险。早在 2010 年，联合国责任投资原则组织（United Nations' Principles for Responsible Investment, UNPRI）和联合国环境署金融倡议组织（UNEP Financial Initiative, UNEP FI）就发布了一份题为《普遍所有权：为什么环境外部性对机构投资者很重要》报告，计算了环境退化造成损失的货币价值，并揭示出这对大型机构投资者来说具有重大的财务意义。报告指出，2008 年全球人类活动产生的环境成本高达 6.6 万亿美元，相当于当年全球 GDP 的 11%。大型机构投资者实际是"普遍所有者"，这意味着，他们长期且高度多元化的投资组合在全球资本市场上具有普遍代表性。因此，投资组合中一家公司造成的环境外部性，往往使投资组合中的其他公司面临成本增加，从而影响投资组合整体的回报。

除环境挑战外，其他一些挑战也对金融系统的稳定至关重要。因此，投资者辨别和应对这些挑战同样至关重要。越来越被投资者们所警觉的话题包括：冲突和战争，通过破坏征税基数而降低收入，同时增加军费开支，这往往导致公共财政的复杂化；腐败，会带来经济成本增加，并降低市场效率；关于性别不平等和儿童福利的问题，不仅可能损害公司声誉，还可能出现违法犯罪行为；健康和福祉，过去三年新冠大流行给全球社会造成的巨大损害和不确定性，清楚地表明了这一点。

上述问题在社会和制度上是相互关联的，但并未经常与投资者决策联系起来。这种情况正在改变。投资者和公司开始认识到，如果忽视这些挑战，不采取集体行动，可能会阻碍经济实现长期的稳定繁荣，而经济长期的稳定与繁荣是推动长期投资回报的必要条件。在此背景之下，ESG 投资正成为一种主流的投资理念。

ESG 投资亦称为可持续投资,近似的概念还包括责任投资,不同的组织或机构给出了近似的定义,在实践中往往存在混用的情况,并不做严格区分。

全球可持续投资联盟(Global Sustainable Investment Alliance, GSIA)给出了可持续投资的权威定义:可持续投资是一种在投资组合选择和管理中考虑环境、社会、治理(ESG)因素的投资方法。

联合国责任投资原则组织(United Nations' Principles for Responsible Investment, UNPRI)给出了责任投资的权威定义:责任投资致力于了解环境、社会和治理因素的投资影响,并将这些因素纳入其投资和决策中。责任投资更专注于目标公司在实体运营中的 ESG 因素,以加强风险管理。因此,责任投资是对具有良好 ESG 实践的公司的投资。由此可见,责任投资与 ESG 投资的概念紧密相连,都是在投资决策过程中考虑 ESG 因素。该组织也给出了一个关于 ESG 投资的定义:ESG 投资涉及运用一套商定的标准来选择坚持环境、社会和公司治理标准的公司。

世界银行(World Bank)将 ESG 投资定义为:将环境、社会和治理问题纳入投资的分析、选择和管理中。需要考虑的关键问题通常包括:E——气候变化、碳排放、污染、资源效率、生物多样性;S——人权、劳工标准、健康与安全、多样性政策、社区关系、人力资本发展;G——公司治理、腐败、法治、机构实力、透明度。

3.ESG 风险

金融机构的业务一般不会产生重大的环境影响和社会影响,但其客户或被投资方的业务和管理方式可能会给金融机构带来风险,所有的金融机构都会通过其客户或被投资方而面临一定程度的环境风险和社会风险。如果不加以管理,这些风险可能会导致金融机构的声誉下降、形象受损、面临高昂的诉讼或收入损失。欧洲银行管理局(European Banking Authority, EBA)将 ESG 风险定义为:由于 ESG 因素对交易对手的当前或未来产生的影响,而对信贷机构或投资公司产生的任何负面财务影响的风险。客户或被投资方在下列领域的表现可能会给业务带来环境风险和社会风险:气体排放和空气质量,能源使用与节省,废水和水质,水的使用和节省,危险材料的使用,废弃物,土地污染,生物多样性和自然资源,劳动和工作条件,职业健康和安全,社区健康、安全和保安,土地征用和重新安置,原住民,文化遗产。

4.ESG 信息披露

企业通过对外披露财务信息以外的绩效表现,包括 ESG 维度下相关影响及应对措施,以帮助利益相关方了解自身的可持续发展水平,提升市场整体 ESG 信息质量与透明度,具体包含强制性披露和自愿性披露两种形式。其中,强制披露是指在政府或者监管部门的相关法律法规及披露框架下,企业必须向社会公众披露 ESG 信息;自愿披露则指企业自主采纳其他组织和机构所制定的框架,主动向社会公众披露 ESG 信息。

ESG 信息披露是 ESG 评价评级的基础。近年来,越来越多的国际组织都发布了多种 ESG 框架和指南,如 ISO 26000、全球报告倡议组织(Global Reporting Initiative, GRI)的可持续发展报告指南(*Sustainability Reporting Guidelines*)等,为企业进行信息披露提供了参考。国际机构发布的 ESG 报告指南,以及部分经济体和各交易所的参与,逐步建立起 ESG 披露框架,形成了披露、评估和投资有机衔接的过程。

5.ESG 评价评级

第三方评级机构在国际通用政策及标准文件的基础上,结合自研的 ESG 指标方法学,设

置较为规范和统一的 ESG 评级指标体系,并根据公开来源信息,对企业的 ESG 表现进行打分评级,为 ESG 投资提供参考。此外,部分评级机构会选择 ESG 表现较好的企业编制形成 ESG 相关指数,并根据固定周期内的企业 ESG 表现进行标的池的更新。

近年来,越来越多的国际机构开始参与 ESG 评级产品的研发,影响力较大的包括 MSCI(明晟)、FTSE(富时)、Bloomberg(彭博)、Thomson Reuters(汤森路透)、Standard & Poor's(标准普尔)、意大利 ECPI 以及荷兰 Sustainalytics 等。在国际上,ESG 评级更多作为一种投资理念或投资指导,为其投资组合提供更完善的决策。评级机构根据企业 ESG 披露做出适当的 ESG 评级,评级指数的表现会影响投资者的决策。

二、航运公司 ESG 转型

1. 联合国可持续发展目标与航运公司 ESG 转型

可持续发展目标(Sustainable Development Goals, SDGs)是联合国在 2015 年制定的 17 个目标,如图 6-5 所示。其具体包括:消除贫困;消除饥饿;健康与福祉;优质教育;性别平等;清洁饮水与卫生设施;可负担的清洁能源;体面工作和经济增长;工业、创新与基础设施;减少不平等;可持续城市和社区;负责任的消费和生产;气候行动;海洋环境;陆地生态;和平、正义与强有力的机构;促进目标实现的伙伴关系。这些目标呼吁所有人共同行动,争取在 2030 年前,结束贫困,保护地球,改善福祉,实现每个人的繁荣。同时,可持续发展目标也是《2030 年可持续发展议程》的一个组成部分,该议程是实现这些目标的 15 年计划。

越来越多的机构投资者,将他们的投资决策与可持续发展目标相结合,通过重点关注结束贫困、保护地球和实现所有人的繁荣,以调整其最佳投资组合。通过这样的方式,投资者可以建立一个更贴合现实世界的投资框架。根据可持续发展目标的 169 个子目标,规划被投资方的重要问题和 ESG 实践。这对于识别风险和衡量影响都很有用。它还可以帮助投资者将他们的分析与中国的发展目标联系起来。

图 6-5　联合国可持续发展目标(UN SDGs)

2.政府监管和市场环境要求航运公司实施 ESG 转型

ESG 的内涵就是企业发展与环境保护相辅相成。鉴于投资者日益呼吁企业提供 ESG 信息,香港证券交易所早在 2016 年就开始要求上市公司发布 ESG 报告,并于 2020 年 7 月更新了信息披露要求,要求上市企业披露与生态环境和社会责任投资相关的信息,如企业董事会的参与情况、将 ESG 纳入企业经营战略和重大决策的做法、与气候相关的风险管理、环境目标设定和供应链管理等内容。

中国监管机构针对在上海证券交易所和深圳证券交易所上市的企业也更新了 ESG 报告要求。2022 年 4 月,中国证监会发布了《上市公司投资者关系管理工作指引》(证监会公告〔2022〕29 号),在上市公司与投资者沟通内容中增加了 ESG 信息。

世界经济论坛(World Economic Forum)与普华永道中国(PwC China)合作发布的《ESG 报告:助力中国腾飞 聚势共赢》(*A Leapfrog Moment for China in ESG Reporting*)白皮书指出,随着 A 股上市企业日益纳入全球指数,国际机构投资者对 A 股企业的持股比例预计会不断提高;中国 2060 年碳中和目标将进一步凸显企业进行气候信息报告和转型的重要性;如果能建立有效的 ESG 报告体系,提供可比的排放数据和气候实践,将为中国低碳经济的发展奠定坚实基础;中国是全球最大和最有活力的经济体之一,中国企业是中国经济发展的重要动力。为了以环境友好型、对社会负责任的方式促进中国和世界繁荣,中国企业应发挥引领作用。对 ESG 指标进行高质量报告将有助于引导资本流向,协助监管机构及时决策,帮助客户做出科学的供应链管理决策,从而促进可持续发展。

据 Energy & Climate Intelligence Unit 数据,截至 2023 年 8 月,纳入统计的 198 个国家(UNFCCC 所有缔约方)、709 个地区(25 个最大排放国的所有地区)、1 186 个城市(人口超过 50 万)和 1 980 家公司(按收入计算全球最大的上市公司)中,提出净零目标的已有 151 个国家、155 个地区、254 个城市和 964 家公司。发达国家已经实现工业化,大量高污染、高能耗行业向发展中国家转移,经济结构以服务业为主。中国推动碳中和所处的经济发展阶段和大多数发达国家并不相同,面临更艰巨的经济结构转型和产业布局优化的压力。当前,中国的 ESG 生态系统正快速成熟,监管者、投资者和决策者正在积极提高企业可持续发展相关标准,中国商业领袖也日渐意识到,不仅要通过财务指标,还要通过 ESG 框架来评估企业绩效。

碳中和与 ESG 虽然是两个独立主题,但却息息相关。因此,政府推动高质量绿色发展,ESG 可作为落实碳中和目标的重要抓手;企业把 ESG 融入生产管理,有助于产业转型升级;ESG 可以推动产业链企业节能减排,并推动新技术研发应用;ESG 也是对投资人的教育引导,产融协同以实现长期收益和社会效益。ESG 实践不仅能为企业打造更有韧性的发展模式,更能打开未来全新市场。航运是一种最经济、最高效的大宗货物运输方式,航运公司历来就是可持续发展和绿色发展的坚定践行者。在国际海事行业提出 2050 年左右实现航运碳中和的愿景下,航运公司更应以 ESG 框架和转型作为最重要的发展理念,以更大的勇气和决心加速 1.5 ℃温升控制目标的实现,共同促进人类社会的持久繁荣。

3.航运公司 ESG 转型发展的实施路径

航运价值链产业链相关企业既是碳排放的主体,又是实现航运碳中和愿景、发展航运碳中和技术的主体,是助力全球海事行业低碳转型的中坚力量。如图 6-6 所示为马士基公司的 ESG 战略框架。

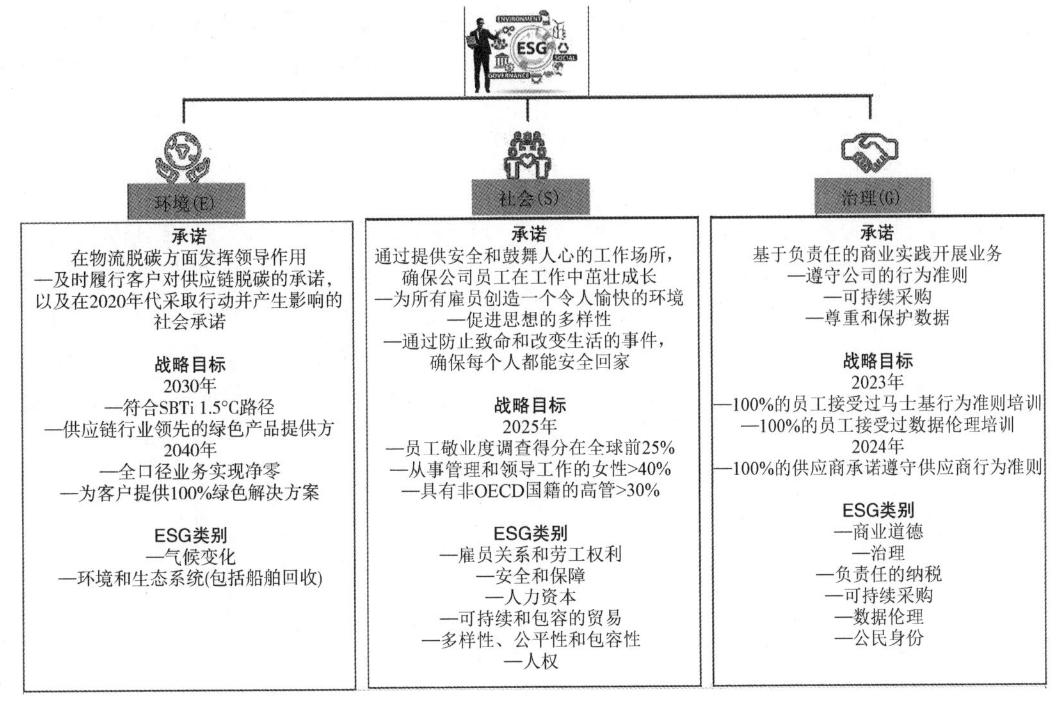

图 6-6　马士基公司的 ESG 战略框架

在日趋激烈的低碳转型浪潮下，航运企业应采取更加积极的态度，主动承担碳减排任务，履行 ESG 责任；与此同时，搭乘航运低碳转型快车，在未来的市场竞争中更能具备先发优势、取得更大的发展空间。马士基、CMA CGM、MSC 等国际头部航运企业早已树立了远大的减排雄心，并已经发力落实行动。中国的航运企业也应该迎头赶上，积极投入 ESG 转型浪潮中。

下列行动路径可作为重要的参考：

（1）明确碳排放范围，开展碳核算，摸清自己的“碳家底”。

航运企业实现碳中和的重要依据是明确其生产和运营范围内的碳排放量。航运企业全价值链的生产运营活动很多，依据 WRI 和 WBCSD 发布的《温室气体核算体系》（*GHG Protocol*）、ISO 14064、ISO 14067 等标准和指南开展碳核算，是航运企业开展碳中和工作的基础。

（2）结合企业特征和发展现状，制定科学合理的碳减排目标。

摸清当前的碳排放总量后，航运企业应围绕自身业务特征，结合国家碳达峰碳中和目标以及国际海事行业的减排愿景，制定自身的碳减排目标和规划，并出台自己的碳中和时间表、路线图。在制定碳减排目标时，可参考 2015 年全球环境信息研究中心（Carbon Disclosure Project，CDP）、联合国全球契约组织（United Nations Global Compact，UNGC）、世界资源研究所（World Resources Institute，WRI）和世界自然基金会（World Wide Fund for Nature，WWF）联合发起的“科学碳目标倡议”（Science-based Target Initiative，SBTI）发布的指南，科学地制定符合《巴黎协定》的碳目标，采取更加积极的减排行动和解决方案，提升企业在低碳经济转型中的竞争力。

（3）制定具体的行动路线图。

明确具体的碳减排实施路径是确保实现各关键时间节点目标的前提。碳减排路径主要分为 5 大类：在能源供给侧的可再生能源和清洁能源替代；在能源需求侧提高能源利用效率和原材料利用率；生产运营低碳化，包括原料替代、电气化改造和技术改造；发展负碳吸收技术，如

CCUS 技术;对于最后"减无可减"的剩余碳排放,可通过进入碳市场购买碳排放配额。航运企业应通过管理层承诺、设置环境关键绩效指标(Environment KPI)、设立公司"碳税"等多种途径将具体的减排行动融入生产经营中。

(4)"核心减排"是重点,发展培育低碳技术。

航运企业实现碳中和,本质上还是需要在产业结构、能源结构、技术革新上进行深度调整,植树造林等碳抵消方式只能作为一种补充。提高可再生能源的利用比例,摆脱对传统化石能源的依赖才是企业减排的重点。围绕核心业务,在工艺、技术和操作方面加大研发和投资力度,拓展低碳转型解决方案,确保技术的持续创新和升级;通过与高等学校、科研院所、第三方咨询管理等机构开展合作,确保持续降低企业的绿色溢价。此外,随着大数据、人工智能技术的发展,运用数字化、信息化、智慧化转型赋能企业 ESG 转型,转变生产管理理念,也是重要的发展路径。

第七章　航运碳中和法治

第一节　碳中和法治概论

一、碳中和的法律意蕴

1.基本概念

“碳中和”(Carbon Neutrality)一词始于1997年,由英国伦敦的未来森林公司(Future Forests)以商业策划的概念提出,是指公司通过提供植树造林等碳减排服务,向家庭或个人销售经过认证的碳信用,以允许用户抵消自身行为产生的碳排放的商业模式。此后,“碳中和”一词逐渐成为各国为应对气候变化而提出温室气体达到净零排放战略目标的国际社会共识。

2006年,“碳中和”被评为《新牛津英语字典》的年度词汇并被编入次年词典词汇中,其含义解释为:碳排放量降低为零,或通过环保措施抵消排放。2018年10月,IPCC发布的《全球温升1.5℃特别报告》首次对碳中和的含义做了官方性阐释,旨在《巴黎协定》温升控制目标作用下,到2030年全球净人为二氧化碳排放将在2010年的基准上减少约45%,并在2050年左右达到净零,简言之,为“一定时期内通过人为二氧化碳消除使得全球二氧化碳排放达到平衡状态”。

2.“碳”的内涵

2020年9月,中国国家主席习近平在第75届联合国大会一般性辩论中指出,“人类需要一场自我革命,加快形成绿色发展方式和生活方式,建设生态文明和美丽地球。中国将提高国家自主贡献力度,采取更加有力的政策和措施,二氧化碳排放力争于2030年前达到峰值,努力争取2060年前实现碳中和。”此后,中国为实现2060年碳中和这一减排目标,从中央到地方政府都出台了一系列以碳减排为核心目标的相关法规文件。

然而,对于碳中和中的“碳”如何定义,目前不同领域的专家持有不同的观点:有专家主张从便于统算衡量温室气体当量及取得成效的角度考虑,“碳”仅指二氧化碳这种气体;有人坚持应涵盖CO_2以外的CH_4、N_2O等引起气候变暖的所有温室气体,强调碳中和是温室气体的中和而不仅是二氧化碳的中和;还有一种观点主张仅包含UNFCCC管控的七种主要温室气体,

即 CO_2、CH_4、N_2O、HFCs、PFCs、SF_6和 NF_3。基于航运排放物质的特点,根据相关业内减排标准和行业目标,“碳”不应该仅局限于二氧化碳这一种温室气体,而是应该涵盖到能引起气候变暖的所有温室气体。不能仅仅为了实现二氧化碳的减排目标而去大量排放其他具有同样环境危害性的其他种类温室气体,这有悖于全球碳减排的宏伟气候目标。

在明确“碳”含义的情况下,统观各界学者的阐释解说可以将碳中和狭义理解为:在规定时期内,通过国家、团体组织或个人采取节能减排或植树造林等措施,使源的温室气体排放与CCUS所消除的温室气体当量相持平,即大气中温室气体增量为零,达到保持以二氧化碳为主的温室气体量基本稳定的结果。广义碳中和要求中国2060年前自然碳汇要抵消非二氧化碳温室气体、工业生产过程二氧化碳和能源活动二氧化碳。碳中和的内在逻辑是通过碳减排与碳增汇的双重作用使大气中二氧化碳等温室气体达到净零排放。从宏观层面讲,从国家战略和国家安全的高度将碳中和作为特定时期的引领目标,以法律手段和政策导向推动中国能源产业和经济结构转型升级;在可操作的层面上,是以法的权利义务工具促使政府、企业和公众个人在内的所有社会主体的协同参与,齐力陈铺清洁低碳、安全高效的发展道路和践行绿色低碳生活方式。

二、国际、国内碳中和法治现状

1. 国际碳中和法治体系

目前国际组织将碳中和问题归结在气候治理的范畴内。全球气候问题的成功治理离不开各国通力合作。目前,各个国家、地区和国际组织通过交流协商产生了多份气候合作治理的倡议或协议文件,但这些文件大多仅具有政治敦促意义,且部分文件的主体与对象范围较小,并不必然具有国际法上的意义。因此,目前提到的国际上调整气候变化法律体系仅指那些在气候治理活动中形成的具有普遍法律约束力的国际法文件。总体而言,该法治体系框架主要由UNFCCC、《京都议定书》和《巴黎协定》构成。

(1)UNFCCC

UNFCCC奠定气候治理合作基础,为气候治理国际合作奠定了法律基调,是国际气候治理总纲性文件。UNFCCC考虑到不同国家的排放现状以及全球整体减排目标,开创性地确定了全球气候治理的基本原则:

一是“共同但有区别的责任”(Common but Differentiated Responsibilities,CBDR)原则(通常简称为“共区原则”)。其内涵包括两个方面:

“共同”是指全人类(无论发达国家还是发展中国家)对于应对气候变化负有共同责任。

“区别”则在于,从历史的角度看,发达国家原有的工业变革是碳排放增多的主要原因,而其工业转移使当前发展中国家碳排放居高不下,故发达国家应当对碳减排承担主要责任;从现实的角度看,发达国家与发展中国家的实力与能力各不相同,因而减排责任要视各自的减排能力而定。

二是公平原则。即部分缔约方国家(特别是海拔较低、面积较小的国家)极易处于气候变化的威胁当中。

三是风险预防原则。此原则是国际环境法的一般原则之一。基于环境问题事后处理的复杂性与损害扩大性,各国应当预先对可能引起气候变化的各种原因进行预测与防范,避免不利情形的发生。

四是可持续发展原则。应对气候变化不仅关系到当代人的代内利益，还关系到未来人的代际利益——人类子孙后代永续生存的条件保障，因而必须转变发展方式，采取行动，形成长久而稳定的气候环境。

(2)《京都议定书》

《京都议定书》是第一份具有法律约束力的专门应对气候变化的国际法文件，为全球气候治理铺设了具体的路线。尽管最终因发达国家不满强制责任等原因导致该体系的解体，但不可否认《京都议定书》开创了国际气候治理合作的种种制度先河，对降碳减排具有显著意义。《京都议定书》是 UNFCCC 下的附属法律文件，与 UNFCCC 有着不可分割的关系，其内容基调与 UNFCCC 保持一致，并细化解释了“公约机制”，如《京都议定书》对“共区原则”的执行采用的是明确的“二分法”，即将发达国家与发展中国家的减排义务区分。具言之，在《京都议定书》的第一承诺期中，发达国家的温室气体排放至少要比 1990 年减少 5.2%，而在第二承诺期中这一目标更是提高到 18%。发展中国家则不受这一温室气体限排义务的限制。

在一些具体的减排事务上，《京都议定书》进行了突破和创新。

首先，《京都议定书》开放了以“净排放量”计算排放额度的新机制。在该机制下，各国的排放量计算不再仅仅考虑温室气体具体排放了多少，而是也将森林碳汇所抵消的二氧化碳等温室气体的额度囊括其中。

其次，《京都议定书》规定了发达国家之间的国际排放贸易(IET)制度。即未达成温室气体排放限制指标的发达国家，可以从已经超额完成限排任务的发达国家购买其剩余的排放额度。这一制度利用灵活的市场机制鼓励缔约方国家积极实现温室气体的减排目标，为缔约方国家提供了更丰富的减排路径与履约出口。再次，《京都议定书》建立了具有特色的清洁发展机制(CDM)。如果说国际排放贸易(IET)是发达国家与发达国家之间的交易合作，那么 CDM 的作用就是将发达国家与发展中国家的应对气候变化行动联系起来。CDM 承诺，若某一缔约方国家在他国投资能够减少温室气体排放的项目，则其项目的减排数额可以抵消本国的相应排放额。这一特色机制既能充分利用发达国家的技术优势与资金优势，也能促成发展中国家进入减排行动。

最后，《京都议定书》中联合履约(JI)机制允许一些国家以整体计排的形式计算碳排放量。如欧盟作为一个在经济、政治上都密不可分的联合体，其温室气体排放也必然“牵一发而动全身”，故而对于这些组织中的缔约方国家，可以不单独计算某一国家的排放额度，而是以排放总量衡量其是否达成减排目标。

《京都议定书》无疑为发展中国家提供了更多的发展空间，但对发达国家而言，强硬的“二分减排机制”使其认为自身承担的国际减排义务远远超出在前工业时代积累的责任限度，且日益繁重的减排任务严重影响其权益，渐而许多发达国家表示将不再参与第二承诺期并退出《京都议定书》。最终，《京都议定书》可适用的国家只剩下 30 多个。《京都议定书》框架下各国减排意愿与减排行动的低迷，宣告《京都议定书》时代近乎败落。

(3)《巴黎协定》

鉴于继续以《京都议定书》来实现 UNFCCC 目的已不可能，必须尽快订立一份新的法律拘束力的文件合理分配各国的碳排放责任机制，才能继续推动国际气候治理。2015 年 12 月，《巴黎协定》在巴黎气候大会上订立，它是继《京都议定书》后第二份具有明确法律约束力的应对气候变化的国际法文件。脱离了 UNFCCC 的附带形式，作为一份独立的法律文件，《巴黎协定》以灵活形式吸引了 178 个国家与地区参与签署，以《巴黎协定》为准的新的国际气候治理秩序开始形成。

虽然《巴黎协定》并非 UNFCCC 的附属，但实际上《巴黎协定》也与 UNFCCC 保持着密切的联系纽带。在坚持“共区原则”与“公平原则”的基础上，《巴黎协定》摒除了《京都议定书》的“二分减排机制”，代之以“国家自主贡献”(Nationally Determined Contributions, NDC)重新定义温室气体减排的国际模式。《巴黎协定》只规定了总体目标是在 2050 年前实现净零排放，即将温度“控制在工业化前水平以上低于 2 ℃之内，并努力将气温升幅限制在工业化前水平以上 1.5 ℃之内”。至于如何实现以及是否能实现，则由各缔约国根据自身实际情况定期向 UNFCCC 报告本国的减排目标。UNFCCC 也将对各国的减排情况进行评估，避免缔约方国家懈怠减排责任。

除 NDC 外，《巴黎协定》依然延续了《公约》及《京都议定书》的某些机制。例如，《巴黎协定》确立的“国际转让的减排成果机制”(Internationally Transferred Mitigation Outcomes, ITMOs)和“核证减排机制”(Sector-based Clean Development Mechanism, S-CDM)，是对《京都议定书》排放权交易制度和清洁发展机制等体制的升级优化，发达国家和发展中国家均可借此契机打开本国的碳交易市场，不断升级和发展本国的绿色技术，提高本国在全球化中的适应能力。《巴黎协定》弥合了《京都议定书》时代下发达国家与发展中国家的意见分歧，使各国的减排意愿重新回温。这是因为：在法律形式上，相较于 UNFCCC 的附属形式，单独条约的形式使《巴黎协定》的生效门槛更低，各国在后续合作过程中更容易根据实际情况协商修订，发达国家对义务分配的顾虑也降低。在法律效力上，《巴黎协定》兼具“软法”与“硬法”的特征使其实施更为自由。在“硬法”属性上，《巴黎协定》规定了自身生效条件、缔约方义务与参与或退出程序，具有确定性；而在“软法”属性上，诸如自主贡献、金融技术支持等规定仅作为原则性内容指导缔约方落实减排义务，大部分国家愿意放下损益顾虑，更加积极地参与国际气候治理。

2. 国内碳中和法治现状

从世界各国的实践来看，制定出台应对气候变化等相关专项立法文件已经成为国际社会减污降碳的立法趋势。中国近几年来在推动“双碳”法律体系建设方面也取得了显著成效，应对气候变化法律体系初步形成。然而，在中央立法层面，以实现“双碳”目标为主要内容的专项法律法规仍然匮乏。在地方立法层面，由于不同位阶的法律、法规、规章和政策缺少上位法的引领与统筹，导致立法空白和立法冲突等制度困境频发，进而引发立法资源浪费、法律实施效益减少、社会治理成本徒增等严重后果。在对当前应对气候变化的法律体系进一步梳理与反思后，可以发现，这一看似完备的法律体系，实际上是由众多分散且独立的单行法堆砌而成，其内部构成与系统完整和体系协调仍存在一定距离。分散化、碎片化的法律规范难以形成降污减排的系统性合力，对经济高质量发展无法提供有效的制度保障。为保障“双碳”目标如期实现，制定出台在“双碳”法律制度中具有核心统领地位的《气候变化应对法》已经刻不容缓。

2007 年，国务院发布的《中国应对气候变化国家方案》是中国第一部应对气候变化的政策性文件。2008 年，国务院新闻办公室发布《中国应对气候变化的政策与行动》白皮书，对中国积极应对气候变化战略等内容做了全面介绍。2011 年，国务院印发的《“十二五”控制温室气体排放工作方案》，明确提出，要进一步优化现有产业与能源结构。2013 年，国务院印发的《大气污染防治行动计划》，从多个维度提出了改善空气质量的具体做法。2014 年，多部门联合印发《能源行业加强大气污染防治工作方案》，提出要实现生态环境可持续发展这一战略目标。2021 年，国务院印发《2030 年前碳达峰行动方案》，为践行“双碳”目标的重点任务指明了方向。不难看出，中国在近些年来建设低碳法律体系的过程中已经取得一定成果，为《气候变化应对法》的制定出台奠定了扎实基础。

不论从实现碳达峰到实现碳中和的时间来看，还是从实现碳中和所需的碳减排量来看，中国实现碳中和目标所面临的挑战远远大于欧美国家。与欧洲相比，中国从实现碳达峰到实现碳中和，时间只有欧洲的一半。站在排放总量的角度看，当前中国碳排放总量约为美国的2倍、欧盟的近3倍。然而，面对上述挑战，中国“双碳”法律制度仍然存在的中央立法针对性缺乏、地方立法碎片化明显等问题，严重阻滞了“双碳”目标的顺利实现。

目前中国出台的《环境保护法》《大气污染防治法》等相关法律只是不同程度地涵盖了环境保护的相关要素。尽管已经有部门规章对一些碳减排制度做出了规定，例如《温室气体自愿减排交易管理暂行办法》《碳排放权交易管理办法(试行)》，但是部门规章囿于其效力位阶，仍难以承担全面应对气候变化的职能。中国《气候变化应对法》的制定过程缓慢，立法者只能先在节能减排和清洁生产等比较成熟的具体领域进行规范，由此体现为一种“单行法先行、基本法后置”的归纳式立法。在归纳式立法下，当前中国形成了以《宪法》为核心，以《环境保护法》等环境保护相关法律、《节约能源法》等能源利用相关法律、《农业法》等增加碳汇相关法律为主要内容的应对气候变化法律体系。虽然该体系相关法律内容丰富，但关于“气候变化”“碳减排”等实现“双碳”目标的具体内容仍然阙如。要素单一的各个单行法无法为“双碳”目标的实现提供系统全面的法治保障。

地方碳减排立法不仅能够科学细化减排目标并直达基层，还可以因地制宜出台具有地方特色的绿色转型策略。虽然个别地方就碳减排颁布了专门的法律规范，但国家层面的综合性立法仍然缺位。由此引发的后果便是不同位阶的法律、法规、规章和政策缺少上位法的引领与统筹，难免出现立法空白和立法冲突等情况，进而引发立法资源浪费、法律实施效益减少、社会治理成本陡增等严重后果。除此之外，相关地方立法均不同程度地存在规范内容模糊抽象、质量参差不齐等现实问题。随着气候变化状况逐步恶化和积极稳妥推进“双碳”目标的提出，未成体系的地方相关法律规范已经无法满足中国应对气候变化的工作要求。分散化、碎片化的法律规范难以形成降污减排的系统性合力，不利于能源的低碳高效利用和产业结构的清洁低碳转型。

在对当前碳中和法律体系进一步梳理与反思后可以发现，这一法律体系虽然看似翔实，但它实际上是由众多分散且独立的单行法堆砌而成，难言系统完整和体系协调。在这一体系之中，具有基础地位和统率作用的《气候变化应对法》可以通过基本概念厘清、基本原则明晰和基本制度确立等方式，来对整个法律体系进行总纲性统摄。因此，根据国际上相关的环境公约、法规进行国内法转化，尽快推进《气候变化应对法》这一总纲性文件的出台。在此基础上，相关的政策性文件将具有碳减排特色的技术术语专业、准确地转化为法律术语，对相关问题进行规制，逐渐构建起完备的、具有中国特色的新时代碳中和法治体系。

三、中国碳中和法治体系的构建与完备

中国的碳中和法治需要一套完整的体系和细致全面的制度构建。为实现这一目标，应以五步走的方式构成中国碳排放管理法治化的应然路径：法律框架支撑；管理体制保障；发展规划指引；具体制度补强；借鉴域外立法经验。

1.构建碳排放管理的法律框架

法律是治国之利器，良法是善治之前提。制定专门性法律以规制碳排放行为、调整与碳排

放管理相关的权利义务关系,是欧盟和美国进行碳排放管理的核心做法。

中国构建碳排放管理法律框架,可以参考欧盟等地的立法经验,制定一部碳排放综合性法律。首先,以整体性理论为指导,对全国范围内碳排放配额的地域分配、行业分配、交易监管、结算等进行统一规定与指导。在此基础上,由各地方立法机关基于碳排放综合性法律和本地区生态环境特点和区域内的特殊问题进行地方性立法,构建"中央 + 地方"的碳排放立法模式。

其次,针对目前有关碳排放管理的法律规制的对象仅为碳排放行为而造成的客体较为单一的现象,应该突破现有以特定碳排放行为为规制对象的格局,以整体论作为根本的立法遵循,以碳排放行为作为法律规制的核心,同时考虑碳捕集、碳封存、碳汇等各个环节,形成一部碳排放管理综合法。法律固有的滞后性导致政策成为现代社会治理不可或缺的环节,这就意味着政策和法律在法治的框架内时刻处于动态的关系,实践视角下政策与法律关系的核心就是政策的法律化。

针对中国碳排放管理领域明显的政策依赖性倾向,应该加强政策的法律化,加快推进降碳减排立法协同,做好专项法律的制定和相关法律的衔接工作,解决碳排放管理相关内容分散在环境与自然资源保护法律中造成的目的不兼容问题。在碳排放相关法律的衔接方面,应该修订《环境保护法》《大气污染防治法》《环境影响评价法》《排污许可管理条例》《煤炭法》《可再生能源法》《节约能源法》等关联性法律法规,引导气候变化应对工作与生态保护、污染防治、自然资源保护等协同发展,强化绿色规划、信息协同,形成节能增效与降低排放相结合的气候变化应对机制。

2. 健全碳排放管理体制

碳排放管理体制的根本作用在于推进大气环境保护、资源开发与社会经济发展协调有序。完善碳排放管理体制需要注意三个层次的逻辑关系:树立大气环境整体观,以综合生态管理理念为指导;采用跨学科的管理手段对碳排放管理问题进行有效回应,建立综合碳排放管理系统;以碳排放管理为主线,统筹考虑碳排放各个领域的环境要素,强调碳排放与社会经济发展、社会文化繁荣的共生关系。

鉴于目前中国碳排放管理存在的问题,建议从宏观与微观两个维度健全碳排放管理体制。

在宏观维度上,坚持以国家应对气候变化及节能减排工作领导小组为统领,在此前提下探索建立由决策层、执行层、咨询委员会组成的碳排放管理体制架构:

第一,在省级生态环境管理部门内部建立省级碳排放综合管理机构,形成省级碳排放管理的"决策层",由其负责本地区碳排放法律法规的落实、管理活动方针政策的制定及碳排放发展规划的确定,并对县(市)级碳排放配额分配及实行情况进行监督。

第二,在目前地市级碳排放管理机构的基础上设置多个碳排放管理机构,形成碳排放管理核心"执行层",由其负责碳排放规划的实施,对碳排放权交易行为进行监督,并对下级政府碳排放管理行为进行指导。

第三,设立碳排放管理咨询委员会,由企业、公益组织代表组成,作为政府与公众之间关于碳排放权管理的沟通平台,征集公众对碳排放管理相关问题的意见,确保公众享有碳排放管理的知情权和参与权。

在微观维度上,探索建立会商和联动机制,推进综合执法,强化监督管理。会商和联动机制的根本在于充分调动各级管理主体、各类行业协同减排的积极性。政府应针对管理主体建立减排降碳知识技能培训机制,强化队伍建设,提升工作应对能力。在法律法规、标准指南、行政许可、能耗指标、设施监管方面进行综合执法检查，将碳排放管理效果纳入生态环境执法体系和监督考核体系。针对行业主体，立法可借鉴美国设立碳排放权二级金融市场的经验，以碳排放一体化管理技术为核心、以碳排放权交易市场化为手段，充分挖掘碳排放企业自主升级排放技术的潜力，促进碳排放管理效率最大化。

3. 改进低碳发展规划机制

低碳发展规划是实现碳达峰与碳中和目标的阶段性任务安排与方案，是有关政府、企业、环境公益组织以及公民个人共同推动低碳发展的宏观规划。科学的低碳发展规划应建立在责任明确、规划专业、监督严格的基础上，为维护大气环境与资源的永续利用提供保障。

第一，低碳发展规划应该与能源结构转型的未来目标密切相关，在此前提下充分发挥环境行政管理主体的宏观规划权。

第二，由生态环境部制定全国性低碳规划标准，包含统一的碳排放管理标准及碳排放配额分配标准，并进一步明确各级政府碳排放管理机构职责和协调机制，克服行政区划引起的碳排放管理冲突。

第三，在碳排放综合规划制定过程中，充分参考本行政区域内国土空间规划、国民经济发展规划，协同有关部门进行解释，必要时组织专家论证，在规划制定阶段解决低碳发展与产业结构可能存在的冲突问题。

第四，明确低碳规划的重要地位，有关部门应根据大气环境变化情况和社会经济发展情况及时对已有的规划进行修正，并按照计划在充分进行论证的基础上编制本地区企业低碳规划。

4. 促进碳排放管理相关法律制度的耦合

第一，完善碳排放权交易法律制度。碳排放配额分配关系分配的主体、分配的方法、分配的对象，是碳排放交易首先需要解决的问题，而碳排放权交易是排放主体根据自身需求通过碳排放二级市场进行配额或信用的买卖。完善中国碳排放一级和二级市场规则对中国碳排放管理意义重大。

第二，完善气候变化环境影响评价制度。环境影响评价制度在碳排放管理领域主要体现为气候变化环境影响评价制度。完善气候变化环境影响评价制度，一方面应该参照《环境影响评价法》将气候变化环境影响评价种类按照阶段不同划分为规划和项目两类，核心是对规划和建设项目实施后可能造成的气候变化影响进行分析、预测和评估，提出预防或者减轻气候变化影响的方案或者计划。另一方面，针对中国《环境影响评价法》所针对项目与“双碳”目标实现还有差距的现状，应该增加对碳排放浓度、时间、空间等内容的评价，且所提出的应对措施和方法需要强化碳减排目标，提高低碳类规划和建设项目的通过比重。

第三，健全碳排放监测法律制度。大气环境监测制度是实现碳排放全方位管理的重要基础，通过建立大气环境监测机制，有利于碳排放管理机构及相关部门准确了解碳排放总量，及时应对突发事件，提升碳排放管理的效率。碳排放过程监测机制的关键在于政府监督与企业减排责任设定相结合，发挥双向约束作用。完善中国碳排放监测制度需要关注如下几个问题：首先，推广建立碳排放管理系统“碳测”平台，通过运用互联网大数据技术，实现对企业碳排放的科学评估和碳流足迹的追踪，实时对全域碳排放监测和分析，对企业碳排放进行动态精准评估。其次，地方性法规应明确政府管理部门碳监测管理责任及企业碳监测责任相关内容，健全突发事件上报与调查程序。最后，监督部门及时对碳排放管理机构及相关部门碳排放执法情况进行监督，同时加强有关政府部门之间的沟通协调，依照“谁监管，谁负责”的原则，严格落实法律责任。

第四,完善碳排放信息公开制度。基于中国碳排放管理信息公开制度不完善的现状,未来的制度可在两方面改进。一方面,抓住《碳排放权交易管理条例》制定的契机,增加有关信息公开的强制性规定条款。另一方面,从多维度视角建立碳排放信息管理平台,为信息公开提供技术支撑。全国层面上的碳排放信息管理平台,应以全国特定规模以上企业碳排放监测电子数据共享为基础,将碳排放管理相关信息数据进行整合,方便相关主体查阅和监管。省际碳排放信息管理平台,应集中推广多省协作,共享碳排放管理经验,克服省际碳排放执法困难,同时根据相邻地区大气污染物变化情况有效预防突发事件,增强突发事件应对能力。省级碳排放信息管理平台的开发,应确保基础信息的广泛收集、持续推进信息整合并及时向相关公众共享碳排放管理信息,强化多元主体参与,充分吸收社会资本投入,优化碳排放管理效果。

5. 借鉴域外碳排放管理法的立法经验

工业革命以来,人类经济活动使大量碳元素通过工业燃烧从化石能源中释放到大气中,以二氧化碳为主要含量的温室气体不断增多,导致地球碳循环失衡,气候变化问题日趋严重,极端天气、自然灾害频繁出现。减少温室气体排放以减缓全球变暖进程已成为国际社会及各国制定气候政策和处理气候变化国际事务的出发点。目前,全球已有上百个国家和集团针对气候变化做了碳达峰、碳中和的承诺并设定了目标,许多国家或地区以立法、政策等形式构建了“双碳”目标实现的具体策略。一些发达国家已基本实现了碳达峰,形成了较为完善的碳排放管理法律体系,其法律理论与实践经验值得我们学习借鉴。

第二节　航运碳中和法治实践

一、国际航运碳中和法治现状

1. UN

为了履行《联合国气候变化框架公约》及《巴黎协定》所规定的义务,国家主席习近平向国际社会做出了“2030 年前二氧化碳排放达到峰值,争取在 2060 年前实现碳中和”的庄严承诺。碳达峰、碳中和目标的实现涉及各个领域,而海运碳排放又是交通领域碳排放的重要组成部分。2020 年 3 月 14 日,欧洲环境署最新发布的报告中指出,海运业是“目前最不受管制的空气污染源之一”。为减少碳排放,国际社会付出了巨大努力。

2021 年 10 月 31 日,COP26 次会议在英国格拉斯哥正式开幕,这是自 2015 年 COP21 次巴黎峰会以来最重要的气候会议。与会的 197 个国家达成了《格拉斯哥气候公约》。会议达成以下主要成果:所有国家都需要立即采取更多措施,以达成将全球气温上升限制在比工业化前水平高 1.5 ℃的范围内的共同目标;对于未来十年内各国减排量未能达成共识;应该逐步减少煤炭的使用,以及对化石燃料的补贴,协议中的“逐步淘汰”(Phase Out)因印度坚决反对,最后改成“逐步减少”(Phase Down);敦促发达国家缔约方到 2025 年向发展中国家缔约方提供的用于适应气候变化的集体资金至少比 2019 年的水平增加一倍。

2.IMO

IMO 在 2021 年 11 月 MEPC 77 会议上主要审议了《IMO 船舶温室气体减排初步战略》修订议题。各代表团就温室气体减排战略目标调整为在 2050 年实现零排放/净零排放的合理性、可行性展开了广泛的讨论，各自表达了航运业应尽快减排以符合《巴黎协定》目标、彰显 IMO 的减排决心，及航运减排应充分考虑技术发展现状、各国不平衡的经济和技术水平、战略修订对国际航运的影响需要充分评估等观点。经过审议，大会认为有必要开启对 IMO 温室气体减排战略的修订，并给予充分的时间予以审议，以在 2023 年春季供 MEPC 80 最终审议通过。

美国和欧盟提出，为便于对短期措施的审议和后续中长期措施的制定，建议在船舶能耗数据收集中加入对船舶能效指标、碳强度指标评级信息的强制收集，并给出了对应的《MARPOL 公约》附则Ⅵ修正案。同时，提出将 IMO 船舶能耗收集系统对外开放更多的权限，以便于政策的讨论和制定。

二、国际航运碳中和自治规则

1. 船舶融资和保险行业的减碳规则

作为国际非营利非政府组织的全球海事论坛（Global Maritime Forum，GMF）是海运碳减排的倡议者。在其倡议下，2019 年 11 家占全球船舶融资近 20%的银行签署了一项名为“波塞冬原则”（*Poseidon Principles*）的全球框架协议，用于评估和披露金融机构的融资组合方案是否符合 IMO 设定的气候目标。该原则依赖 IMO 船舶燃油消耗数据收集系统，建立气候一致性评估（Assessment of Climate Alignment）、可说明（Accountability）、强制（Enforcement）、透明（Transparency）的基本原则。

（1）评估。即依据该原则的技术导则，对船舶的脱碳轨迹进行气候一致性评估，是将船舶的年度碳强度与其各自船舶类型和尺寸等级的脱碳轨迹（Decarbonization Trajectory）进行比较。碳强度采用营运碳强度指标年度能效比率（AER），脱碳轨迹则是波塞冬原则参与方依据《IMO 船舶温室气体减排初步战略》目标制定的船舶碳强度理想水平，两者差别越小说明一致性越高。

（2）可说明。即对气候一致性进行评估时，签署方将依赖 IMO 数据收集系统的数据确保评估结果实用、公正、准确。

（3）强制。即为了保障实施效果，签署方承诺尽最大努力在新的融资协议中加入标准条款，要求船东提供燃料消耗和其他相关数据以供评估。

（4）透明。即签署方每年公开承认其作为“波塞冬原则”签署方的身份，报告并且披露其海运融资组合的气候一致性信息。该倡议的趋势是为低碳船舶创造更优惠的利率，一定程度表明了金融机构对海运碳减排的支持态度。

2021 年 12 月世界领先的几家海上保险公司发起制定“海上保险波塞冬原则”，适用于船壳险（Hull and Machinery Coverage）的保险人、保险经纪人和业务合作者，供其评估和披露其承保的船舶的气候一致性。作为“波塞冬原则”向海上保险业的扩展，其实施方式和原则基本和银行业的波塞冬原则大致相同。

2. 国际海上货物运输行业和贸易行业减碳措施和规则

海运货物宪章(*Sea Cargo Charter*)同样是 GMF 提出的倡议,用于散货船承租人评估和披露其租船活动的气候一致性,促使货主和船东能够将其租船活动与负责任的环境相关行为相结合,激励国际海运的脱碳。虽然其原则和“波塞冬原则”基本一致,但由于所需的数据以及采用的船舶营运碳强度指标不同,该倡议提供了不同的合同条款,要求签署方提供必要的信息以供评估。

波罗的国际海航运公会(The Baltic and International Maritime Council, BIMCO)于 2021 年 12 月发布了定期租船合同的现有船舶技术能效合规过渡条款,主要适用于发动机功率限制(Engine Power Limitation, EPL)和轴功率限制(Shaft Power Limitation, Sha Po Li)两种发动机改装方式。这两种方式是相对成本低且容易达成的现有船舶技术能效合规途径。该条款主要对船东和承租人在上述两种合规方式中的权利和义务作了规定,特别强调了双方的协作和信息交换。规定船东需进行船舶改造,并且将改装措施对船舶航速和耗油量的影响通知租船人;而租船人则有义务及时将船舶航行计划通知船东,租船方不能超过最大航速航行等。划定租船人和船东的责任有利于年度运营碳强度指标评级机制下船舶长期运营的合理化。

部分集装箱货主还发起零排放船舶货主联盟(Cargo Owners for Zero Emission Vessels, COZEV),承诺到 2040 年仅使用零排放燃料驱动的船舶运输货物。2022 年 2 月上海港和洛杉矶港共同倡议建立“绿色海运走廊”,该联盟也参与其中。该倡议旨在实现上海港和洛杉矶港之间逐步以清洁、低碳的方式运输到港货物。有条件有意愿的海运公司沿此走廊,在 21 世纪 20 年代,分阶段使用低排放和超低排放船舶,到 2030 年开始逐步向使用零碳排放集装箱船舶过渡。同时,两市将与港口运营方、海运公司、货主以及其他各方共同努力,争取在 2022 年年底前制订一份“绿色海运走廊实施计划”。参与该倡议的合作伙伴还包括丹麦 A.P.穆勒—马士基集团、法国达飞海运集团、上港集团、中远海运集装箱运输有限公司等。

3.港口行业的减碳措施

建立于 2011 年并于 2013 年由国际港口协会(International Association of Ports and Harbors, IAPH)首次推出的环境船舶指数(Environmental Ship Index, ESI)是一种自愿性标准,主要基于公式评估船舶 NO_x和 SO_x排放。港口和其他相关方通过减免港口费、提供奖金或其他与清洁程度相称的福利,对达到乃至超过 IMO 碳减排标准的船东提供优惠待遇,从而促进船舶装备更高能效的发动机和更清洁的燃料。纳入环境船舶指数的评价机制下登记有 7 000 多艘远洋船舶,其中包含全球一半以上的集装箱船;还有 50 多家激励提供者,代表性的港口有鹿特丹港、澳大利亚的新南威尔士州的港口等。鉴于《IMO 船舶温室气体减排初步战略》的目标,目前该机制的成员计划将碳减排纳入该指数的评估范畴,为碳减排提供激励。

类似的机制还有清洁航运指数(Clean Shipping Index),由一些货主如大众集团等组成的非营利性组织清洁航运网络(Clean Shipping Network)运行,通过船东提供的数据对船舶和公司进行评级,评价项目包括二氧化碳排放数据。获得较高评级的船舶和公司可以获得港口规费减免等待遇。还有绿色奖励计划(Green Award),由部分港口当局、船舶管理人、租船人和海事服务提供商等自发联合设立,达标的船舶可以获得激励提供方如里斯本港、布宜诺斯艾利斯港的港口规费减免和海事服务商的交易费用减免等优惠待遇。

4.国际海运相关行业的共同减碳倡议

2020 年 7 月,国际航运公会(International Chamber of Shipping, ICS)和其他船东组织提出

在 IMO 框架中设立国际海事研究发展基金(International Maritime Research and Development Fund, IMRDF),计划通过对每吨船用燃料征收 2 美元的强制性摊款,在 10 年内累积 50 亿美元设立研发基金。该提议的唯一目的是支持零碳技术的研发和部署,开展试点项目研究。基金运行将通过建立国际海事研究与发展委员会(International Maritime Research and Development Board, IMRB)来实现,该委员会将由 IMO 成员国监督,并根据《国际防止船舶造成污染公约》的修正案设立。然而,该提议经历了 MEPC75-MEPC77 次会议讨论都没有形成实质性结果。

ICS 在 2021 年 9 月提出了进一步以市场为基础的减排措施,对超过总吨位 5 000 的船舶每排放 1 t 二氧化碳收取碳税,征收的资金将投入待建的 IMO 气候基金(IMO Climate Fund),除了用于缩小零碳燃料和传统燃料之间的价格差距外,还将用于部署世界各地港口所需的加油基础设施,以供应氢和氨等低碳燃料。由行业协会提出全球性碳税计划,这在各工业部门中尚属首次。

GMF 也尝试推进海运行业的脱碳进程。它和其他组织包括海洋行动之友(Friends of Ocean Action)、世界经济论坛(World Economic Forum)建立零排放联盟(Getting to Zero Coalition),目前包括 190 多个公司,如丹麦 A.P.穆勒-马士基集团等。零排放联盟的主要愿景是在 2030 年前发展出具有商业价值的零排放远洋船舶。在《联合国气候变化框架公约》第 26 次缔约方大会上,零排放联盟召集了 200 多个涵盖海运、租船、港口、金融、燃料等方面的公司、组织以及港口当局,向各国政府提交了一项《航运业脱碳行动呼吁》(*Call to Action for Shipping Decarbonization*),呼吁各国政府:(1)确立于 2050 年实现国际海运净零排放的目标,于 2023 年修订《IMO 船舶温室气体减排初步战略》时采取可行且公平的实施计划;(2)通过国家行动支持零排放海运项目,支持涉及船舶、港口基础设施和燃料的示范项目,以降低这些领域碳减排先行者的财务风险;(3)确保 2030 年零排放海运成为默认选择的政策措施,其中包括 2025 年实施有意义的以市场为基础的减排措施,支持国际零排放船舶和燃料的商业部署等。

由于 IMO 的政府间海运碳减排国际立法进程缓慢,海运相关行业开始推出倡导性减排鼓励措施,供从业者自愿选择。这些措施并不具有普遍的强制拘束力,而是经由合同当事人选择适用而产生约束力,其履行需要积极达成甚至优于 IMO 碳减排目标。目前这些自治性规则的评价标准和实施机制并不统一,但能确保自治标准和全球监管制度之间的协调并且加强其一致性,能为行业提供更有效的自我监管工具。

三、国内航运碳中和法治现状与完善

1.国内航运碳中和法治现状

完善航运碳中和立法有助于中国实现应承担的责任和义务,助推中国环境治理体系和治理能力的提升。国际航运节能减排也促使中国发布了一系列温室气体减排政策。2021 年 10 月 24 日,《中共中央　国务院关于完整准确全面贯彻新发展理念做好碳达峰碳中和工作的意见》发布。文件围绕构建绿色低碳循环发展经济体系、提升能源利用效率、提升生态系统碳汇能力等方面,提出了 3 个阶段的主要发展目标。同年 10 月 26 日,国务院印发《2030 年前碳达峰行动方案》。

但以上文件均侧重于减排的政策方面,并非法律法规,中国涉及温室气体减排的法律法规目前较少。实现船舶低碳排放非常复杂,任务繁重,航运业如果想要达到碳中和的宏伟目标并非易事，仅仅依靠低碳政策无法实现低碳转型，还需要有一套专门的法律法规体系去保障和引导。很多国家都通过对气候变化的立法或修法来为"双碳"实现提供法治保障。如英国修订的《气候变化法案》、德国的《气候保护法》、加拿大的《加拿大净零排放问责法案》、欧盟委员会发布的《欧洲气候法》草案均以立法形式明确本国的中长期温室气体减排目标。目前，中国还没有关于碳达峰碳中和的专门法律，涉及这方面的规定零星地分布在一些法律中，如《大气污染防治法》第二条、《森林法》的第一条，法律规定较为单薄。

2.国内航运碳中和法治完善路径

上述法律规定均为原则性规定，未对碳排放做出具体规定，碳中和目标无法落地。除了法律规定外，部门规章有生态环境部出台的《碳排放权交易管理办法（试行）》。与国际社会相比，中国应对气候变化的法治建设还存在着差距。中国有必要进一步加大立法进度，尽早出台有关专门法律。

（1）积极制定针对碳中和的专门法

中国当前缺乏专门的碳中和法律。在中央和地方积极探索促进碳中和立法、政策基础较为扎实的背景下，制定一部《碳中和促进法》或《气候变化应对法》有利于增强实现双碳目标的针对性，满足气候变化治理的需要。由于碳中和涉及各行各业，作为框架性立法，《碳中和促进法》或《气候变化应对法》将对中国碳中和目标做出原则性规定。在制定的具体内容上，可以规定立法目的、基本原则、"双碳"具体目标及实施步骤等，为中国航运实现碳中和提供最根本的法治保障。

（2）国内航运碳税机制及相关法律亟待完善

碳税作为应对气候变化、改善经济转型的重要税种，在许多发达国家已经开始实施，日本、英国等国在碳税方面都有较为丰富的经验，中国还处于探索起步阶段。在中国碳税立法尚未出台的情况下，海运碳税可能要先行开展。但开展海运碳税首先仍需要进行立法。为了实现碳达峰、碳中和目标，中国宜尽快对国外碳税制度及国际碳税发展方向进行分析评价，在综合考虑中国国情及国家战略目标的基础上，开启对碳税制度的探索与实践，从确定立法形式、明确碳税要素、设置配套制度等角度构建中国的碳税法律制度。

具体来讲，第一，关于碳税征收法律形式。根据《立法法》的规定，涉及财政、税收等基本经济制度事项应制定法律。碳税显然是涉及税收的基本经济制度，应制定法律。虽然现在国际上对海运碳税的开征在讨论中，但在中国对碳税立法论证还不充分的情况下要在较短时间内立一部与碳税有关的全国性法律可能不太现实。其次全国人大可以授权国务院制定有关行政条例，如《碳税暂行条例》，在海运业先行开展碳税征收。第二，关于征收范围。中国虽然有资源税及消费税，但没有专门针对碳排放的碳税，对二氧化碳排放的调节作用有限。理论上讲应直接以二氧化碳作为征收范围最合适，由于中国现有技术还无法实现对二氧化碳排放量便捷测定，实际操作起来可能较为困难。目前以消耗的化石燃料为征收对象的国家不在少数，而IMO是对消耗的燃料油进行征收，因此，结合中国国情，宜对实际消耗的燃料油征收碳税。第三，关于碳税税率。IMO目前确定的税率征收标准是每消耗1 t燃料油征收2美元碳税，采用的是定额税率。中国应权衡利弊，对这一税率是否符合中国实际情况进行充分论证调研。如认为这一税率过高，不符合中国实际情况的，应提出自己的税率标准，并给出令人信服的理由。还可以在方案中明确提出不同的国家应根据自己的实际情况采取不同的税率标准，即不同的船籍国实行不同的税率，实施差异化税率。不同品种的化石燃料税率也有所不同。第四，关于纳税义务人。纳税义务人是承担碳税的人。碳税的纳税义务人通常为化石燃料的生产商、销售商或者消费者。由于航运企业所经营的船舶直接使用船舶燃料,IMO 是针对船舶所消耗的燃料油征税,航运企业就是船舶燃料的消费者,应成为纳税义务人。第五,税收优惠政策。为了激励航运企业节能减排,还需完善低碳零碳发展的税收优惠政策。

碳达峰、碳中和目标的提出,碳税的征收将促使航运企业低碳、脱碳设备和技术的发展,促进低碳经济的发展。应将船舶节能环保方面的专用设备的抵免政策纳入优惠目录中,对采用新技术、新设备的航运企业予以相应的税收减免,从而鼓励企业的技术创新。

(3)将碳中和纳入修订《中华人民共和国海洋环境保护法》(以下简称《海洋环境保护法》)的范围内

《海洋环境保护法》是有关海洋环境保护的专门法律,其中专章对防治船舶污染海洋环境进行了规定。2022 年,全国人大常委会公布了立法计划,《海洋环境保护法》成为预备审议项目。此时,在此法中加入体现绿色航运方面的内容,增加脱碳低碳方面的法律规定恰逢其时。一是在使用清洁能源方面增加船舶能效方面的规定。中国为了执行《MARPOL 公约》附则Ⅵ,在中国沿海设立了不同层级的船舶大气污染控制区,促使船舶使用低硫油。在船舶能效方面,可以采取与低硫排放类似的规定,设立碳排放控制区,但要实现零碳排放,船舶靠港时应使用岸电。二是增加关于温室气体排放控制的规定。中国需要在国内立法控制温室气体排放。一般来说大气污染物与温室气体同源排放,因此可以考虑在对《海洋环境保护法》修订时对海上大气污染物排放控制的同时纳入海上温室气体排放控制,鼓励船舶使用新能源和可再生能源,减少温室气体的排放。

为了实现航运碳中和,系统整体的生态价值观需要融汇公私法,对碳排放权予以规范。将气候环境容量量化后,碳配额交易因而具有了可行性。碳配额交易及碳税都是碳减排的手段,只是方式不同而已。从效果上来看,碳配额交易是在碳排放总量不变的情况下对各排放单位的碳排放进行调节的一种制度,而碳税的开征将直接促使碳排放总量的减少。因此,碳税相较于碳配额交易减排效果更好。

(4)建立符合中国航运现状的 ESG 评价体系

ESG 绩效数据正被逐步纳入航运业的财务和商业流程。

相较于欧美国家,中国对 ESG 理念引入较晚。但中国的"双碳"目标和绿色发展战略为 ESG 的发展提供了优渥的政策土壤,使其扎根后得以一定程度的发展,但中国船舶行业 ESG 的发展尚在起步阶段,当下,应提升中国船企 ESG 评价体系话语权。粗略统计,全球的 ESG 评级机构有 600 多家,国内也有一些知名评级机构,但不同机构的打分标准及量化方法等皆不相同。国外的机构对中国企业打分普遍偏低,总体来说,船企评级涉及的双碳标准等,西方国家掌握了话语权。因此,中国航运业面临着新一轮的考验与挑战,这就需要在我们进行制定相关政策法规时,时刻关注国际商务 ESG 评估系统的指标与相应的要求,并将相应的技术指标转化为法律可规、可控的行业标准,将国际上通用的标准术语进行国内法治转化,形成一套具有中国新时代航运特色的 ESG 评估系统监管体制,为中国航运企业的发展提供政策性的引导与支持。

参考文献

[1]丁仲礼,张涛. 碳中和:逻辑体系与技术需求. 北京:科学出版社,2022.

[2]肖忠湘. 一本书读懂碳交易. 杭州:浙江大学出版社, 2022.

[3]汪军. 碳管理:从零通往碳中和. 北京:电子工业出版社,2021.

[4]鲁政委,钱立华,方琦. 碳中和与绿色金融创新. 北京:中信出版集团, 2022.

[5]全球能源互联网发展合作组织. 全球碳中和之路. 北京:中国电力出版社, 2021.

[6]国际碳行动伙伴组织(ICAP). 全球碳市场进展:2023 年度报告. 柏林:国际碳行动伙伴组织, 2023.

[7]安永碳中和课题组. 一本书读懂碳中和. 北京:机械工业出版社, 2023.

[8]明廷臻,王发洲. 碳中和技术. 北京:中国电力出版社, 2023.

[9]张闻素. 素描碳中和:构建气候经济体系的拼图. 北京:中国经济出版社,2022.

[10]陈迎,巢清尘. 碳达峰、碳中和 100 问. 北京:人民日报出版社,2021.

[11]金涌,胡山鹰,张强,等. 2060 中国碳中和. 北京:化学工业出版社,2022.

[12]徐忠,曹媛媛. 低碳转型:绿色经济、转型金融与中国未来. 北京:中信出版社,2022.

[13]冀志磊,刘彪,周锐. 碳中和行动指南:金融碳中和行动:“双碳”愿景下的绿色金融创新路径. 北京:化学工业出版社,2023.

[14]王震,张岑. 碳中和与氢能社会. 北京:中国石化出版社,2023.

[15]孟早明,葛兴安. 中国碳排放权交易实务. 北京:化学工业出版社,2017.

[16] UNCTAD. Review of Maritime Transport 2022. https://unctad. org/publication/review-maritime-transport-2022.

[17]European Union. Regulation (EU) 2015/757 of The European Parliament and of the Council of 29 April 2015 on the monitoring, reporting and verification of carbon dioxide emissions from maritime transport, and amending Directive 2009/16/EC. Official Journal of the European Union, 2015/757, L123:55-76.

[18]European Union. Regulation (EU) 2023/957 of the European Parliament and of the Council of 10 May 2023amending Regulation (EU) 2015/757 in order to provide for the inclusion of maritime transport activities in the EU Emissions Trading System and for the monitoring, reporting and verification of emissions of additional greenhouse gases and emissions from additional ship types. Official Journal of the European Union, 2023/957, L130:105-114.

[19]European Union. Regulation (EU) 2023/1805 of the European Parliament and of the Council of 13 September 2023 on the use of renewable and low-carbon fuels in maritime transport, and

amending Directive 2009/16/EC. Official Journal of the European Union, 2023/1805, L234: 48-100.

[20] European Union. DIRECTIVE 2003/87/EC OF THE EUROPEAN PARLIAMENT AND OF THE COUNCIL of 13 October 2003 establishing a scheme for greenhouse gas emissionallowance trading within the Community and amending Council Directive 96/61/EC. Official Journal of the European Union, L275:32-46.

[21] International Carbon Action Partnership (ICAP). Emissions Trading Worldwide: Status Report 2023. Berlin: International Carbon Action Partnership, 2023.

[22] Bureau Veritas. Alternative Fuels Outlook for Shipping: An overview of alternative fuels from a well-to-wake perspective. White Paper, September 2022.

[23] DNV. Energy Transition Outlook 2022. https://www.dnv.com/energy-transition-outlook/index.html.

[24] DNV. Maritime Forecast to 2050.www.dnv.com/maritime-forecast.

[25] Hui Xing, Charles Stuart, Stephen Spence, Hua Chen. Alternative fuel options for low carbon maritime transportation: Pathways to 2050. Journal of Cleaner Production, 297 (2021): 126651.

[26] HUI X, CHARLES S, STEPHEN S, et al. Fuel cell power systems for maritime applications: Progress and perspectives. Sustainability 2021, 13, 1213.

[27] HUI X, STEPHEN S, HUA C. A comprehensive review on countermeasures for CO2 emissions from ships. Renewable and Sustainable Energy Reviews, 134 (2020):110222.

[28] IMO. Fourth IMO GHG Study 2020. https://wwwcdn. imo. org/localresources/en/OurWork/Environment/Documents/Fourth% 20IMO% 20GHG% 20Study% 202020% 20Executive-Summary.pdf.

[29] IMO. Initial IMO Strategy on Reduction of GHG Emissions from Ships. IMO Resolution MEPC. 304(72), adopted on 13 April 2018.

[30] IMO. 2023 IMO Strategy on Reduction of GHG Emissions from Ships. IMO Resolution MEPC. 377(80), adopted on 7 July 2023.

[31] IMO. 2021 Revised MARPOL Annex Ⅵ. MEPC.328(76).

[32] IMO. Inclusion of regulations on energy efficiency for ships in MARPOL Annex Ⅵ. IMO Resolution MEPC.203(62), adopted on 15 July 2011.

[33] IMO. Data collection system for fuel oil consumption of ships. IMO Resolution MEPC. 278 (70), adopted on 28 October 2016.

[34] IMO. NOx Technical Code 2008. IMO Resolution MEPC. 177 (58), adopted on 10 October 2008.

[35] IRENA and AEA. Innovation Outlook: Renewable Ammonia. International Renewable Energy Agency, Abu Dhabi, Ammonia Energy Association, Brooklyn. 2022.

[36] IRENA and Methanol Institute.创新展望：可再生甲醇. 国际可再生能源署（IRENA），阿布扎比，2021.

[37] IRENA. A pathway to decarbonise the shipping sector by 2050. International Renewable Energy Agency, Abu Dhabi, 2021.

[38] MIOLA A, MARRA M, CIUFFO B. Designing a climate change policy for the international maritime transport sector: market-based measures and technological options for global and regional policy actions. Energy Policy, 2011, 39: 5490-5498.